西南政法大学刑法学术文库

我国预防性反恐刑法问题研究

李 洁 梅传强 著

法律出版社 LAW PRESS · CHINA

北京

图书在版编目(CIP)数据

我国预防性反恐刑法问题研究 / 李洁，梅传强著
. -- 北京 : 法律出版社，2023
(西南政法大学刑法学术文库 / 石经海主编)
ISBN 978 - 7 - 5197 - 8293 - 1

Ⅰ. ①我… Ⅱ. ①李… ②梅… Ⅲ. ①反恐怖活动－刑法－研究－中国 Ⅳ. ①D924.04

中国国家版本馆 CIP 数据核字(2023)第 173140 号

我国预防性反恐刑法问题研究
WOGUO YUFANGXING FANKONG XINGFA WENTI YANJIU

李 洁 梅传强 著

责任编辑 屈 瑶 刘梦瑀
装帧设计 臧晓飞

出版发行 法律出版社
编辑统筹 学术·对外出版分社
责任校对 张翼羽
责任印制 陶 松
经 销 新华书店

开本 710 毫米×1000 毫米 1/16
印张 16.5 字数 218 千
版本 2023 年 9 月第 1 版
印次 2023 年 9 月第 1 次印刷
印刷 三河市兴达印务有限公司

地址:北京市丰台区莲花池西里 7 号(100073)
网址:www.lawpress.com.cn
投稿邮箱:info@lawpress.com.cn
举报盗版邮箱:jbwq@lawpress.com.cn
销售电话:010 - 83938349
客服电话:010 - 83938350
咨询电话:010 - 63939796

书号:ISBN 978 - 7 - 5197 - 8293 - 1
定价:69.00 元
凡购买本社图书,如有印装错误,我社负责退换。电话:010 - 83938349

总　序

七十载辉煌征程，七十载峥嵘岁月。全新打造的西南政法大学刑法学术文库（以下简称“西政刑法文库”）先后于2019年由中国检察出版社和于2022年由法律出版社隆重推出，这既是庆贺中华人民共和国70周年华诞和致敬中华人民共和国光辉成就的献礼，更是西南政法大学刑法学科再出发的前进号角，我们将伴随着中华人民共和国永不停息的发展脚步，迈入新征程，迎接新挑战，实现新跨越。

西南政法大学刑法学科源于1952年成立的西南人民革命大学政法系和1953年成立的西南政法学院刑法教研室（学校直辖的八个教研室之一），于1979年开始招收刑法学硕士研究生（是我国最早招收刑法硕士研究生的学科之一），于1995年被确定为省级重点学科，于2000年获得博士学位授权点，于2004年开始接收博士后研究人员。在七十年的发展历程中，以蔡燕荞、邓又天、赵念非、伍柳村、董鑫、赵长青、陈忠林、邓定一、杨显光、夏宗素、宣林泉、高绍先、李培泽、朱启昌、邱兴隆、张绍彦、朱建华、王利荣等老一辈教授为代表的西政刑法学人辛勤耕耘、默默奉献，为刑法学科的建设和发展做出了突出贡献。改革开放以来，邓又天教授、赵长青教授、陈忠林教授、梅传强教授和石经海教授先后担任学科带头人（负责人）。时至2022年，刑法学科的专任教师已达36人，形成了具有良好学历、职称、年龄和学缘结构的教学科研团队；拥有重庆市首批人文社科重点研究基地“毒品犯罪与对策研究中心”，与最高人民法院、国家禁毒办合作共建了“国家毒品问题治理研究中心”，此外还有“重庆市新型犯罪研究中心”“量刑研究中心”“特殊群体权利保护与犯罪预防研究中心”“少年法学研究中心”“金融刑法研究中心”“外国与比较刑法研究中心”等研究基地。经过几代人的薪火相传和不懈努力，西南政法大学刑法学科已经成为具有雄厚学科基础和优良学术传统，在全国发挥着重要影响力并且具有一定国际知名度的省部级重点学科。

科学研究与人才培养是学科建设的两翼。西南政法大学刑法学科具有数量规模庞大、年龄结构合理、学历水平优化、学缘结构合理的学科团队，他们积极投身于教学科研任务一线，近年来，在科研项目立项、学术论文发表、科研成果获奖等方面成绩斐然，在科学研究方面也取得了优异的成绩。此外，在大力加强科学研究的同时，西南政法大学刑法学科也着力于人才培养。自获得博士学位授权点以来，本学科已培养了逾两百名博士，他们活跃在法学理论和司法实务的各个领域，他们所取得的成绩在一定意义上也是本学科所取得的成绩。为此，“西政刑法文库”将立足本学科，主要出版本学科教学科研人员的优秀著作；同时，也将选择本学科培养且已经毕业的部分博士的学位论文或其它优秀学术著作出版。为了发挥“西政刑法文库”的学术价值和社会效应，体现学术丛书的性质，将采取不定期常年出版的形式，对于拟出版的著作，由编辑委员会审定同意后出版，每本著作连续编号，力争将其打造成为规模较大、质量上乘、影响广泛的学术精品。“西政刑法文库”将秉承思想交流与学术创新的基本宗旨，着力打造学术精品，展示西南政法大学刑法学人形象，献力中国刑法学术发展。

学术的生命在于争鸣,思想的火花源于碰撞。“西政刑法文库”的出版将呈现每一个作者对当下中国刑法理论与实践问题的关注和思考,为学术交流搭建一个有益的平台,用文字和思考对中国法治发展献出自己的绵薄之力。我们期待“西政刑法文库”的出版发行能够为国内外同行了解和认识本学科提供一个窗口,也期待国内外同行能够以此为平台,加强与本学科的沟通交流,国内外同行和广大读者的真知灼见将是我们进一步加强学科建设的重要力量。

将西南政法大学刑法学科发展好、建设好,是全体西政刑法学人的使命和追求。处在新时代的激流之中,在“双一流”建设的大背景下,本学科的发展也面临着诸多新的挑战,加强学科建设刻不容缓。值此“西政刑法文库”出版之际,诚挚欢迎学界同仁以及各界朋友一如既往地关心和支持西南政法大学刑法学科的发展建设,共同促进我国法治事业的健步前行。

西南政法大学刑法学术文库编辑委员会

2022 年 10 月

目　录

绪　论

一、研究背景

党的十九大报告明确指出:“世界正处于大发展大变革大调整时期……恐怖主义、网络安全、重大传染性疾病、气候变化等非传统安全威胁持续蔓延,人类面临许多共同挑战。”[1]这是党站在历史的新高度上对当前世界发展所处的外部环境所作的科学判断,也是新时代我国大力推进国家治理体系和治理能力现代化需要面对和迎接的现实挑战。非传统安全威胁的不断涌现和蔓延,加速了风险社会的形成,国家的风险治理体系和风险治理能力现代化面临前所未有的考验,如何及时、科学、有效地对以非传统安全威胁为代表的现代风险进行系统治理,是当前国家治理的核心议题。从当前我国乃至世界各国的社会治理实践来看,为了应对不断涌现和蔓延的非传统安全威胁,以预防为内核的风险治理观正在兴起,并已经渗入公共决策和立法实践。

---

〔1〕 习近平:《决胜全面建成小康社会　夺取新时代中国特色社会主义伟大胜利——在中国共产党第十九次全国代表大会上的报告》,人民出版社2017年版,第58页。

恐怖主义是人类社会的公敌。恐怖主义作为一种典型的非传统安全威胁,21 世纪以来在全球范围内呈现出了扩张、蔓延趋势,给全球稳定和地区发展带来了极大挑战,给重大超个人法益造成了严重威胁,反恐也一跃成为国际和区际合作中的重要议题。受全球恐怖主义浪潮的影响,积极治理恐怖主义已经成为当下我国国家治理实践中刻不容缓的重要任务,尤其在大力推进国家治理体系和治理能力现代化的进程中,以总体国家安全观为指引,抓紧完善恐怖主义治理体系,努力提升恐怖主义治理能力,争取实现对恐怖主义的有效治理,为国家安全提供制度性保障,应当成为我国当前反恐工作的重中之重。

刑法作为重要的社会治理工具,在惩治犯罪方面具有独特优势。在恐怖活动犯罪治理实践中,刑法既是一种非常重要的手段,也是恐怖主义治理体系的重要组成部分。从近年来我国刑法层面的反恐立法来看,面对恐怖主义的蔓延及其给重大超个人法益造成的威胁加剧,刑法立法正在围绕恐怖主义演变的新趋势转向预防性立法模式,一种预防性的反恐刑法体系正在生成,尤其是《刑法修正案(九)》通过预备行为实行化、共犯行为正犯化和公民合作义务加强等立法手段,将刑法规制恐怖主义相关行为的时点大大提前,使刑法的这种预防性特征更加突出,趋势更加明显。整体来看,预防性反恐刑法是我国"坚持把预防性反恐放在第一位"的重要表现,是我国"在借鉴吸收国际社会反恐经验的基础上,积极响应联合国大会关于《联合国全球反恐战略》(60/288)的决议,致力于'消除恐怖主义蔓延条件,预防和打击恐怖主义'"[1]的具体实践。预防性反恐刑法在我国的出现和发展,具有一定的历史必然性,"总体国家安全观"的贯彻落实、"一带一路"倡议的深入推进,以及对恐怖主义新动向的及时回应,均为其提供了深厚的政策依据和事实基础。

---

〔1〕 中华人民共和国国务院新闻办公室:《新疆的反恐、去极端化斗争与人权保障》,人民出版社 2019 年版,第 23 页。

(一)非传统安全威胁的持续蔓延要求刑法重视总体国家安全

近年来,以恐怖主义为典型代表的非传统安全威胁,在全球范围内呈现持续蔓延的趋势,不仅给各国的政治稳定、经济发展、文化传承以及民众生活造成了严重威胁,而且给全球和地区的和平发展蒙上了恐怖阴影,尤其是恐怖主义在一些地区造成了灾难性的后果。当前,随着全球化进程的快速推进和互联网信息技术的变革式发展,恐怖主义的分散化、多样化、智能化、全球化特征愈加凸显,恐怖主义思想和恐怖主义行为的社会危害性进一步升级,恐怖主义已经演变成为人类面临的共同挑战。在此背景下,如何防范和打击恐怖主义,实现恐怖活动犯罪的有效治理,成为当今世界各国对内改革发展和对外合作交流中的重要议题。我国也不例外,随着全球范围内恐怖主义等非传统安全威胁的持续蔓延,国家安全也面临着新挑战。对此,为了走中国特色国家安全道路,党的十九大高瞻远瞩,明确将“坚持总体国家安全观”作为新时代坚持和发展中国特色社会主义的基本方略之一,提出完善国家安全制度体系、加强国家安全能力建设。这充分说明,在恐怖主义等非传统安全威胁持续蔓延的背景下,牢固树立和认真贯彻总体国家安全观,已经成为我国非传统安全威胁治理工作的重中之重。因此,刑法作为国家治理恐怖活动犯罪的重要手段,必须高度重视总体国家安全,尤其是在刑法立法层面,要深入贯彻落实总体国家安全观,要将总体国家安全观作为未来反恐刑法立法的指导思想,同时要将总体国家安全观的内涵和要求融入预防性反恐刑法的具体条文中。

(二)“一带一路”倡议的深入推进要求刑法提供全新制度保障

自 2013 年习近平总书记提出共同建设“丝绸之路经济带”和“21 世纪海上丝绸之路”以来,“一带一路”倡议已成为全球最受欢迎的全球公共产品和前景最好的国际合作交流平台。“一带一路”倡议秉持恪守联合国宪章的宗旨和原则,坚持开放合作、和谐包容、市场运作、互利共赢的共建原则,以和平合作、开放包容、互学互鉴、互利共赢为核心理念,形成了把“一带一路”建设成为和平之路、繁荣之路、开放之路、绿色之路、创新之路、文明之路的建设目标。[1] 目前,在我国的大力推动和各方的积极参与下,“一带一路”倡议得到了沿线国家的积极响应,并在国内外产生了重要影响,国内公司、企业、机构和人员在“一带一路”沿线国家投资和工作的规模愈加庞大。然而,“一带一路”沿线国家错综复杂的地缘政治关系和民族宗教矛盾,导致“一带一路”倡议在推进过程中也面临诸多前所未有的挑战。其中,“一带一路”沿线国家和地区的恐怖主义势力和异常活跃的恐怖主义活动,成为“一带一路”倡议深入推进的最大威胁和阻力。究其原因,主要是在地理位置上,“一带一路”沿线国家正好是当前恐怖主义活动比较活跃的区域,是“恐怖主义弧形带”和恐怖袭击的“重灾区”。其中,“丝绸之路经济带”途经的中亚五国、中东地区、俄罗斯及欧洲等区域,正好在“大呼罗珊”恐怖主义和“大叙利亚”恐怖主义辐射区上,中亚的“乌伊运”及其分支、阿富汗的“基地”组织、中东的“基地”组织分支和IS组织等恐怖势力在这一地带非常猖獗;[2]“21世纪海上丝绸之路”途经东南亚、亚丁湾、红海和苏伊士运河,正好是阿拉伯半岛、非洲之角、北非和萨赫勒东部地区恐怖主义的活跃区,而且这一区域的恐怖主义往往与毒品、海盗交织在一起。这种地缘上的特殊性给“一带一路”倡议的推进带来的恐怖主义威胁,不仅体现在我国在“一带一路”沿线国家建设的基础设施、重点工程以及往来的交通工具、人员安全方面,而且体现在国家巨额投资利益的实现和我国与“一带一路”沿线国家双边或多边合作关系的维护等方面。因此,在“一带一路”倡议深入推进的背景下,如何有效应对在此过程中面临的恐怖主义威胁,已经成为当下亟待解决的重要课题,而刑法作为应对恐怖活动犯罪最为直接的法律依据,如何通过自身的改

---

[1] 中国“一带一路”网,http://www.yidaiyilu.gov.cn/info/iList.jsp?tm_id=540,最后访问日期:2019年1月20日。

[2] 参见刘青建、方锦程:《恐怖主义的新发展及对中国的影响》,载《国际问题研究》2015年第4期。

革为“一带一路”倡议的推进提供全新的制度保障,也已成为当下不得不面对和思考的紧迫问题。预防性反恐刑法主要是从预防的视角对恐怖活动犯罪进行规制,强调的是对恐怖活动犯罪风险的提前应对,能够较好地契合“一带一路”倡议推进的现实需要,并为其顺利推进提供全新的制度保障。

(三)恐怖活动犯罪的新近动向要求刑法作出预防性立法回应

恐怖主义是附着在现代社会肌体上的一颗“毒瘤”,始终伴随着国际社会的发展而不断演变,并不断呈现出新特征、新趋势。随着“后伊斯兰国”时代的到来,无论是我国境内的恐怖主义还是国际恐怖主义,都已呈现出一些值得密切关注的新动向。具体来看,主要表现在以下几个方面。

一是“伊斯兰国”残余势力向我国周边地区加速转移。“伊斯兰国”恐怖势力是近年来在全球范围内表现极为活跃的恐怖组织,但 2017 年以来在多方参与合作的军事围剿下,其在伊拉克和叙利亚两地极大萎缩,残余的“圣战”分子纷纷逃窜。整体来看,我国周边的阿富汗、巴基斯坦、印度尼西亚、菲律宾、马来西亚等国家成为“伊斯兰国”残余势力回流的“重灾区”,这使我国周边的恐怖主义威胁空前增大,尤其是这些残余势力与我国境内恐怖组织、人员勾结,向我国边境渗透、逃窜的可能性增大,加剧了我国边境反恐的压力。

二是分散化、小规模恐怖袭击成为恐怖活动的新形态。近年来,在国际社会对恐怖主义的严厉打击和严密防控下,短时间内集中爆发大规模恐怖袭击的可能性大大降低,但这并不意味着恐怖袭击就会减少或者彻底消失;相反,与以往组织发动大规模恐怖袭击不同的是,恐怖组织极有可能化整为零,改变以往发动大规模恐怖袭击的战术,转而在全球各地实施分散化、小规模的“独狼式”恐怖袭击,进而宣扬自己的恐怖思想、显示自己的客观存在。这种恐怖袭击的突出特征就是组织性弱、缺乏统一的行动协调体系,但在形式上会变得更加多样、隐蔽,这会给治理带来更大的困难。

三是网络恐怖袭击成为恐怖主义发展的主要方向。网络恐怖主义是互联网时代恐怖主义发展的一种新形态,也是信息技术支撑下恐怖主义从现实空间向网络空间扩张的新趋势。具体而言,恐怖组织利用信息网络技术,对内可以实现人员的有效管理、联络和指挥,对外可以宣传极端思想、招募组织成员和实施暴恐袭击。与传统恐怖主义相比,网络恐怖主义的手段更加隐蔽、成本更加低廉、范围更加广泛、目标更加多样,同时风险相对较低、防控难度较大。从恐怖主义的发展实践来看,随着网络通信和信息技术的快速发展,网络恐怖袭击正在成为恐怖组织实施恐怖活动犯罪的重要手段,而且在网络空间或者利用网络信息技术实施恐怖活动犯罪的占比会越来越大,网络恐怖主义也必将成为我国乃至全球的新威胁。恐怖主义发展演变进程中表现出的以上新动向,无论是在范围上还是在程度上,都进一步加剧了恐怖活动犯罪的社会危害性,同时集中凸显了对恐怖主义进行事前防卫和预防治理的重要性和必要性。这也进一步说明,刑法在对恐怖活动犯罪进行规制时,在范式上要从事后惩治向事前预防转换,并在立法上进行积极的预防性回应。

综上可知,预防性反恐刑法是新时代面对恐怖主义新形势、应对恐怖主义新挑战、解决恐怖主义新问题的必然选择,也是国家在反恐刑法立法层面贯彻落实总体国家安全观,为“一带一路”倡议的深度推进提供法律制度保障,以及对恐怖活动犯罪最新动向及时回应的应然做法。不过,虽然在满足恐怖主义治理的国家需要和公众的安全期待方面,预防性反恐刑法立法具有得天独厚的优势,但其在本质上彰显的仍然是一种扩张的反恐刑法立法模式,其背后隐藏着国家刑罚权不当扩张和公民权利空间被不当挤压的风险。因此,如何对标“推进国家治理体系和治理能力现代化”的改革需要,坚持科学立法的原则,努力建构一套系统、全面、合理、有效的预防性反恐刑法规范体系,进而实现恐怖活动犯罪的有效治理和打击犯罪与保障人权之间的相对平衡,是当下理论界与实务界共同关注和亟待研究解决的重要学术命题和实践命题。

二、研究目的

从立法上来看,预防性反恐刑法立法在我国已经成为事实,尤其是《刑法修正案(九)》对恐怖活动犯罪相关罪名的增补,使反恐刑法的预防性特征更加明显,一种基于事前预防思想的反恐刑法规范体系正在生成。不过,我国的预防性反恐刑法立法目前仍处于探索阶段,无论是个罪的罪刑设置,还是整个预防性刑法规范体系的建构,都还存在有待改进之处。本书以"我国预防性反恐刑法问题研究"为选题展开理论研究,主要是想通过对我国现有预防性反恐刑法规范的全面检视,深入揭示其中的不足和存在的问题,然后,在此基础上秉持科学立法的原则,借鉴域外先进做法,挖掘本土实践经验,从不同层面提出预防性反恐刑法规范体系的完善建议,进而使我国的预防性反恐刑法体系更加科学、完善,为恐怖活动犯罪的治理提供充分的规范支撑和有力的刑法保障。具体而言,本书的研究目的可以概括为以下三点。

(一)为总体国家安全观在反恐刑法中的贯彻寻找路径

如前所述,总体国家安全观是党的十九大报告提出的新时代坚持和发展中国特色社会主义的基本方略之一,是完善国家安全制度体系、加强国家安全能力建设的重要指导思想。无论是国家安全制度体系的完善,还是国家安全能力的建设,均需要坚定不移地贯彻落实总体国家安全观。恐怖活动犯罪是近年来全球范围内涌现和蔓延的非传统安全威胁,不仅严重侵犯了各国公民的生命财产安全,而且是当今社会国家安全的主要威胁来源。正因如此,各国均对恐怖主义保持了高压打击的态势,反恐领域的国际和区际合作也极为紧密。刑法作为最基本的行为规范和裁判规范,在预防和打击恐怖活动犯罪方面发挥着不可替代的作用,也是国家安全制度体系的重要组成部分。有学者指出,"以总体国家安全观为基础,打破目的正当性要件背后的二元对立结构,有可能摆脱安全与权利的取舍困境,实现权利保障与权利限制的平衡”。[1] 因此,在当前正在探索的预防性反恐刑法立法中,同样需要贯彻落实总体国家安全观,尤其是要把总体国家安全观的思想内涵和具体要求内化到罪刑规范的设计中。本书对我国预防性反恐刑法规范进行的检视与完善研究,目的之一就是为总体国家安全观在预防性反恐刑法中的贯彻落实寻找可行路径。

(二)为反恐刑法立法的预防性范式转换进行辩证性考察

传统反恐刑法立法秉持的是一种结果本位的立场,即只有恐怖活动犯罪行为造成现实的法益侵害结果时,刑法才对相应的行为进行规制;相反,如果没有出现法益侵害的现实结果,一般情况下刑法是不介入规制的。这种以法益侵害的实害结果为考察重心的传统反恐刑法立法范式,可以被称为“结果性范式”,这实际上也是我国传统刑法立法普遍重视法益侵害结果的缩影。然而,从我国新近刑法立法来看,尤其是《刑法修正案(九)》针对恐怖活动犯罪修改和增补的罪名来看,我国反恐刑法立法出现了一种有别于传统“结果性范式”的新范式,即“预防性范式”。在“预防性范式”的反恐刑法立法中,立法者通过预备行为实行化、共犯行为正犯化、公民合作义务加强等手段,将刑法规制涉恐行为的时点大大提前,尤其是从以往关注行为造成的法益侵害结果开始转向关注行为本身潜在的危险,而不再关注行为结果。从恐怖主义的治理实践来看,反恐刑法立法出现的这种预防性范式转换,既是刑法立法对恐怖活动犯罪新动向作出的及时回应,也是反恐新形势下反恐刑法自身寻求转型的重要表现。不过,虽然反恐刑法立法的预防性范式转换能够有效应对恐怖活动犯罪,但确实又潜藏着刑罚权扩张和公民权利缩减的风险,会进一步加剧自由与安全之间的紧张关系。因此,如何准确认识、科学定位预防性反恐刑法,已经成为理论上争议不断和亟待阐释、厘清的问题。本书全面检视预防性反恐相关的刑法规范,对反恐刑法立法

[1] 周尚君、曹庭:《总体国家安全观视角下的权利限制——从反恐怖主义角度切入》,载《法制与社会发展》2018年第3期。

的预防性范式转换进行辩证性考察，以便理论界与实务界更加清晰、准确地了解和认识预防性反恐刑法的内涵与外延、优势与不足，进而使预防性反恐刑法在恐怖活动犯罪规制中发挥更大的效能。

（三）为预防性反恐刑法规范体系的完善提供建设性对策

在恐怖活动犯罪持续蔓延的背景下，建构一套系统、全面、合理、有效的预防性反恐刑法规范体系，既是坚持法治反恐的现实所需，也是大力推进国家治理体系和治理能力现代化的应然要求。从世界范围内看，近年来随着恐怖主义的日益猖獗，各国都在努力织密刑事法网，为预防和打击恐怖活动犯罪构建规范依据和法律保障。然而，从我国的刑法立法实践来看，虽然也在"9·11"事件发生后通过《刑法修正案（三）》及时补充完善了反恐刑法规范，并通过《刑法修正案（九）》的进一步修改，使反恐刑法的预防性特征愈加明显，但整体来看，目前我国的预防性反恐刑法立法仍处于起步探索阶段，相关规范显得比较零散，缺乏系统性、前瞻性，未能较好地与国内、国际反恐实践需求和未来趋势相对接。因此，当前我国在反恐实践中的一项紧迫任务，就是要结合恐怖活动犯罪的最新特征和未来趋势，通过顶层设计建构系统的预防性反恐刑法规范体系，进而为法治反恐实践提供规范供给和制度保障，以期实现对恐怖活动犯罪的有效治理。本书对我国现有预防性反恐刑法规范进行的检视，其目的就是找出我国预防性反恐刑法规范体系存在的问题和不足，然后对接恐怖活动犯罪治理的实践需求，站在科学立法的立场为完善预防性反恐刑法规范体系提供建设性对策，以期我国的预防性反恐刑法规范体系日臻完善，发挥应有的规范效能。

三、研究意义

预防性反恐刑法立法在我国已经开始实践，尤其是《刑法修正案（九）》将准备实施恐怖活动的行为和宣扬恐怖主义、极端主义、煽动实施恐怖活动等行为独立规定成刑法分则的罪名后，我国反恐刑法立法的预防性趋势愈加明显。同时，随着全球恐怖主义的不断演变和升级，在未来的反恐立法中，预防性反恐刑法立法还将会进一步加强。在此背景下，对标国家治理体系和治理能力现代化的需要，从科学立法的视角对我国预防性反恐刑法规范体系进行理论检视，并在此基础上进一步思考相应的完善对策，努力提升我国预防性反恐刑法规范体系的科学性、完备性和有效性，为反恐实践提供充足的规范供给和有力的法治保障，具有非常重要的理论意义和实践意义。

（一）理论意义

预防性反恐刑法立法是国家为应对日益严峻的恐怖活动犯罪形势而进行的一种立法尝试，代表的是一种全新的犯罪规制模式。从世界范围来看，预防性反恐立法已经取得了共识，并成为大多数国家反恐刑法立法的首选模式。在具体的实践过程中，预防性反恐刑法立法不仅需要立法上的积极探索，而且需要充分的理论支撑。同时，还需要注意到预防性反恐刑法作为一个兼具政策性与规范性、基础性与前瞻性、抽象性与具体性、理论性与实践性的宏大选题，从何种视角对其进行解构和分析，在理论研究上就显得非常重要。预防性反恐刑法规范既是预防性反恐刑法立法价值的直接载体，也是指引公众行为和法官裁判的直接依据，规范设置的科学性直接关系预防性反恐目的能否实现以及预防性反恐刑法立法的正当性。因此，通过现有的预防性反恐刑法规范，对预防性反恐刑法立法进行批判性研究，具有非常重要的理论意义。

一方面，对预防性反恐刑法规范问题展开深入研究，有助于传统刑法理论自身与时俱进地拓展。传统刑法理论主要是对违背人类共通伦理和情感的行为的规制，强调的是对行为的事后评价，而不是事前规制。然而，随着时代的发展，传统刑法理论赖以存在的社会环境发生了翻天覆地的变化，传统社会中没有的新型风险行为正在不断涌现，传统刑法理论指导下的传统刑法立法模式，在规制诸如恐怖活动犯罪等非传统安全威胁时表现出了明显的滞后性。这说明，传统刑法理论不仅难以为预防性反恐实践提供充足的理论供给,而且难以有效发挥理论的引领和指导作用,这使刑法的预防性规制效能在恐怖主义的治理实践中大打折扣。本书研究从科学立法的视角对新近预防性反恐刑法规范进行的检视,尤其是对预防性反恐刑法规范的生成路径、规制模式、运作逻辑以及潜藏的权力与权利、秩序与自由、手段与目的、内容与技术等范畴内的风险进行的剖析,有助于传统刑法理论的自我反思和与时俱进的拓展,进而使传统刑法理论在恐怖活动犯罪等非传统安全威胁的规制中焕发出新的活力。

另一方面,对预防性反恐刑法规范问题展开深入研究,有助于预防性刑法理论的生成和完善。预防性反恐刑法立法是刑法规制恐怖活动犯罪的新兴模式,其彰显的是一种基于非传统安全威胁持续蔓延的时代背景而正在生成的预防性刑法理论。不过,由于反恐领域和环境治理、网络安全等领域的预防性立法均处于探索、尝试阶段,所以预防性刑法理论目前尚不成熟,尚未形成完备性和系统性的理论体系,各方观点仍是仁者见仁、智者见智,零碎化、分散化、情绪化的特征比较突出。本书研究以我国近年来创设的预防性反恐刑法规范为对象,对其中的恐怖主义定义、法益保护、行为类型归类、罪责要素提取、刑罚制度配置、行为样态评价以及刑法规制模式、法律体系衔接、国际规则转化等问题展开的系统研究,实际上是对预防性刑法理论中的核心问题进行的梳理和回应,因而有助于预防性刑法理论体系的生成和完善。

(二)实践意义

预防性反恐刑法立法不是刑法理论转型催生的结果,而是当前国家治理需要、公众安全维护催生的结果。预防性反恐刑法立法的出现,具有深刻的现实背景,尤其是随着恐怖主义威胁的不断扩大和恐怖活动犯罪行为社会危害性的持续升级,公众的安全诉求出现了成倍提升,公众迫切地希望国家能够采取预防性措施提前对恐怖活动犯罪进行控制。这种外部形势和公众诉求的变化,迫使立法者不得不采用刑法提前介入的方式,对恐怖活动犯罪进行预防性治理。因此,在预防性反恐刑法立法已经在我国成为现实并将继续加强的背景下,对预防性反恐刑法规范问题展开系统研究,具有非常重要的实践意义。

一方面,对预防性反恐刑法规范问题展开系统研究,有助于预防性反恐刑法规范体系的完善。预防性反恐刑法规范是刑事法治领域进行反恐的重要依据,其不仅是法官裁判涉恐案件时的规范标准和法律依据,而且是国家法治反恐能力建设的重要体现。预防性反恐刑法规范体系是否完备以及完备的程度,在一定程度上会影响涉恐案件裁判的公正性和国家法治反恐能力的高低。因此,努力提升预防性反恐刑法规范体系的完备性具有非常重要的现实意义。然而,从我国预防性反恐刑法立法的实践来看,目前的预防性反恐刑法立法还处于探索阶段,缺乏相关的立法经验,无成熟的立法例可供借鉴,在立法技术上也显得比较冒进,整体上还存在诸多不足之处。本书研究以我国近年来创设的预防性反恐刑法规范为研究对象,全面检视其中存在的问题,并在此基础上结合恐怖活动犯罪演变的最新趋势,提出了相关的完善建议。这种以规范为对象,通过检视问题和解决问题的思路,对预防性反恐刑法立法展开的系统研究,有助于我国预防性反恐刑法规范体系的进一步完善。

另一方面,对预防性反恐刑法规范问题展开系统研究,有助于"总体国家安全观"在预防性反恐刑法立法中得到贯彻。如前所述,"总体国家安全观"是新时代坚持和发展中国特色社会主义的基本方略之一,也是国家安全制度体系完善和国家安全能力建设的重要指导思想。因此,如何在国家安全制度体系完善和国家安全能力建设中贯彻"总体国家安全观",是当前亟待完成的一项重要任务。当前,恐怖活动犯罪已经成为威胁国家安全的重要因素,对恐怖主义进行打击和治理,是国家安全制度体系和安全能力建设的重中之重。预防性反恐刑法立法作为应对恐怖活动犯罪的重要依据,是国家安全制度体系完善和国家安全能力建设的重要内容,贯彻"总体国家安全观”,不仅是反恐领域维护国家安全的应有之义,而且是当前反恐法治体系建设中需要重点落实的工作。本书以推进国家治理体系和治理能力现代化为背景,以“总体国家安全观”为思想指引,对我国预防性反恐刑法规范进行检视,并提出相应的完善建议,有助于“总体国家安全观”在预防性反恐刑法立法中得到贯彻。

四、研究现状

近年来,恐怖主义的发展呈现出了“全球化”的显著特征,越来越多的国家和地区受到了恐怖主义犯罪的侵害和威胁。就当前而言,恐怖主义已经成为威胁人类共同利益和稳定发展的一大“公害”,尤其是进入21世纪以来,随着恐怖主义势力在全球范围的抬头,恐怖主义给全球发展带来了灾难性的后果。从性质上来看,恐怖主义不仅是典型的非传统安全威胁,而且是风险社会到来后表现最为突出的一类非传统安全威胁。为了有效应对非传统安全威胁,风险社会语境下的政府在社会治理实践中的公共治理决策和治理重心都发生了重大变化,诸多事项都开始甚至必须围绕风险治理展开,“政府必须采取一系列政策和措施,对风险实施规制,以降低其发生灾害的可能性”。[1] 具体来看,恐怖主义等非传统安全威胁在全球范围的持续蔓延,使非传统安全威胁已经成为影响公众生活和国家公共决策的重要力量,如何对以非传统安全威胁为代表的现代风险进行科学分配和有效治理,一跃成为国家治理乃至全球治理中的新议题。就恐怖主义的治理实践来看,除不断加强和更新技术性防范措施外,大多数国家还在努力建构以事前预防和控制为导向的法律制度体系,以期筑牢反恐法律制度防线。在刑事法治领域,刑事法律也开始承担越来越多的恐怖主义治理任务,尤其是刑法对恐怖活动犯罪的治理功能被突出强调,一种以事前预防为本位的预防性反

---

〔1〕 沈岿主编:《风险规制与行政法新发展》,法律出版社2013年版,“封底”。

恐刑法观初步形成，并开始在反恐刑法立法、反恐刑事司法以及反恐刑法理论中发挥作用。这也充分说明，预防性反恐刑法是“社会生活高度复杂化和重大超个人法益遭受严重侵害而共同作用的产物”。[1] 从具体模式来看，预防性反恐刑法是有别于传统犯罪规制模式的新模式，其通过刑罚可罚性的前移，将越来越多的以往不被刑法关注的涉恐行为纳入刑法规制的范畴，使刑法划定的恐怖活动犯罪的犯罪圈越来越大。反恐刑法立法的这一显著趋势，也引发了国内外学者对预防性反恐刑法立法的广泛关注，并对相关问题进行了热烈研讨，逐渐形成了一系列重要的基础性、专题性研究成果。

从国外的研究看，预防性反恐刑法问题并没有被学者单独列出来进行专门研究，而是被置于预防性刑法问题的宏大范畴中一并研究，尤其是在研讨预防性刑法问题时多以表现比较突出的预防性反恐刑法为例展开。整体来看，国外学者对预防性刑法问题的关注和研究相对较早。20 世纪 80 年代，大陆法系学者就已对刑法的预防性扩张现象进行解读性研究。例如，德国学者科纳里尔斯·普瑞特韦兹（Cornelius Prittwitz）教授援引乌尔里希·贝克（Ulrich Beck）教授的“风险社会”理论，将刑法的预防性扩张称为“风险刑法”；[2] 德国学者沃尔夫冈·沃勒（Wolfgang Wohlers）教授则立足规范模型，将其概括为“预防刑法”；[3] 德国学者乌尔斯·金德霍伊泽尔（Urs Kindhäuser）教授从危险防御或者秩序管制视角，将其界定为“危险刑法”。[4] 此后，国外学界对预防性刑法立法是否必要的问题展开了热烈讨论。例如，德国学者科特·希尔曼（Kurt Seelmann）教授认为，刑法早已是当代国家作为抗制风险的首要手段，国家必须在危险早期发展的阶段就发动

---

[1] 王良顺：《预防刑法的合理性及限度》，载《法商研究》2019 年第 6 期。

[2] Cornelius Prittwitz, *Strafrecht und Risiko: Untersuchungen zur Krise von Strafrecht und Kriminalpolitikin in der Risikogesellschaft*, 1993, S. 1 ff.

[3] Wolfgang Wohlers, *Deliktstypen des Präventionsstrafrechts-zur Dogmatik "moderner" Gefährdungsdelikte*, 2000, S. 1 ff.

[4] Urs Kindhäuser, *Gefährdung als Strafrecht: Rechtstheoretische Untersuchungsdelikte*, 1989, S. 1 ff.

刑事制裁进行预防;[1] 德国学者温弗里德·哈斯默尔(Winfried Hassemer)教授认为,刑法不能脱离其传统理论根基,预防性刑法属于“安全刑法”,[2] 容易使刑法丧失自由保障机能。

近年来,由于包括预防性反恐刑法在内的预防性刑法立法比较活跃,尤其是超前干预的迹象愈加突出,国外学界讨论比较热烈的是预防性刑法自身存在的风险问题。从大陆法系学者的研究来看,德国学者乌尔里希·齐白(Ulrich Sieber)教授认为,预防性刑法容易导致刑法去边界化,以及在地域、功能上超越的风险;[3] 日本学者井田良教授认为,预防性刑法容易将刑法保护的法益“抽象化、稀薄化为某种公益的保护或者是纯粹的秩序维持”。[4] 英美法系学者对预防性刑法也进行了深入研究,且主要集中在预防性刑法立法的必要性方面。例如,美国学者凯斯·R. 桑斯坦(Cass R. Sunstein)教授认为,在应对恐怖主义等不确定条件下潜在的灾难性风险时,在立法上接受和采取“预防原则”是有意义的。[5] 而英国学者安德鲁·艾希沃思(Andrew Ashworth)教授则认为,预防性刑法立法容易“导致国家权力无节制的危险”;[6] 美国学者赫伯特·帕克(Herbert L. Packer)教授也认为,“对犯罪预防目的的一心追逐会忽视自由社会中法律的终极目的——解放而非禁锢,并最终使其落空”;[7] 美国学者道格拉斯·N. 胡萨克(Douglas N. Husak)教授也表达了同样的担忧,认为过分强调预防会产生过度犯罪化

---

〔1〕 Kurt Seelmann, *Risikostrafrecht*, KritV 1992, S. 452(453).

〔2〕 Winfried Hassemer, *Sicherheit durch Strafrecht*, HRRS 2006, S. 130(130ff.).

〔3〕 参见[德]乌尔里希·齐白:《刑法的边界——马普外国与国际刑法研究所最新刑法研究项目的基础和挑战》,周遵友译,载《刑法论丛》2008 年第 4 期。

〔4〕 [日]井田良:《刑法と民法の関係》,载[日]山口厚、井田良、佐伯仁志:《理倫刑法学の最前線Ⅱ》,岩波书店 2006 年版,第 65 页。

〔5〕 参见[美]凯斯·R. 桑斯坦:《恐惧的规则——超越预防原则》,王爱民译,北京大学出版社 2011 年版,第 21 页。

〔6〕 See Andrew Ashworth, *Defining Criminal Offences Without Harm*, in Peter Smith(ed.), Criminal Law: Essays in Honour of J. C. Smith, London: Butterworth, 1987, p. 16.

〔7〕 [美]哈伯特·L. 帕克:《刑事制裁的界限》,梁根林等译,梁根林校,法律出版社 2008 年版,第 66 页。

问题,由此造成的不公正会影响所有人。[1]

从国内的研究看,最早对预防性刑法问题进行研究的是张德政老师,早在1964年,张德政老师就在《法学研究》第3期发表了《美国法学中的"预防性刑法"》一文,对美国预防性刑法观进行了批判,[2]但并没有涉及预防性反恐的内容。此后,由于恐怖主义、网络安全、环境污染等非传统安全威胁在我国尚不突出,没有出现明显、严重的社会危害性,所以,政府和公众对非传统安全威胁的关注度比较低,不仅在立法上未采取预防性的规制措施,而且学界对预防性规制问题的研究也非常少。直至美国"9·11"事件发生以后,恐怖主义一跃成为国家治理工作面临的重大威胁和现实挑战,国际社会开始普遍重视恐怖主义的治理和合作打击。受此影响,我国意识到对这一非传统安全威胁进行预防性治理的必要性和紧迫性。为此,我国立即启动了立法工作,2001年12月29日,第九届全国人民代表大会常务委员会第二十五次会议通过了《刑法修正案(三)》,并指出:"为了惩治恐怖活动犯罪,保障国家和人民生命、财产安全,维护社会秩序,对刑法作如下补充修改:……"其对资助恐怖活动犯罪等行为进行了预防性规制,及时封堵我国刑法在规制恐怖活动犯罪方面存在的漏洞。此后,随着恐怖主义在全球范围内的进一步扩张和蔓延,尤其是恐怖活动犯罪在不断增多的同时表现出了一些新特征、新动向,我国进一步对恐怖活动犯罪的刑法预防规制进行了加强,通过《刑法修正案(九)》对准备实施恐怖活动、利用极端主义破坏法律实施等涉恐行为进行了一系列的规制,织密织严反恐刑事法网,为恐怖活动犯罪的治理提供充足、有力的刑法保障。

在前述立法过程中,我国反恐刑法立法表现出的一个突出特征和明显趋势,就是"预防性"愈加明显,即强调对涉恐怖活动犯罪行为的提前预防和

---

〔1〕 参见[美]道格拉斯·N.胡萨克:《过罪化及刑法的限制》,姜敏译,中国法制出版社2015年版,第5页。

〔2〕 参见张德政:《美国法学中的"预防性刑法"》,载《法学研究》1964年第3期。

规制，将刑罚的触角伸到恐怖活动犯罪的准备等生发阶段，并斩断帮助实施恐怖活动犯罪等一系列对恐怖活动犯罪起加功作用的边缘行为，而不再像传统刑法立法那样，主要规制现实地产生了社会危害结果的犯罪行为。在反恐刑法立法中出现的这一突出特征和明显趋势，也逐渐引起了我国学界的广泛关注，成为反恐刑法研究领域学术探究的新场域和主阵地，相关的学术研究成果也开始不断增多。概括来看，我国学界对预防性反恐刑法的研究，主要是从两个路径展开的：一是直接对我国刑法中出现的预防性反恐立法现象和条文进行解读；二是将预防性反恐刑法作为预防性刑法立法的典型例证，镶嵌在预防性刑法的宏观研究中进行分析。从学界研讨的相关问题来看，主要集中在以下四个方面。

第一，预防性反恐刑法的必要性问题。对于是否有必要进行预防性反恐刑法立法，学界存在激烈的争论，赞成与反对的观点都有。持反对观点的学者认为，预防性反恐刑法属于刑法的超前干预，具有明显的象征性〔1〕和工具主义倾向，〔2〕容易破坏刑法固有的人权保障机能，〔3〕甚至会出现过度犯罪化的危险。〔4〕因此，在进行预防性反恐刑法立法时，一定不能过于仓促，尤其是要避免过多的行为被犯罪化。相反，持赞成观点的学者则认为，随着风险社会的到来，刑法立法也开始进入规制风险的“活性化”阶段，〔5〕包括预防性反恐刑法在内的预防性刑法立法，显现出了一种积极的预防性刑法观，这种刑法观被学者概括为“预防刑法观”、〔6〕“积极的刑法立法

〔1〕 参见古承宗：《刑法的象征化与规制理性》，台北，元照出版有限公司2017年版，第47页。

〔2〕 参见魏昌东：《新刑法工具主义批判与矫正》，载《法学》2016年第2期。

〔3〕 参见刘艳红：《象征性立法对刑法功能的损害——二十年来中国刑事立法总评》，载《政治与法律》2017年第3期。

〔4〕 参见齐文远：《修订刑法应避免过度犯罪化倾向》，载《法商研究》2016年第3期。

〔5〕 参见张明楷：《刑法理论与刑事立法》，载《法学论坛》2017年第6期。

〔6〕 参见高铭暄、孙道萃：《预防性刑法观及其教义学思考》，载《中国法学》2018年第1期；黎宏：《情境犯罪学与预防刑法观》，载《法学评论》2018年第6期。

观"[1]或者"功能主义刑法观"。[2] 有学者认为,基于风险社会在当下的现实存在性、风险社会语境下安全法益保护的紧迫性和安全法益刑法预防性保护的必要性,为了给风险社会中的安全法益提供周延保护,有必要进行预防性的刑法立法。[3] 有学者进一步指出,这种预防性刑法观契合当前时代发展的要求和国家治理的需要,要对其进行去"污名化"检讨[4]和风险社会语境下的重塑,[5]不能囿于传统刑法立法思维而一味地拒绝或者批判这一新兴的刑法观,刑法立法应从相对保守、消极的传统刑法观渐进向着活性化、功能性的积极刑法观转型。[6] 经过激烈的学术争论,目前学界相对比较能接受的观点是,无论是针对恐怖主义的预防性犯罪化立法,还是针对其他非传统安全威胁的预防性犯罪化立法,它们在一定程度上都是必要的,而且在风险社会语境下是不可阻挡的,重要的是如何让这一新兴的刑法观在指导刑法立法和刑事司法活动时更加规范、有序。在具体的立法过程中,这种预防性刑法观的落实就是应当秉持一种理性、适度、科学的犯罪化,"是面对问题而言的犯罪化,而不是为了犯罪化而犯罪化"。[7] 究其原因,主要是因为"在确立刑法的调控范围的时候,要充分考虑到刑法调控本身所具有的补充性、不完整性、最后手段性等特点,适应社会的情势,根据规制犯罪的需要来决定是否予以犯罪化"。[8]

第二,预防性反恐刑法立法的合理性问题。就当前的立法来看,预防性

---

〔1〕 参见周光权:《积极刑法立法观在中国的确立》,载《法学研究》2016 年第 4 期。

〔2〕 参见劳东燕:《风险社会与功能主义的刑法立法观》,载《法学评论》2017 年第 6 期。

〔3〕 参见张永强:《预防性犯罪化立法的正当性及其边界》,载《当代法学》2020 年第 4 期。

〔4〕 参见贾健:《象征性刑法"污名化"现象检讨——兼论象征性刑法的相对合理性》,载《法商研究》2019 年第 1 期。

〔5〕 参见焦旭鹏:《现代刑法的风险转向——兼评中国当下的刑法观》,载《西南民族大学学报(人文社科版)》2018 年第 12 期。

〔6〕 参见田宏杰:《立法扩张与司法限缩:刑法谦抑性的展开》,载《中国法学》2020 年第 1 期。

〔7〕 付立庆:《积极主义刑法观及其展开》,中国人民大学出版社 2020 年版,第 12 页。

〔8〕 付立庆:《积极主义刑法观及其展开》,中国人民大学出版社 2020 年版,第 12 页。

反恐刑法立法反映了反恐立法的新趋势,[1]是反恐刑事法网严密化的重要表现,整体上表现出了法益保护早期化、处罚范围扩大化,以及处罚程度严厉化的特点。[2] 对此,学界普遍认为,以预防性反恐刑法立法为代表的这种扩张的犯罪化立法,存在背离刑法谦抑性的趋势,因而其合理性容易受到质疑。但也有学者指出,刑法立法上出现的这种犯罪化的扩张,“既不是背离谦抑性的象征性立法之态,亦非告别传统刑法观转向积极刑法观的告白檄文;既不是刑法法益日呈稀薄化、活性化的危险征兆,更不是刑法法益作为立法限制批判机能的日薄西山。相反,实乃坚守传统刑法观、担负刑法法益保护使命的刑法现代化的谦抑之道”。[3] 这主要是因为“传统社会规范的侵蚀、现代社会的风险特性以及事后制裁效能的不佳并不意味着必须将仅仅导致公众产生‘不安感’的越轨行为予以犯罪化,也并不意味着可以为了防止一般人受害而以刑法惩罚没有侵害法益的行为,其仅仅意味着需要通过刑法惩罚的新型法益行为增多,继而需要共犯行为正犯化、预备行为实行化以及抽象危险犯的增设”。[4] 也有学者进一步指出,以预防性反恐刑法为代表的预防刑法的合理性依据,主要体现在四个方面:一是传统刑法对现代社会中的重大超个人法益的保护不够充分;二是现代社会的重大超个人法益需要预防刑法为之提供超前保护;三是预防刑法符合刑法的谦抑性原则;四是预防刑法是现代社会刑法机能动态平衡的具体表现。[5] 从预防性反恐刑法立法的实践轨迹与规范图谱来看,[6]预防性反恐刑法立法的本质仍然是国家刑罚权在反恐领域的扩张,天然地附带着国家刑罚权扩张的风险,尤

---

[1] 参见赵秉志、杜邈:《中国反恐刑法的新进展及其思考——〈刑法修正案(九)〉相关内容评析》,载《山东社会科学》2016 年第 3 期。

[2] 参见张明楷:《〈刑法修正案(九)〉关于恐怖犯罪的规定》,载《现代法学》2016 年第 1 期。

[3] 田宏杰:《立法扩张与司法限缩:刑法谦抑性的展开》,载《中国法学》2020 年第 1 期。

[4] 李国权:《变迁与危机:论刑法立法的预防转向》,载《刑法论丛》2019 年第 2 期。

[5] 参见王良顺:《预防刑法的合理性及限度》,载《法商研究》2019 年第 6 期。

[6] 郭旨龙:《预防性犯罪化的中国境域——以恐怖主义与网络犯罪的对照为视角》,载《法律科学(西北政法大学学报)》2017 年第 2 期。

其是容易越界挤压和侵犯公民的基本权利。[1] 因此，在认可和接受反恐刑法预防性正义必要性的前提下，要通过反恐刑法内在运作机能的调整实现对预防性反恐刑法立法风险的防范；[2] 同时，预防性反恐刑法只有保持在必要的限度内才具有合理性。[3]

第三，预防性反恐刑法立法的合理限度问题。由于预防性反恐刑法立法属于一种扩张的刑法立法模式，其"将维护社会安全作为内生动力，易忽略对国家刑罚权的约束和限制，具有可能侵害公民自由与权利的天然偏差"，[4] 所以在该领域的学术研究中也不乏学者积极地为这一立法模式寻找合理的限度。例如，有学者认为，包括预防性反恐刑法在内的预防性刑法，都属于在法益侵害尚未现实化的危险阶段对相关行为进行的规制，不仅容易使公民的自由受到更多的限制，而且会使社会为此付出昂贵的成本，因此，应当从刑事政策和刑法原则的角度出发，对预防性刑法进行严格限制。具体的限制条件方面，应当从"必须存在严重侵害重大超个人法益的后继犯、后继犯必须是高度危险的犯罪、间接危险犯具有引发或者协同后继犯的高度盖然性、间接危险犯应当具备特定的'明知'构成要素以及预防刑法的超前限度止于后继犯的预备行为实行行为化或者帮助行为正犯化"五个层面展开。[5] 也有学者认为，应当坚持目的正当性、手段合理性、干预适当性、规范科学性的原则，从法益的关联性、宪法上的合比例性、行为的实质违法性、刑法干预的补充性四个方面对包括预防性反恐刑法在内的预防性犯罪化立法进行合理限制，并通过预防性罪刑规范的科学构造、预防性规范创造的系统评估、预防性入罪民意的理性应对和预防性规范适用的教义限缩四

---

〔1〕 参见姜敏：《刑法反恐立法的边界研究》，载《政法论坛》2017 年第 5 期。
〔2〕 参见倪春乐：《"预防性"正义及其风险——中国反恐刑事立法审视》，载《上海政法学院学报》2018 年第 2 期。
〔3〕 参见何荣功：《"预防性"反恐刑事立法思考》，载《中国法学》2016 年第 3 期。
〔4〕 房慧颖：《预防刑法的天然偏差与公共法益还原考察的化解方式》，载《政治与法律》2020 年第 9 期。
〔5〕 参见王良顺：《预防刑法的合理性及限度》，载《法商研究》2019 年第 6 期。

个方面保障预防性立法限度的实现。[1] 除此之外,也有学者从宪法的维度为预防性反恐刑法立法寻找限度,提出了包括预防性反恐刑法在内的预防性刑法立法应当接受合宪性审查和比例原则的约束。

第四,预防性反恐刑法规范的设置及适用问题。梳理现有研究可知,随着预防性反恐刑法规范的逐渐增多,尤其是《刑法修正案(九)》增设了多个预防性反恐罪名,学界对预防性反恐刑法规范的科学设置问题和司法适用问题展开了深入的研讨。具体来看,这方面的研讨主要包括:(1)在教义学视角下对预防性反恐刑法规范的设置进行辩证性反思。例如,高铭暄教授等就对预防性反恐刑法立法中表现最为突出的预防性刑法观以及预防性反恐刑法规范的司法适用问题进行了教义学思考。[2] (2)在合理平衡安全价值和公民自由立场对预防性反恐刑法立法进行的思考。例如,何荣功教授在《"预防性"反恐刑事立法思考》一文中对我国近年来预防性反恐刑事立法方面的变革进行了详细梳理,同时对这一立法背后安全价值与民众自由权利之间的紧张关系进行了揭示。[3] (3)对反恐刑法的"预防性"面向进行检视以及对规范适用进行考察。例如,梅传强教授等在对预防性反恐刑法问题的研究中,专门对反恐刑法立法近年来表现出的预防性立法面向从方式、内容等方面进行了系统检视,同时对预防性反恐刑法的限缩适用提出了相应的观点。[4] 也有学者对恐怖活动犯罪刑罚的"预防性"转向予以深度剖析。[5] (4)在总体国家安全观视角下对预防性反恐刑法规范体系建构展开研究。例如,梅传强教授等以党的十九大报告为切入点,从总体国家安全观

[1] 参见张永强:《预防性犯罪化及其限度研究》,中国社会科学出版社2020年版,第199~263页。
[2] 参见高铭暄、孙道萃:《预防性刑法观及其教义学思考》,载《中国法学》2018年第1期。
[3] 参见何荣功:《"预防性"反恐刑事立法思考》,载《中国法学》2016年第3期。
[4] 参见梅传强、李洁:《我国反恐刑法立法的"预防性"面向检视》,载《法学》2018年第1期。
[5] 参见苟震、黄晓丽:《"预防性":恐怖活动犯罪刑罚的一个转向》,载《河北法学》2019年第5期。

视角对预防性反恐的相关问题展开了系统研究。[1] (5)对预防性反恐刑法规范的具体限缩适用进行微观层面的探讨。例如,商浩文博士等对预防性反恐刑法立法中表现比较突出的预备行为实行化问题进行了系统研究,他不仅详细梳理了预备行为实行化的罪名体系,而且对与此相对应的预防性刑法规范如何进行司法限缩的问题也展开了充分讨论。[2] 除以上这几方面的研究外,我国学者在对其他问题展开了学术研究时也偶尔会提及预防性反恐刑法规范的创制和适用问题,由于该类研究整体比较零碎,在此不一一梳理和展开。

从系统梳理和综合比较来看,虽然相较于国外,我国学界对预防性反恐刑法问题的研究起步较晚,但在预防性反恐刑法立法趋势日趋明显且在未来将继续加强的现实背景下,预防性反恐刑法问题的研究也引起学界的广泛关注,并必将在未来一段时间成为学界继续深入研究的重大理论课题和实践问题。就目前而言,我国现有的研究成果对预防性反恐刑法规范体系的完善和基础理论的发展均具有重要意义,同时,国外的相关研究成果也可为我国预防性反恐刑法问题的理论研讨和司法适用提供有益借鉴。不过,必须承认且毋庸讳言的是,由于目前我国的预防性反恐刑法问题研究处于起步阶段,所以,学界的关注度和倾注的精力与该问题本身的紧迫性和重要性并不匹配,现有的立法和研究仍存在诸多不足,尤其是情绪化的表达多于理性化的思辨、零散性的解读多于系统性的批判、应景式的修补多于前瞻性的构建,不仅预防性反恐刑法理论的基础问题未全面厘清,而且理论研究明显滞后于立法实践,无法为预防性反恐刑法规范体系的完善提供系统、全面、科学、前瞻的理论支撑。为此,本书认为,结合现有研究的不足和恐怖活动犯罪治理实践的需要,未来我国预防性反恐刑法问题研究应重点关注和

---

〔1〕 参见梅传强、童春荣:《总体国家安全观视角下的预防性反恐研究——以十九大报告为切入点》,载《现代法学》2018 年第 1 期。

〔2〕 参见商浩文:《预备行为实行化的罪名体系与司法限缩》,载《法学评论》2017 年第 6 期。

解决以下问题:一是厘清预防性反恐刑法的内涵和外延;二是揭示预防性反恐刑法的内在逻辑和潜在风险;三是阐释预防性反恐刑法的正当性及其危机;四是探讨预防性反恐刑法在国家治理中的功能定位;五是确立预防性反恐刑法立法必须坚守的合理边界;六是研究预防性反恐刑法规范的限缩适用;七是加大预防性反恐刑法立法创制和实施的评估。

第一章 预防性反恐刑法的基本范畴

整体来看,在日趋严峻的恐怖主义威胁下,当下的反恐政策和反恐立法开始围绕安全威胁进行演变。恐怖主义威胁类型的变化、严重程度的加剧,以及防控紧迫性的升级,直接影响着各国反恐立法(特别是刑事立法)的阶段性推进和侧重点。同时,恐怖主义威胁的全球化与本土化的交织、反恐怖主义军事议题与刑事司法议题的凸显,也使我国乃至世界各国在恐怖主义界定及规制体系等方面开始寻求共识和协作。近年来,在应对恐怖组织扩张、打击恐怖分子招募、阻止恐怖组织融资,以及防范恐怖活动犯罪等方面,各国的刑事立法都较为一致地采取了重视预防、提前干预的"预防"姿态,在反恐刑法中呈现出有别于传统反恐刑法事后惩罚的预防性新格局、新模式。反恐刑事立法中这一动向的出现,事实上"在很大程度上是对犯罪的免疫"。[1] 刑法(尤

---

〔1〕 See Ali Emrah Bozbayindir, *The Advent of Preventive Criminal Law: An Erosion of the Traditional Criminal Law?*, Criminal Law Forum, Vol. 29, No. 1.

其是反恐刑法)的演进历程和文本规范,是我们观察和分析反恐刑法立法的重要素材,同时,日渐丰富和立体的反恐法律制度体系更是增加了反恐刑法体系的全面性和连贯性。不过,在对预防性反恐刑法立法规范进行检视之前,有必要先对预防性反恐刑法的基本范畴进行阐释,尤其是对预防性反恐刑法的内涵、外延、特征和类型等进行系统分析,因为这直接关系本书后续研究的认识前提和基本立场。

第一节　预防性反恐刑法的界定

在以往刑法理论研究话语体系中,并没有“预防性刑法”的概念,更没有“预防性反恐刑法”的概念,这主要是因为以往的刑法立法都是一种事后型的立法,强调的是对危害社会行为的事后评价和惩治,并不太重视事前的预防。风险社会的到来,不仅大大增加了危害社会行为的种类,而且就是已有的一些违法犯罪行为,在网络和信息技术的支撑下,其社会危害性比以往要变得更加强烈。因此,为了有效应对风险社会中社会危害行为的急剧增多和社会危害性的不断加强,在行为风险尚未现实化为危害结果之前就对社会危害行为进行刑法规制成为立法的必然选择,正是刑法上基于风险预防的立法变得更加强烈,理论上“预防性刑法”的话语体系也开始因应而生,成为当前学术研究的热点。预防性反恐刑法是当前预防性刑法立法中表现最为突出的类型,与此相对应,预防性反恐刑法问题也是当前理论研究的热点问题。不过,作为新兴的话语体系和研究热点,在开展深入研究之前,首先需要对“预防性反恐刑法”进行准确界定,具体可以从“预防性”的多维解析、预防性反恐刑法的生成、预防性反恐刑法的辨明三个方面展开。

一、“预防性”的多维解析

随着反恐刑法立法中“预防性”趋势的不断增强,学界对这种“预防性”

趋势的解读和研讨变得越来越多。如何界定反恐刑法立法中的这种“预防性”,既是研究预防性反恐刑法立法的理论起点,也是正确认识和准确识别预防性反恐刑法规范的关键。综观学界对反恐刑法立法问题的现有研究,对这种“预防性”的界定出现了多重理解,尚未取得共识。鉴于此,本书将首先对预防性反恐中的“预防性”进行分析界定,以期为后续研究预防性反恐刑法的其他问题做好理论铺垫。具体而言,对“预防性”的解析,可以从语言学、政治学和刑法学三个层面展开。

(一)语言学意义上的“预防性”

从语言学上讲,“预防性”是“预防”这一动词形容词化的表达方式,一般作为定语来修饰某种动作或者行为。其中,“××性”代表前述中心词为中心而向外某一方向延伸的某种状态,该词的中心词为“预防”。因此,要合理界定“预防性”的概念,重心应该是准确界定“预防”的内涵与外延。

“预防”一词由“预”和“防”二字组成,因此,可以将“预防”拆解为“预”和“防”二字来理解。“预”,从词源上看,形声,从页(xié),从予,予亦声,“页”指人头,“予”本义指“击刺中的矛”,引申为“向前击刺”,再引申为“向前推送”。“予”和“页”联合起来表示“把头向前伸出”,本义是指先看、先听,引申义为在先、领先。因此,“预”一方面强调看、听的“判断”“推测”,另一方面表达了时间上的在先性和提前性。

“防”,从词源上看,字从阜从方,方亦声,“方”义为“城邦国家”。“阜”与“方”联合起来表示“城邑的土木工程设施,一来可以抵御洪水,二来可以抵御外敌入侵”,其本义为城墙,引申为“戒备”,预先做好应急的准备。进一步剖析可知,组合而成的“预防”一词,通常是指“预先做好事物发展过程中可能出现偏离主观预期轨道或客观普遍规律的应对措施”。[1] 申言之,“预防”就是设定好预定的主观目标或者预判好规律的既定结果,对照该主观目

[1] 参见《汉语词典》,载汉典网,http://www.zdic.net/c/4/103/277091.htm,最后访问日期:2017年11月22日。

标和既定结果，在通向及达成它们的过程之前和之中采取的应对措施。

在汉语言的形成和发展过程中，“预防”不仅成为一种描述人某种在先举措的行为，更发展为一种指导人们思考和行为的抽象理念，并形成了诸多相关的谚语、俗语，如“防患于未然”“未雨绸缪”“上医治未病，中医治欲病，下医治已病”“不谋万世者，不足谋一时”等。这些理念在人类社会发展的诸多领域产生了深远影响，尤其是风险预防方面发挥了重要功能。正是基于这种预防理念，一种预防秩序模型开始在社会管理格局中出现，而且随着当下不确定风险的持续增多，这种预防秩序模型出现了加强和扩张趋势。同时，随着这种预防秩序模型在社会治理实践中发挥的作用愈加明显，学界也开始对其展开研究，已有学者从内容、原因、程度、参与主体、起源等方面对这种预防秩序模型进行了系统分析。[1]

（二）政治学意义上的“预防性”

从政治学意义上来讲，“预防”或者“预防性”是一个具有政治学含义的概念，在政治学中的讨论也尤为热烈。追根溯源，“预防”一词最早是以“生存预防”的形式出现的，见于德国学者卡尔·雅斯贝尔斯（Karl Jaspers）教授于 1931 年完成的《时代的精神状况》一书中。此后，德国行政法学者福斯多夫（Emst Forsthoff）教授在其 1938 年的著作中也使用了“生存预防”的概念，并在其后的多部作品中也提到了“预防”的概念。[2] 从概念的具体内涵来看，以“生存预防”为存在形式的“预防”是模糊不清的，其更多的是表示人类生活面临着各种各样的威胁或者危险，但并没有或者很少有指向预防未来的危险或者威胁的意思。

在“生存预防”的语境下，“预防”的核心内涵就是要求公共机构要为社

---

〔1〕 See James Thomas Ogg, *The Proliferation of the Preventive Order Model*, in Preventive Justice and the Power of Policy Transfer, London: Palgrave Macmillan, 2015, p. 127 – 149.

〔2〕 参见［德］乌尔里希·K. 普罗伊斯：《风险预防作为国家任务——安全的认知前提》，刘刚译，载刘刚编译：《风险规制：德国的理论与实践》，法律出版社 2012 年版，第 152 页。

会公众的物质生活条件提供必要的保障：一方面是消除公众所面临的“生存威胁”；另一方面是增强公众抵御“生存威胁”的物质能力。这说明，“生存预防”语境下的“预防”主要强调的是国家或者公共机构给社会公众提供物质保障以抵御“生存威胁”的责任，并没有强调国家或者公共机构满足社会公众其他需求的责任，如安全需要、自我实现需要等。不过，“预防”并没有停留在原始的“生存预防”层面，其后历经发展变化也出现了自身的逻辑。之所以会如此，主要是因为“感知到市场的积累和分配功能的不安全，其目标是确保人们特定的基本物品供应的连续性”。[1] 此后，随着社会环境和经济水平的提升，“预防”概念的内涵得到了进一步的扩充，尤其是指向未来风险的预防开始渗入公共决策和政治行动，要求国家或者公共机构在制定公共决策或者采取政治行动时，必须将未来风险的预防作为一项基本原则，即公共决策或者政治行动不仅要关注将来可能出现的危及公众安全的威胁，并对其进行积极预防，而且要关注公共决策或者政治行动本身存在的可能对公众造成的威胁。前者属于原生的技术性威胁，后者属于衍生的制度性威胁。近年来，随着科学技术的迅猛发展，公众面临的技术性风险急剧增多，由此导致对科学技术的“系统预防”成为“预防”的新内涵；同时，在技术性系统预防的过程中，如何预防制度性风险的出现，也成为“预防”的新内涵。

从上述的梳理和分析可以看出，政治学意义上的“预防”概念虽然没有脱离语言学意义上“预防”概念的核心范畴，但在具体的演变发展过程中又出现了一些新内容，尤其是被注入了国家预防责任的新内涵。这充分说明，由于现代社会生活中公众所面临的非传统安全威胁变得愈加强烈、多维，政治学意义上的“预防性”更值得进一步的学理挖掘和实践形塑。因此，政治学意义上的“预防”增强了国家和公共机构在风险预防上的责任，并对国家的公共决策和治理实践产生了重要影响，“预防”已经成为国家或者公共机

---

〔1〕［德］乌尔里希·K. 普罗伊斯：《风险预防作为国家任务——安全的认知前提》，刘刚译，载刘刚编译：《风险规制：德国的理论与实践》，法律出版社2012年版，第152页。

构进行决策时绕不开的核心议题。

（三）刑法学意义上的“预防性”

如前所述，“预防”最早出现在政治学领域，直到晚近时期，才逐渐上升为一条法律原则。在此过程中，详细考察便可发现，“预防”最早出现的法律领域是环境法，而不是刑法，直至近年来随着各类新型风险（尤其是恐怖主义、网络犯罪等非传统安全威胁）的增多，刑法开始承担社会治理实践中越来越多的风险防控任务，“预防”才开始在刑法中出现。就目前来看，风险预防已经成为一项重要的法律原则，无论民事法律、行政法律，还是刑事法律，其中都或隐或显地透露出风险预防原则渗入和加强的痕迹，这也反过来说明风险预防已经成为现代国家在社会治理实践中必须承担的重要任务。不过，对于风险预防在法律中的具体化，学界也进行了反思性的研究。例如，有学者指出：“作为法律原则的风险预防是一个复杂的法律概念，对其进行具体化时，需要对法律的调控形式进行转化，把法律变为一种‘反思性’法。也就是说，对其有限的调控功效所依赖的条件进行反思并因此具有学习能力的法，具体化工作的基本实体原则在于，确保存在社会的替代性措施。”〔1〕

虽然“预防”在一般意义上而言其内涵是一致的，但值得注意的是，在不同语境和学科中，“预防”的内涵还是有细微差异的。在域内刑法语境中，“预防”有着多种语境限定下约定俗成的指称，这极易引起与本书讨论的“预防性”之“预防”混淆，也容易引起刑法学视角下“预防性”内涵的歧义。传统刑法理论认为，刑罚本身就具有惩罚和预防的双重功能，在预防功能的体系下，又进一步分为一般预防与特殊预防、消极预防与积极预防，但它们在方向和程度上存在差异。其中，一般预防又存在积极的一般预防论和消极的一般预防的分野。消极的一般预防论旨在通过发挥刑罚的威慑功能，使一般人不敢犯罪（有的人可能想犯罪但担心受刑罚处罚而不敢犯罪），而积

〔1〕［德］乌尔里希·K. 普罗伊斯：《风险预防作为国家任务——安全的认知前提》，刘刚译，载刘刚编译：《风险规制：德国的理论与实践》，法律出版社2012年版，第164页。

极的一般预防论则旨在发挥刑罚的规范强化功能、教育功能、安抚功能,使一般人不愿犯罪。从不敢犯罪到不愿犯罪,形成一种递进的效果。

因此,在传统刑法理论所讨论的“惩罚”与“预防”这对范畴中,预防更强调基于刑法事后“已然”介入的模式下,对犯罪行为人再次犯罪形成一种在先的威慑(特殊预防),对包括潜在犯罪人在内的广大社会公众形成一种犯罪的在先威慑(一般预防)。同时,在基于刑法事后“已然”介入的模式下,针对犯罪行为人再次犯罪的特殊预防通常伴随着前科刑罚的执行,呈现出一种积极预防的姿态;针对潜在犯罪人在内的社会公众的一般预防,则呈现出一种消极预防的姿态。因此,预防性并非刑法中的新兴概念,在传统刑法的理论构造中,预防是作为事后规制的伴随效果出现的。之所以要厘清预防性的概念,归根结底是要回答刑法规制领域中的相关本质问题,即惩罚与预防之间是否存在可识别的差异,以及如何适当地限制对预防的过度追求。显然,这种研究必将有助于我们在探讨预防性反恐刑法问题时,进一步厘清反恐刑法中有多少预防性的举措,以及相关举措在多大程度上会影响反恐刑法的建构和实施。

在域外刑法中,也存在我国刑法中的预防性立法问题,域外学界也对这种预防性刑法问题进行了深入研讨。因此,对域外刑法中的“预防性”进行比较法意义上的考察,对正确认识我国刑法中预防性立法具有重要的借鉴意义。

在英语中,通常以“prevention”与汉语中的预防(性)相对应,一般指“防止、阻止、排除、预防、妨碍……”。[1] “preventive”是“prevention”的形容词,在长期的刑事司法实践中形成了“prevention of crimes”(犯罪预防)、“preventive detention”(预防性监禁)、“preventive justice”(预防性措施正义)、“preventive remedy”(预防性救济)等法律术语。针对语言指称的差异

〔1〕 薛波编:《元照英美法词典》,潘汉典总审定,北京大学出版社2017年版,第1087页。

性,本书还发现并检索到了域外英语语系中与“预防”密切相关的多个词根和词汇,如“pre-”“anti-”“precaution”“pre-emption”等,它们在立法文件、学术论文中频繁出现。“pre-”“anti-”作为词根,前者强调时间预先上的预防,后者强调方向相反上的预防;而“precaution”,作为预防(预警)之意,意指防止预先防止危险、不愉快、不舒适的事物的举措,[1]更多地用在环保法规领域,意在强调在伤害的风险是不可预测的和不确定的,这将带来的损害、危害是不可逆转的,也是缺乏科学确定性与伤害的性质或后果不应证明的不作为,该词却很少用在反恐领域;“pre-emption”通常为“(1)优先购买权,先买权,(通过先占用等取得的)公共土地优先购买权;(2)(国际法)强制收购权”,作为预防之意,更多地强调针对使敌人丧失能力的“先发制人”。[2] 由上述分析可见,英美法系的刑事司法领域的“预防”,主要集中在强调对具有一定性质的事态的防治过程,并无严格意义上的事后处罚上的区别。

从预防的产生、变化因由来看,一般事态变化过程中的介入因素已经日常化为人们思考、行动的常态因素。当下社会,人们运用预防理念更多的是为了回应社会变迁过程中,科学技术快速发展带来的人的行为类型和模式的变化,以及原有社会形态的重大转变。传统事后调整型的社会治理模式在当下社会中要么无济于事,既无法消解现实的威胁,也无法给社会公众提供足够的安全保障,要么治理成本高昂,成为社会治理难以承受之重。由此,这种技术性风险的增加和治理难度的升级,带来了国家和社会治理的预防性转变,即事先的预判和行动能够带来治理效率的提升或者有效降低治理成本,同时为社会公众提供充足的安全保障,因而“预防”成为国家和政府

---

〔1〕 根据谷歌翻译,其意为:a measure taken in advance to prevent something dangerous,unpleasant,or inconvenient from happening。

〔2〕 根据谷歌翻译,其意为:serving or intended to preempt or forestall something,especially to prevent attack by disabling the enemy。

在制定公共政策或者做出相关决策时优先考虑的原则。

法律是社会的产物,法律会随着社会的发展变化而不断地调整自身的结构和内容,这也是法律的生命力之所在。当前,社会治理对策的预防化,也极大地促发了法律层面的重大变革,法律层面也出现了上述预防性的规范内容和立法趋势。从规范内容层面来看,不仅作为前位法的民商事法律和行政法律广泛增加了法律主体权利与义务范畴的内容,而且提升了公民对国家、社会良好秩序维护所负的义务。从立法趋势层面来看,作为后位法的刑事法律在前位法内容的基础上,也展现出了预防性的立法趋势,原有的以事后惩罚达到预防效果的姿态在特定的犯罪领域有所转变,尤其是在打击恐怖活动犯罪领域呈现出巨大转变,事后惩罚以达到预防效果的路径被认为在这样的仇恨犯罪或者信念犯罪中是低效乃至无效的,对于已经成形、固化的现实社会损害,事后惩罚又是完全无用的。因此,应对恐怖活动犯罪这类具有非传统安全威胁属性的犯罪,刑法立法层面也必须转向预防性规制的立场。

从上述对"预防"概念的考察和分析来看,预防作为一种具有内容指向性和时间指向性的概念,为人们的思考方式、行为模式提供了一种全新的指引,而在当下风险社会治理语境中,则更要重视对风险的预测分析和事前规制。通常而言,预防性思维及其举措,从内容的指向上看,具有一种在先的冲动;而从预防的程度上看,则存在最弱意义上的预防性与最强意义上的预防性的区分。最弱意义上的预防性要求规制主体警惕相关风险,缺乏事实上损害的明确证据不应当成为规制主体拒绝监管的理由,监管手段是否妥当,通常受限于"成本—效益分析"的结果,即应当以最小手段获得最大好处;最强意义上的预防性则要突破"成本—效益分析"的界限,而是以"安全边界是否得以确立"作为主要的任务。[1] 在对恐怖活动犯罪这类非传统安全威胁型犯罪进行规制时,最强意义上的预防比最弱意义上的预防更加有

〔1〕 See Cass R. Sunstein, *Laws of Fear: Beyond the Precautionary Principle*, Cambridge: Cambridge University Press, 2005, p. 18 – 19.

效，但与此同时必须注意和思考的问题是，如何保证这种预防在合理、必要的限度内进行。

二、预防性反恐刑法的生成

预防性反恐刑法在我国刑法立法中的出现，不仅与国内恐怖活动犯罪形势密切相关，而且与我们进入风险社会后整个社会治理模式的转型相关。在此过程中，预防性反恐刑法有其内在的生成逻辑和具体表现，对此予以揭示，有助于我们对预防性反恐刑法进行准确界定。

（一）反恐措施的刑法化

恐怖主义的治理，徒有刑法是难以实现的，必须由一系列有机配合的措施构成完整的治理体系。在此过程中，为了进一步完善反恐刑法体系，提升反恐刑法能力，一些反恐措施被纳入刑法范畴，成为刑法的有机组成部分。从发展历程来看，反恐措施，特别是2001年美国“9·11”事件发生以后各国采取的反恐措施，使传统反恐刑法的封闭性和一般性的处置发生了重大转变，这种转变就开始被更多地描述、概括为反恐刑法的预防化，同时就出现了“预防性反恐刑法”。那么什么是预防性反恐刑法？它与传统反恐刑法在内涵和外延上有何实质的不同？由此带来了刑法领域哪些方面的变革？这是需要我们进行深入研究和廓清的重要问题。

如前所述，预防性这个定语有着自己本身的含义，而且在不同的学科语境下，其具体指向也有所差异。在更为广泛和综合的反恐语境下，“预防”一词有着多种运用，正如有学者指出的，“中国以法律手段反对恐怖主义，同样是通过预防、处置、制裁、恢复等环节实现的”，“以反恐职能为标准，则可以分为预防、处置、制裁、恢复等内容”。[1] 同样地，在域外，也存在不同含义的“预防”的表达，事实上，反恐政策的大部分语言都以防卫（prevention）或先

---

〔1〕 赵秉志、杜邈：《中国反恐法治问题研究》，中国人民公安大学出版社2010年版，第55～56页。

发制人(pre-emption)的方式来表达,而不是预防措施(precaution)。然而,进一步考察可知,“公共政策的话语已经从一个基于风险评估和风险管理(决策者要求衡量攻击的可能性与特定策略的成本和收益)的基础转向在面对不确定性时基于采取预防性行动(precautionary action)需要的基础”。[1] 因此,要准确把握我国反恐语境下刑法规制的“预防性”的理论入口和实践产出的内在逻辑,把准“预防性”表述的“脉”至关重要,这也是我们后续准确厘定反恐刑法“预防性”内涵和预测未来应然走向的基础。

刑法确立了罪刑法定原则、罪责刑相适应原则,以及贯彻这些原则的具体刑法罪名构成和刑罚制度,反恐刑法也是在贯彻这些基本原则的基础之上进行构建的,这也是反恐刑法不可逾越的底线。但是,随着“预防性”思维和举措在刑法中的融入,刑法的理念和原则出现了不同于以往的解读,并引发了相应制度的变革。可以说,一方面,预防性揭示了风险社会中事态发展过程之前和之中的人为介入因素的可能性和有效性;另一方面,预防性也反映了在刑事立法领域英美法系和我国有关预防性认知的差异性和举措的地域性。具体到反恐刑法的预防性方面:一方面,我们要关注刑法规制具有的一般原则;另一方面,要关注反恐所表现出的特殊面向,不仅需要统合研究对象兼具的普遍性和类型性,更需要厘清反恐刑法预防性的特殊性。

(二)反恐刑法的预防化

众所周知,恐怖活动犯罪是一种非常严重的犯罪类型,面对恐怖活动对公众生命、健康、财产和国家安全、社会稳定造成的严重破坏和破坏威胁,通过刑法对其进行否定性评价和刑罚处罚,既符合公众的心理期待和国家的治理需要,也是世界各国在打击恐怖主义方面的一致做法。然而,传统刑法在规制恐怖活动犯罪方面,仍然坚持的是一种事后处罚的立场,由此导致传

---

[1] Stuart P. Green, *Balancing Security and Liberty: Critical Perspectives on Terrorism Law Reform*, in Miriam Gani and Penelope Mathew, eds., Fresh Perspectives on the “War on Terror”, Canberra: ANU E Press, 2008, p. 79.

统反恐刑法罪名在规制恐怖活动犯罪行为时出现了低效甚至无效的尴尬局面,难以与当前的恐怖活动犯罪形势相吻合。

具体而言,传统刑法由于缺乏成体系的反恐罪名群,在具体评价和规制恐怖活动犯罪行为时更多地套用普通罪名,并遵循重既遂轻未遂、重正犯轻共犯、重结果轻危险的处罚逻辑。在犯罪客体方面,坚持的是具体的法益侵害判断,即恐怖活动行为只有在明显侵害了公民生命、健康、财产等具体法益时才进行处罚,而对于没有明显侵害公民生命、健康、财产和国家安全、社会稳定的恐怖活动行为,则一般不予以处罚;在处罚对象方面,传统刑法主要处罚的是恐怖组织成员或者受恐怖组织指使实施恐怖活动犯罪的个人,而对于恐怖组织以外的边缘人员,一般不对其进行处罚;在处罚标准方面,传统刑法主要坚持的是结果犯为原则而行为犯为例外的标准,即主要处罚已经造成实害结果的恐怖活动行为和少数尚未造成实害结果但具有紧迫危险的行为,对于虽然表现出社会危害性但没有现实化紧迫性的行为,则不予处罚;在处罚方式方面,传统刑法主要以生命刑、自由刑、财产刑为主,尚无其他预防性的刑罚措施;在处罚义务方面,传统刑法站在国家本位的立场,强调恐怖活动行为打击和防范中的国家义务,并没有对社会公众在打击和防范恐怖活动方面设定相关义务。

然而,传统刑法在规制恐怖活动犯罪方面采取的上述模式,无论是在手段多样性方面还是在结果有效性方面,都无法满足反恐实践的需要,尤其是在恐怖主义全球蔓延的背景下,传统刑法对恐怖活动犯罪的规制模式已经明显表现出了滞后性,如何通过刑法创新实现恐怖活动犯罪的有效规制,成为世界各国必须思考和解决的问题。值得注意的是,从近年来的反恐刑法立法实践来看,随着恐怖活动犯罪形势的日趋严重和危害范围、程度的进一步扩大,对恐怖活动犯罪行为进行提前控制和预防的观点开始被立法者广泛接受,预防性反恐刑法立法模式也日渐显现,并且开始逐渐增强。从具体规范层面来看,这种预防性反恐刑法立法模式的突出特点就是对恐怖活动犯罪行为进行提前干预和预防，即在恐怖活动犯罪行为造成现实的危害结果之前，只要行为表现出了法益侵害的危险，刑法就对其进行干预，而且在干预手段上也不仅仅局限于事后的处罚，还包括一些事前的预防性措施。

（三）预防性反恐刑法的表现

预防性反恐刑法不再像传统反恐刑法那样仅仅关注恐怖活动犯罪行为表现出的现实危害结果，尚未现实化的危险也成为刑法重点关注的对象，而且国家安全和秩序稳定也成为预防性反恐刑法立法考虑的重要内容。从我国近年来的反恐刑法立法（尤其是《刑法修正案（九）》）来看，反恐刑法立法表现出的“预防性”转型趋势非常明显。

表现之一是反恐刑法的“预防性”使传统刑法所奉行的“最后”“被动”“消极”防线向“有效”“主动”“积极”防线转变。在传统刑法看来，刑法保护公民的生命、健康、财产权益和社会秩序，这种保护对象具有刑法所框定的稳定而明确的边界。刑法拥有与行政管理、民事自治、国家安全保护等相区分的效用范围，在行政管理、民事自治、国家安全保护等穷尽了其手段后，刑法方能出面发挥作用，因而呈现出层级的“最后性”、启动的“被动性”以及效用追求的“消极性”特征。随着恐怖主义的弥散传播，公民的生命、健康、财产权益和社会秩序的保护产生了新的需求，国家安全保护的原有模式也逐渐被突破，且与刑事司法一体化达到了前所未有的程度。在这样一种格局下，国家安全不再仅仅是原来的政治导向、国内导向，国家安全的内涵和外延、实现体系和具体路径也开始不断丰富，最突出的表现就是国家安全的反恐刑法建构和反恐刑法的国家安全导向开始融合。这种国家安全与刑事司法的融合，使得在反恐领域刑法所代表的国家内部的强制性能力和国家安全所代表的外部强制性能力之间的界限日趋模糊，刑事司法和国家安全的国内和国际层面的结构发生了明显变化，反恐刑法呈现出层级的“有效性”、启动的“主动性”和效用追求的“积极性”特征。

表现之二是反恐刑法的“预防性”使传统刑法所采用的“事后规制”模式

向“预先规制”模式转变。从刑法的历史演进和模型建构来看,虽然传统刑法也存在与惩罚并重的预防面向,但这种一般预防和特殊预防的达成更多的还是以对现实化的已然损害进行刑法的否定评价,并借此被动地形成一种消极预防的客观效果。因此,刑法通常以处罚完整的、完成的犯罪形态为常态,而对不完整的、未完成的犯罪形态,如我国的预备、未遂、中止等形态,英美刑法中的教唆犯罪、共谋罪、犯罪未遂[1]等形态,则采取刑罚从轻、减轻甚至不予刑事评价的手段进行处理。然而,随着时代的变迁,社会发展现状和社会治理需求的改变,刑法的理念支撑、策略选择和技术表达等也随之改变,更是深层次地引发了反恐刑法的立法观念及刑法功能的结构性转变,呈现出刑法从消极保守的传统刑法观向积极开放的功能刑法观转变,刑法的整体功能也从“作为社会治理的最后手段”转向“为实现有效的社会控制”的积极预防。

表现之三是反恐刑法的“预防性”使传统刑法所依赖的政治无涉向更加复杂多元的介入因素转变。在传统反恐刑法的视域下,恐怖分子及其在恐怖主义影响下的犯罪行为可以最终归结为刑法层面的一般犯罪行为。从刑法视角观察,无论是一般犯罪分子及其犯罪行为,还是恐怖主义分子及其犯罪行为,都被视为刑法框架下的犯罪。比如反恐,其本质上是一个发生在法庭之外的政治过程,[2]但恐怖主义、恐怖活动的刑法评价被刑法内化为刑法的一般犯罪行为,恐怖分子或恐怖活动参与人与一般具体犯罪的行为人在刑法中并无二致,政治无涉的原则较为全面地被贯彻在传统反恐刑法中。在预防性反恐刑法中,在刑法之前、之中和之后形成了众多主体参与、多重程序架构的应对格局,如以美国为代表的域外国家广泛以预防和公共保护的名义设置各种强制性措施。从最近的法律发展来看,更是将刑事责任扩

---

〔1〕 参见李韧夫编:《中英美刑法基本问题比较研究》,法律出版社2011年版,第90~96页。

〔2〕 See Jude McCulloch and Sharon Pickering, *Pre-crime and Counter-terrorism: Imagining Future Crime in the "War on Terror"*, BRIT. J. CRIMINOL, Vol. 49, 2009, p. 637.

大到仅仅是处在准备犯罪和预谋犯罪阶段的行为、针对可疑恐怖分子的特别限制性措施、限制使用民事程序的措施、扩大审判前拘留、预防性拘留“危险”罪犯等。[1] 尤其在当下的刑事程序完善中，国家安全与刑事司法的加速融合，掺杂了越来越多的行政前置、国家安全保护的处置程序。可以说，当代反恐框架渊源中存在的反叛乱、犯罪化、准军事管制以及对犯罪和毒品战争相互关联的历史，不可避免地对预防性反恐刑法的形成、运作产生了深远影响，深刻地塑造了反恐刑法的样态，这也要求理论界更加关注国家政治、外交政策、国际关系和安全研究的动态和细微差别。其中，对预防性反恐刑法背后隐藏的影响因素进行分析、理解和研究，成为刑法学者和反恐实务人员所面临的重要任务和挑战，也只有直面这些挑战，努力解决这些新问题，预防性反恐刑法立法的科学性和有效性才能够进一步提升。

（四）预防性反恐刑法的厘定

如前所述，从预防思维出发，条分缕析刑法立法中出现的“预防性”转型趋势具有重要的理论意义和实践价值。具体到反恐刑法立法的预防性转型，从其具体的表现形式的内在生成逻辑可以看出，所谓“预防性反恐刑法”，就是指对恐怖主义、恐怖活动造成现实损害之前的思想弥散、人员串聚、工具准备、条件创造、放任不为等加功于造成公民生命、健康、财产损害和危害国家安全、社会秩序的恐怖活动的行为进行预先犯罪化规制的刑法立法模式。[2]

从外在表现来看，预防性反恐刑法确定了对恐怖主义、恐怖活动现实损

---

〔1〕 See Andrew Ashworth, Lucia Zedner, and Patrick Tomlin, eds., *Prevention and the Limits of the Criminal Law*, Oxford: Oxford University Press, 2013, Introduction, p. 1 – 2.

〔2〕 这种提法除了笔者对刑法、反恐刑法的相关内容表现进行的归纳外，还查阅、借鉴了域外的立法表达和学术研究，如域外有“preventive justice”“preventive detention”“preventive anti-terrorist strategies”“preventive criminalization”“preventive war”“precautionary criminalisation”“post-crime and pre-crime”“riminalisation or prevention”等很多种提法或者表达，但是笔者并非简单地“拿来”，而是通过对不同法系国家的不同的法律渊源、司法传统和反恐格局等进行了剖析后审慎得出的。

害之前的思想弥散、人员串聚、条件准备、放任不为等加功于造成公民生命、健康、财产损害和危害国家安全、社会秩序恐怖活动的一系列行为为犯罪行为，并做出有别于造成公民生命、健康、财产损害和危害国家安全、社会秩序的恐怖活动犯罪的罪状描述和刑罚配置；从内在结构来看，通过对恐怖主义、恐怖活动现实损害之前的思想弥散、人员串聚、条件准备、放任不为等加功于造成公民生命、健康、财产损害和危害国家安全、社会秩序恐怖活动的行为犯罪化，使刑法评价相较于传统反恐刑法呈现出规制发动活性化、规制指向抽象化、规制标准短缩化、规制后果预防化的特征，从整体上凸显了反恐刑法的“预防性”逻辑。

从运作逻辑来看，有充分的理由证明国家使用强制手段保护公众免受伤害，不同于传统反恐刑法作为一种事后评价的模式。预防性反恐刑法把视野投向了“事后”时间之前的部分，并对这部分的行为进行认知、预判和评价，进而形成了从事后犯罪到预先犯罪的时间转变。同时，不同于作为一种封闭评价体系模式的传统反恐刑法，预防性反恐刑法进一步模糊了国家安全的界限，在刑法视角内对国家安全的内涵进行了丰富和提升。预防性反恐刑法将进一步从以刑法法益反思、立法预防性等宏观、抽象视角向特殊、具体的刑法反恐罪名设置、刑罚配置、特殊处遇等领域延伸。

恐怖主义在全球范围内的持续蔓延和恐怖袭击活动危害性的急剧增加，使预防恐怖活动规制的必要性进一步提升；同时，在刑事法治领域，也催生了一种“先发制人”式的规制逻辑，无论是刑事立法还是刑事司法，都开始强调对恐怖主义威胁的事先预防和打击。不过，随着各项“先发制人”式反恐手段的增多和反恐力度的增强，人们也越来越意识到这种“先发制人”式的预防措施虽然能够起到很好的规制效果，但其中又暗含着警察权的膨胀、恣意甚至侵犯人权的风险和隐忧。而“恐怖主义”规制与刑法的深度结合更是使得反恐刑法被烙上了鲜明的“预防性”特征，使反恐刑法理念、刑法原则和刑罚处罚都开始向预防性规制倾斜。不过，毫无疑问的是，刑法是在鲜活多变的现实社会中发挥效力的,刑罚体系的正确配置问题必然要回归到技术层面的最优化问题。如何使预防性反恐刑法既展现科学立法的面向,又能够适应未来恐怖活动犯罪的治理需要,并在它的价值体系中注入预防论的精神,是我们需要认真对待和思考的问题,也是我们可以象征性地同意给予它一种十分重要的合理性预支。[1]

三、预防性反恐刑法的辨明

恐怖主义及其相关活动具有生发、演变的复杂土壤和多重影响,由此也导致反恐怖主义的国家行动也涉及诸多领域和环节,牵涉众多主体和对象。随着近年来全球恐怖主义防控形势的不断变化,在涉及的主体、对象、领域、环节等方面也出现了“预防性”规制的趋势,这不仅影响着反恐刑法立法,而且对反恐的诸多立法都产生了深刻的影响。因此,要准确把握预防性反恐刑法的内涵,就必须对预防性反恐刑法与传统反恐刑法、预防性的非刑立法等相近领域的关系进行辨明。

(一)与传统反恐刑法的关系

恐怖主义及其活动的刑法规制并非自始就有,而是随着恐怖主义在全球范围内的不断扩散、恐怖活动危害不断升级,各国才逐渐开始通过刑法等法律对其进行规制的。就刑法对恐怖活动犯罪的规制而言,随着恐怖主义及其活动的不断演变,也产生了传统反恐刑法与当下预防性反恐刑法的分野。回溯传统反恐刑法的生发、演变和预防性反恐刑法的显现和加强,剖析预防性反恐刑法与传统反恐刑法的异同和关系,是进一步厘清预防性反恐刑法的基本内涵,认知预防性反恐刑法的内部构造、法律定位和未来演变的重要一环。

---

〔1〕 参见[德]米夏埃尔·帕夫利克:《人格体 主体 公民:刑罚的合法性研究》,谭淦译,冯军审校,中国人民大学出版社2011年版,第96页。

1. 二者的同质性

毫无疑问，基于刑法的谦抑本质和处罚措施的严厉性，恐怖主义及其活动对公众、社会和国家等带来的现实化危害及其程度是刑法介入并发动的前提。在对恐怖活动进行刑法规制的过程中，渐次形成了传统反恐刑法和预防性反恐刑法的格局，共同在刑法层面对恐怖主义及其活动进行规制的体系。从传统反恐刑法来看，刑法将恐怖主义及其活动造成的现实损害还原成刑法上的普通犯罪进行规制。例如，对危害国家安全的情形，还原为（煽动）分裂国家的罪行等；对造成公民人身伤亡等现实危害的情形，分别还原为具体的杀人罪行、伤害罪行、爆炸罪行、放火罪行等，如我国刑法所确立的危害公共安全罪，侵害公民人身权利、民主权利等类罪名项下的具体罪名都有可能成为恐怖活动触犯的罪名；对使用特定危害手段的情形，还原成对相关攻击性武器管控违反的罪行，对航空器、交通工具等的罪行，如我国刑法规定的劫持航空器罪，劫持船只、汽车罪，非法携带枪支、弹药、管制刀具、危险物品危及公共安全罪等。上述分列在不同客体中的普通罪名，共同组成了传统反恐刑法的规制体系。刑法对恐怖分子在恐怖主义思想影响下实施的恐怖活动与普通犯罪不进行明显、实质的区分，以达到对已经现实化的危害结果的事后评价，进而直接发挥惩罚的功能，并通过这种事后的否定性谴责警示潜在的犯罪分子，间接达到预防的效果。

从预防性反恐刑法来看，恐怖分子和普通犯罪分子一样，都是实施了刑法所禁止的具有严重社会危害性的犯罪分子。对于恐怖分子为现实化恐怖活动所采取的前期准备工具、形成合意、强化犯意的行为，刑法也应该进行充分、有效的评价，进而达到阻遏恐怖主义的蔓延和向恐怖活动的转化。基于此种目的，各国的预防性反恐刑法立法囊括了诸如规制帮助恐怖活动、准备恐怖活动、煽动恐怖活动、宣扬恐怖主义、非法持有涉恐怖主义相关物品以及拒不履行反恐义务的相关罪名。通过传统反恐刑法和预防性反恐刑法这种各有侧重却目标一致的设置，共同达到对恐怖主义及其活动的严密规制。从这种目的的一致性和方法的趋同性上看,预防性反恐刑法与传统反恐刑法无疑具有同质性。

2. 二者的异质性

虽然预防性反恐刑法与传统反恐刑法在规制目的和方法上具有同质性的一面,但预防性反恐刑法作为新的反恐形势下兴起的一种新兴立法模式,其与传统反恐刑法相比,也存在异质性的一面。具体来看,这种异质性主要表现在以下三个方面。

(1)预防性反恐刑法带来了恐怖主义定性的扩张。传统反恐刑法是在恐怖主义基本定性的基础上,建构对具有现实化危害的恐怖活动的刑法否定性评价。纵然国际和国内对恐怖主义定性尚未达成共识,仍存在较大分歧,但将部分恐怖活动视为犯罪的国家还是确立了自己的恐怖主义认定标准,并由此形成了恐怖活动的行为定性和内容范围。其中,较为核心的是,恐怖活动是指出于特定目的,采取暴力、破坏、恐吓或者其他手段,造成或意图造成人员伤亡、重大财产损失、公共设施损坏、社会秩序混乱等严重社会危害的行为。这些活动引发的事件通常被称"恐怖事件""恐怖袭击",对上述活动进行煽动、资助或者以其他方式协助的,也视为恐怖活动。由此可见,围绕现实化的恐怖事件,恐怖主义的标签具有实质的内核。然而,在预防性反恐刑法时代,刑法现实规制的恐怖活动被显著地、有选择地进行了扩张,前述行为的准备、联络、相关物品的持有和流通等均被纳入了刑法的规制范围,由此也倒逼恐怖主义和恐怖活动的定性和范围的调整,带来了恐怖主义标签的实质性扩张。

(2)预防性反恐刑法带来了恐怖活动犯罪范围的扩张。同传统反恐刑法相比,预防性反恐刑法呈现出内容上的多层次、立体式的扩张。首先,这种扩张表现为恐怖活动犯罪内容架构对普通犯罪的依赖。例如,对加拿大1963~2010年惩治恐怖主义的立法和司法的统计研究表明,随着恐怖主义防控的发展,立法和司法的互动愈加"强调了刑事司法系统积极使用这些新的法律条款,并使用恐怖主义特定的犯罪代替暴力犯罪”。[1] 其次,这种扩张表现为恐怖活动犯罪内容架构对普通犯罪形态的独立化,刑事立法中广泛出现了对涉恐怖主义的共谋、帮助、教唆等共同犯罪形态,预备、未遂、中止等未完成形态,以及消极义务积极义务化等现象的独立评价,这种增加的独立评价手段进一步扩张了恐怖活动犯罪的范围。最后,对于新增的预防性反恐罪名,未完成形态、共同犯罪形态等特殊调控规则继续对其发生作用,理论上进一步加大了对多行为主体、行为模式的补充,造成了恐怖活动犯罪的实质增加。

(3)预防性反恐刑法带来了恐怖活动犯罪规制模式的革新。在传统反恐刑法看来,恐怖主义及其活动是犯罪的一种,其主观动机、意图虽然可能与其他犯罪有所不同,但同样能够被纳入刑法所细分的各种行为样态之中,恐怖分子也是犯罪分子,对其进行规制是“视恐怖主义为犯罪”的一种规制模式。然而,在预防性反恐刑法看来,传统反恐刑法的这种惩罚与预防的定位尚不足以避免恐怖主义新变化带来的新风险,刑法应该在避免这些新风险造成的危险中发挥更为有效、积极的效用。在反恐领域,刑法的预防性措施可能是一个好主意,它们可以为公民提供有关如何遵守法律的行为指引,加之刑法配套的刑事诉讼程序包含一系列正当程序保障,而这些保障是其替代品无法提供的。因此,我们应当对传统反恐刑法做出必要延伸,对其规制效能的发挥选择更为积极、前瞻的视角。

(二)与预防性其他立法的关系

在风险社会语境下,预防性立法不仅发生在刑法层面,在其他法律部门的立法中,也出现了明显的预防性趋势。因此,在辨明刑法系统内部预防性反恐刑法与传统反恐刑法关系的同时,还需进一步辨明预防性反恐刑法与

---

[1] Joanna Amirault, Martin Bouchard, Graham Farrell and Martin A. Andresen, *Criminalizing Terrorism in Canada: Investigating the Sentencing Outcomes of Terrorist Offenders from 1963 to 2010*, J. Crim. L. & Criminology, Vol. 106, No. 4, 2016, p. 796.

预防性非刑法立法的关系。

1. 与反恐专门立法的交叉关系

恐怖主义及其活动的滋生、蔓延有诸多的现实影响因素。面对日益严峻的反恐态势，越来越多的国家或区域性组织制定了针对恐怖主义的专门立法文件，并较为一致地冠以“反恐怖主义”的主题，由此形成了针对性、专门性的反恐立法。据不完全统计，这些立法举措和文件包括：我国的《反恐怖主义法》（2015）及其2018年的修正；美国的《通过提供拦截和阻止恐怖主义活动所需要的适当手段统一和强化美国法案》（《爱国者法案》）、《通过保障权利以及终止窃听、大规模信息搜集以及网络监控来统一和强化美国法案》（《自由法案》）；[1]英国的《2000年恐怖主义法案》（Terrorism Act 2000）、[2]《2001年反恐怖、犯罪及安全法案》（Anti-Terrorism, Crime and Security Act 2001）、《2006年恐怖主义法案》（Terrorism Act 2006）、[3]《2008年反恐法案》（Terrorism Act 2008）、[4]《2011年恐怖主义防治和调查方式法案》（Terrorism Prevention and Investigation Measures Act 2011, TPIMs）、《2015年反恐和安全法案》（Counter-Terrorism and Security Act 2015）；[5]澳大利亚的《反恐怖主义法》（2004）、《第2号反恐怖主义法》（2004）、《反洗钱和反恐融资法令》（the Anti-Money Laundering and Counter-Terrorism Financing Act 2006）、《刑法修正案（禁止在公共场所全脸遮蔽）》[Criminal Code Amendment (Prohibition of Full Face Coverings in Public Places) Bill

---

〔1〕 参见夏菲：《美国反恐法律的实践及其借鉴》，载《法学》2017年第7期。

〔2〕 United Kingdom Parliament (2000C). Terrorism Act 2000, London: The Stationary Office, 2000: i – v.

〔3〕 United Kingdom Parliament (2006C). Terrorism Act 2006, London: The Stationary Office, 2006: i – ii.

〔4〕 United Kingdom Parliament (2008C). Couter-Terrorism Act 2008, London: The Stationary Office, 2008: 7 – 10.

〔5〕 参见盛辰超：《英国反恐体制研究（2000 – 2015）》，华东师范大学2017年硕士学位论文，第30～32页。

2017]、《犯罪立法修正案(国际犯罪合作及其他措施)》[Crimes Legislation Amendment (International Crime Cooperation and Other Measures) Bill 2018];[1]法国的86－1020号法律(1986)、86－1322号法律(1986)、92－686号法律(1992)、96－647号法律(1996)、2001－1062号法律、2004－204号法律、2006－64号法律、2011－267号法律、2011－392号法律等;[2]德国的《反恐法》(2002);[3]日本的《反恐对策特别措施法》(2001)、《关于恐怖主义的未然防范的行动计划》(2004)、《国际涉恐资产冻结法案》(2014);[4]俄罗斯的《联邦打击恐怖主义法》(1998)、《俄罗斯联邦反恐怖主义法》(2006)、《俄联邦反恐构想》(2009)及多部反恐法的修正案;[5]欧盟的《欧盟打击恐怖主义新指令》(2014)、《打击恐怖主义金融行动计划》、《控枪法案》等;[6]上海合作组织达成的《上海合作组织反恐怖主义公约》(2014);[7]等等。

上述这些国内或者区域性反恐法律文件,不仅囊括了反恐政策,而且包括反恐机构设置、反恐力量、反恐合作、涉恐财物处置等内容;不仅具有实体

---

[1] 参见《澳大利亚联邦刑法典》,张旭等译,北京大学出版社2006年版,第7页。

[2] 参见Légifrance网站(https://www.legifrance.gouv.fr.)。Légifrance是负责通过互联网进行法律传播的法国公共服务机构,该机构提供官方公报上刊登的法语版法律法规和法院判例的主要内容,以及劳资集体协议,欧洲机构颁布的各项标准以及在法国生效的国际条约与协定,Légifrance还提供其他网页链接(议会、法院、独立行政机构的文件等)。参见刘莹:《"圣战"恐怖主义阴霾下的法国反恐问题研究》,群众出版社2016年版,第151页;朱琳:《最新法国刑法典》,法律出版社2016年版,第69页。

[3] 参见赵磊:《安全与自由之间:对德国反恐立法之评析——基于价值平衡与宪政法治的制度建构》,载《河北法学》2017年第4期。

[4] 参见杨淼鑫:《日本反恐怖主义立法述评》,载《湘江法律评论》2016年第1期。

[5] 《俄罗斯联邦刑法典》,黄道秀等译,北京大学出版社2008年版;戴艳梅:《俄罗斯反恐机制研究》,载《俄罗斯中亚东欧研究》2012年第5期;戴艳梅:《俄罗斯反恐法律体系探析》,载《俄罗斯东欧中亚研究》2016年第6期。

[6] See Wim Wensink, eds., *The European Union's Policies on Counter-Terrorism: Relevance, Coherence and Effectiveness*, European Parliament's Committee on Civil Liberties, Justice and Home Affairs, 2017.

[7] 参见曾向红、李孝天:《上海合作组织的安全合作及发展前景——以反恐合作为中心的考察》,载《外交评论(外交学院学报)》2018年第1期。

意义上的涉恐行为的否定性评价标准,而且具有程序意义上的反恐指引;不仅具有行政性的管控措施,而且具有刑事性的惩罚措施。从内容上来看,这些法律文件在反恐事项上的覆盖面非常广泛,重在发挥对恐怖活动的预防功能,同时不断扩大相关职能部门在反恐领域的权力。就这些反恐专门立法与预防性反恐刑法的关系而言,二者属于交叉关系,即这些反恐专门立法虽然独立于刑法,但是在反恐内容上存在交叉,尤其是在相关涉恐行为的否定性评价和刑事性惩罚方面,二者存在明显的交叉。

2. 与一般性行政法的递进关系

鉴于恐怖主义的特殊性和复杂性,恐怖主义的治理也是一项系统工程,并与社会生活呈现出全面而深度的关联。因此,各国对反恐越来越超脱原有的认识,惩治恐怖活动犯罪分子的模式也逐渐从以美国为代表的"战争模式"和以英国为典型的"国家紧急状态模式"转向以德国为代表的"法治模式",对恐怖主义及其活动的规制越来越多地落入行政法和刑事法的范畴。在整个反恐策略中,法律和武装威慑属于强制性的"硬"措施,而政治、宗教、经济、教育等方面的措施则属于"软"措施,前者虽然能够在短时间内取得良好效果,但也有引发新仇恨的副作用;后者虽然难以在短时间内取得明显效果,但从长时间来观察,可以有效弥补前者的不足,同时为前者功能的发挥提供补强作用。[1] 现代反恐不再单一地强调"强"措施的运用,而开始注重"强"措施与"软"措施的综合运用,尤其是"软"措施对"强"措施的弥补作用。

对待反恐治理模式由"硬"到"软""硬"结合的理念和实践转变,恰恰契合了行政法规制的功能和手段。同时,恐怖主义及其活动带来的对国家安全(有些国家称为国土安全)的影响,更是深刻触及一种主权范围甚至超主权范围的概念。当下恐怖主义的目标不再仅针对封闭的、区域内的人地环

---

〔1〕 参见吕美琛:《恐怖主义犯罪预防理论研究》,载《中国人民公安大学学报(社会科学版)》2017年第3期。

境，随着世界恐怖主义的猖獗、全球恐怖分子出境和回流的双向流动等格局的凸显，其目标更是针对外部威胁，并包括了国际关系。因此，较之于一般的安全，恐怖主义及其危害的国家安全更是推动了治理模式的行政化转变，进一步模糊了国外和国内之间以及执法和军事行动之间的界限。[1] 反恐的行政法规制的范围和程度越加全面、深刻，其规制的方向和内容也更加地具有扩张性和预防性。

从刑事法的视角来观察，作为后位法、后盾法的刑法也承袭了这种趋势，对反恐刑法的理念和限制也开始出现新的讨论。随着行政法对恐怖主义及其活动规制的全面扩展、向度深化和介入提前，刑法的范围、程度和方向、内容也紧随其后，传统的典型的完成形态的制罪模式和司法模式越来越受到现实的挑战，与反恐直接密切关联的"国家安全观"的新发展带来了司法模式困境下的制罪模式的转变，传统的事后规制为主、未然规制为辅的制罪模式和司法模式逐渐向预先规制、未然规制的制罪模式和司法模式转变。对于这种反恐刑法规制理念、制罪模式和司法模式的变化，高铭暄教授认为，"应正视刑法工具属性的客观性与刑法功能主义的发展性，以比例原则控制极端工具化的异变……应重新认识刑法谦抑精神，倡导刑罚有效的必要制裁功能观，松绑刑法保障法和释放刑罚有效性的预防潜质"。[2] 由此可见，"尽管刑法面对的依然是预防和保护法益，但在过去几十年中，刑法已经变成了一个工具，该工具是安全性的一个全新和综合性架构的一部分"，[3] 这种评价或者被动或者主动地被感知。

由此可以看出，无论是行政法规制还是刑事法规制，在反恐中均呈现出了明显的预防性趋势，不仅在规制时间上开始从事后向事前推移、在程度上

---

[1] See Jude McCulloch and Sharon Pickering, *Pre-crime and Counter-terrorism: Imagining Future Crime in the "War on Terror"*, BRIT. J. CRIMINOL, Vol. 49, 2009, p. 631.

[2] 高铭暄、孙道萃：《预防性刑法观及其教义学思考》，载《中国法学》2018 年第 1 期。

[3] [德]汉斯·约格·阿尔布莱希特：《安全、犯罪预防与刑法》，赵书鸿译，载《人民检察》2014 年第 16 期。

开始从轻度向重度提升,而且在地域范围上开始从内部向外部扩张。就预防性反恐刑法和一般性的反恐行政法的关系来看,二者正在形成一种递进的结构层次,行政法作为基础和先导,是前阶性的规范,而预防性反恐刑法作为保障和后盾,在行政性法律法规难以有效发挥反恐的作用时,对涉恐行为进行二次规制。从预防性反恐刑法与一般性行政法的递进关系中可以明显地看出,"'在威胁出现之前'干预的新罪行在国家安全法逐渐退化的时间空间中创造了新的前线:现存的预先犯罪法律成了未来的犯罪前干预行动的舞台"。[1]

第二节　预防性反恐刑法的特征

面对恐怖主义持续扩散的态势,反恐刑法超越传统的规制模式和内容,形成了全新的"预防性"面向。在现代社会治理中,刑法的工具性属性愈加明显,换言之,刑法成为一种非常重要且必不可少的社会治理工具,怎样用好刑法这一社会治理工具以妥善应对恐怖活动犯罪的严峻态势,除对预防性反恐刑法的内涵和外延有正确理解外,还必须全面认知预防性反恐刑法及其规范所呈现的特征。总体而言,世界各国反恐刑法的"预防性"转向集中表现在规制发动的活性化、规制指向的抽象化、规制标准的短缩化以及规制后果的预防化等方面。

一、规制发动的活性化

(一)时间的提前化

通常而言,在近现代刑法原则的制约下,刑法对犯罪行为都设置了明确

[1] Jude McCulloch and Sharon Pickering, *Pre-crime and Counter-terrorism: Imagining Future Crime in the "War on Terror"*, BRIT. J. CRIMINOL, Vol. 49, 2009, p. 633-634.

的介入时间，并以不同的重要时间点为标杆，勾勒出了准备、着手、实施、结束、危害结果出现（持续）等不同的时刻点，并划分出预备、中止、未遂、既遂等完成形态与未完成形态。这种时刻点的确定和实现在立法和司法中通常都秉持严格、谨慎的态度，形成了传统刑法的克制姿态。在传统反恐刑法中也是如此，面对恐怖组织及其成员实施的针对公民人身、财产和国家安全、社会稳定造成的侵害或者侵害威胁，刑法的发动通常具有事后性、修复性和回溯性，并未表现出提前规制的迹象。

相反，预防性反恐刑法的典型表现之一就是介入时间的预先性。虽然既有的刑法框架已经划定了介入的时刻及不同的评价类型，但是，预防性反恐刑法在此基础上进一步细分了每个阶段的评价标准，由此导致刑法的介入时间明显提前，这种提前在反恐领域具有独特性和独立性，在其他犯罪治理领域并不存在。从传统典型的杀人、伤害、绑架、爆炸等行为来看，为了实施上述典型的恐怖活动而预先实施的人员聚集、组织建设、物质准备、技能训练、联络沟通以及为了充分保障上述预设目标和损害目标的实现而实施的资金募集、人员募集、思想宣扬、主义传播、法律规避咨询等行为，都显著而独立地被刑法所关注和评价。例如，在欧盟的相关反恐文件中，刑法规制涉恐行为的介入时点就越来越早，不再是以损害事实的发生作为刑法发动的基础，而是以未来涉恐行为发生的高概率性或者可能性作为刑法发动的基础。显然，这种转变意味着欧盟在反恐政策和立法方面均已调整为“事前预防”，而不再是以往的“事后防范”，这种转变会极大压缩恐怖活动犯罪可能存在的空间。

（二）行动的前移化

传统刑法为反恐确立了标准、典型的行动尺度，但是，随着介入时间的提前，直接带来反恐刑法介入行动的前移化，由此形成了反恐刑法发动活性化的重要方面。从发动的行动指向上来看，相较于传统反恐刑法所确立的杀人、伤害、绑架、爆炸等典型涉恐行为以及其前置的预备行为，预防性反恐刑法走得更远，其不仅全面聚焦原来隶属于预备行为的人员聚集、组织架构、物质准备、技能获取、联络沟通等准备活动，更是将目光投放至与传统预备行为密切相关的预备行为，如为预设目标和损害的顺利实现而广泛存在的资金募集、人员招募、思想宣扬、主义传播、法律规避咨询，甚至在一国内或国际上更为积极主动地全面宣扬等行为。同时，规制行为的前移化不仅在于恐怖分子或恐怖组织的上述相关活动，更在于上述人群和活动存在的社会环境中的相对方及其活动。这些原本作为恐怖分子和恐怖活动相关联的人和活动，也被纳入预防性反恐刑法规制行动中。原来可能中立的社会行为，如捐献资金、售卖特定物品、提供特定服务，一旦没有尽到对恐怖分子、恐怖组织、恐怖活动的积极识别和排斥义务，就有可能落入预防性反恐刑法规制行动的前移化当中。

（三）主体的全民化

从当前的反恐行动来看，无论是主权国家，如美国、英国、澳大利亚、德国、俄罗斯、韩国等，还是区域性组织，如欧盟、上合组织等，反恐立法中都出现了主体全民化的特征，而这种全民化的特征明显与传统刑法主体的一般性特征不同。

传统刑法在近代罪刑法定、人人平等原则的影响下，呈现出的一般特征是，一般个体在违反刑法规定的情况下，都会被平等地纳入刑法的制裁体系当中。而在传统反恐刑法的视角下，恐怖活动犯罪的主体通常有着不同于其他犯罪主体的特殊性，即通常带有恐怖主义的影响，在违反刑法后就具有了“恐怖主义”的标签，其主体通常具有特定性。预防性反恐刑法中的主体全民化或者宽泛化特征又不同于上述两种情况。由于恐怖主义渗透的方方面面，反恐体系和战略也相应地具有了全局性，反恐刑法的转变也顺应了这样的趋势。在主体表现方面，预防性反恐刑法不仅规制带有恐怖主义色彩且实施最广义的恐怖活动的恐怖分子，在罪行评价中贴上“恐怖主义”的标签，而且越来越多地开始将与最广义的恐怖活动相关联的人员及其活动也纳入了规制范畴,同时在罪行评价中也贴上了“恐怖主义”的标签。可以说,在传统的“精英反恐模式”已不能充分满足反恐现实需要的格局下,亟须结构性地嵌入社会公众的力量,形成“全民反恐模式”。[1] 因此,相较于传统刑法规制主体呈现出的一般性和传统反恐刑法规制主体呈现出的特定性,预防性反恐刑法的规制主体表现出了全民化的特征。

二、规制指向的抽象化

(一)法益的弥散化

在现代恐怖主义及其活动的治理中,刑法发挥着不可替代的重要作用。犯罪圈的大小是决定刑法作用广度和深度的关键因素,而作为犯罪所针对的法益(客体)则在一定程度上成为衡量犯罪圈大小、刑法作用强弱的重要指标。近年来,域外刑法立法或多或少都呈现出一种犯罪过度化的现象,自由主义、谦抑原则也逐渐成为限制犯罪圈扩大的主要理论依据。[2] 与此同时,法益概念也逐渐从原来的核心向四周弥散,并引发了一系列的连锁反应。

在传统反恐刑法中,围绕恐怖主义、恐怖分子、恐怖活动等建构起了相对稳定而明晰的恐怖活动犯罪罪刑体系。在这个罪刑体系中,主要包括两种类型的犯罪:其一,受恐怖主义影响而形成的恐怖分子所实施的典型的恐怖活动,此处的恐怖活动相对狭窄,表现为典型的杀人、伤害、绑架、爆炸、放火等严重危害公民人身、财产安全的行为之预备与实施;其二,恐怖主义由一种思想、理念外化到人员、组织的一种行为过程,通常表现为特定人员频繁、有效沟通、共谋而形成的相对稳定的恐怖组织。从法益视角来看,这两种类型的恐怖活动犯罪的法益主要呈现为可知、可感、可计量的公民人身、

---

〔1〕 郭永良:《全民反恐的战略构建——以反恐参与权为中心》,中国法制出版社 2016 年版,“序言”。

〔2〕 参见卢建平、刘传稿:《法治语境下犯罪化的未来趋势》,载《政治与法律》2017 年第 4 期。

财产权利,法益在属性上是具体的、实在的。

在预防性反恐刑法中,恐怖活动犯罪体系出现了拓展,恐怖活动犯罪的分类也出现了不同维度的划分,且不同维度的划分互有交叉重叠,主要表现为以下两个维度。

按照法益的时间维度(一定程度上也可以称为危害性维度),可以将恐怖活动犯罪侵害的法益分为未然的法益(危险)和已然的法益(危害)。已然的法益主要表现为法益已经遭受到现实损害的状态,通常有独立的罪名对其进行保护;未然的法益主要表现为法益处在危险的威胁当中,以往对该种法益的保护更多地附属于已然的法益的保护,而当下则呈现为单独设罪配刑予以保护。

按照法益的确定性维度(一定程度上也可称为概率性、抽象性维度),可以将恐怖活动犯罪侵害的法益分为未定的法益和确定的法益。确定的法益主要表现为法益所设要素的可知、可感、可计量,如法益对象的伤亡几何、受伤程度高低、经济损失多少等,行为主体的规模大小、行为次数、主观恶性深浅等,均有较为成熟的探知和计算制度或模式;未定的法益主要表现为法益是否遭受损害或危险与否具有不确定性,可能非常难以进行评估比较。例如,从行为人的视角来看,杀伤1个可辨认的人与对1000人中会有1个身份不明的人被杀伤的法益该如何评估?从行为人规制的视角来看,是否有必要允许限制1个人的自由数年以防止他(她)杀伤1个可辨认的人?是否有必要允许限制1个人的自由数年(与前述同一程度)以防止他(她)在1000人中杀伤1个身份不明的人?这两者有没有可比性?

对于此,维克多·塔德洛斯(Victor Tadros)教授将这种风险进一步区分为“封闭式风险”和“开放式风险”。“封闭式风险”是指在某些情况下,某些人肯定会遭受某种后果,但不确定的是在一群人中那个人会是谁;“开放式风险”则是指在某些情况下,不确定有多少人会受到影响,每个人都有风险,但还不清楚是否会有人受到伤害、有多少人会受到伤害。无论是“封闭式风险”还是“开放式风险”，对其进行规制而限制或剥夺人身自由的道德风险均导致了“大多数有自由限制的人受到伤害，而没有人从中受益”。[1] 恐怖主义的当前格局呈现出“可能的危害性大和危害的可能性高二者复合而成的高风险特质”，[2]亦即法益的弥散化或者“稀薄化”。[3] 由此导致“集体法益的抽象性和模糊性对刑法客观性和明确性的稀释风险”，[4]而在采取预防性思路和策略规制恐怖活动的相关行为时，刑法立法明显在其危险性程度和确定性程度上遭遇了传统立法中前所未有的困境。

(二)行为的中性化

恐怖主义及其活动无疑具有严重的社会危害性和全面的社会渗透性，这一点越来越为各国和国际社会所公认。因此，对恐怖主义及其活动的治理，在以往的“战争模式”和“紧急状态模式”的弊端愈加凸显的背景下，“法治模式”逐渐得到了国际社会的认可和强化，而“法治模式”的重要内容就是要以法律的形式客观识别、确认、评价恐怖主义及其活动的行为模式和类型。然而，除却法治原则对犯罪行为识别、确认、评价本身的困难，对恐怖活动犯罪行为的识别、确认、评价也尤为困难，相关涉恐行为的中性化就是其中的典型。

一般的犯罪行为通常具有道德违反性，这种违反性因为长期的文化传统、民族信仰和治理模式的影响，相对容易为普通民众所识别和认可，如对人身体的损害、造成他人重大财产损失等。然而，随着社会的发展，为了保护丰富和膨胀的各种社会关系和社会秩序，刑法中设置了越来越多的行政犯，行政犯具有典型的法律确定的特征，其道德违反性相对较弱，极大地增

---

〔1〕 Victor Tadros, *Controlling Risk*, in Andrew Ashworth, Lucia Zedner and Patrick Tomlin, Prevention and the Limit of the Criminal Law, Oxford: Oxford University Press, 2013, p. 142 – 155.

〔2〕 郭旨龙：《预防性犯罪化的中国境域——以恐怖主义与网络犯罪的对照为视角》，载《法律科学(西北政法大学学报)》2017 年第 2 期。

〔3〕 参见张永强：《预防性犯罪化及其限度研究》，西南政法大学 2018 年博士学位论文，第 67 页。

〔4〕 王永茜：《论现代刑法扩张的新手段——法益保护的提前化和刑事处罚的前置化》，载《法学杂志》2013 年第 6 期。

加了民众识别和认可的难度。在反恐领域,相较于传统反恐刑法所确立的杀人、伤害、绑架、爆炸等行为及其前置的预备行为,其道德违反性奠基了其违法性,较容易为民众识别和接受;对于典型的与恐怖主义相关联的人员聚集、组织建设、物质准备、技能获取、联络沟通等准备活动,通过国家特定机构的广泛宣传、人员组织标签、特定物品的限制流通等,也可以相对容易地为公众识别和接受。

然而,随着全球化进程的不断深化、网络信息技术的突飞猛进、知识更新的不断加速、服务行业的日益细分等历史性变革,那些以往距离典型恐怖活动的实施及其预备愈加遥远的行为,如为了预先目标和损害目标的顺利实现而广泛存在的资金募集、人员招募、思想宣扬、主义传播、法律规避咨询,甚至宣传教育、网络安全管理、物流领域安全管理、公共服务行业实名制、危险物品安全管理、反恐怖主义融资、城乡规划和技防物防等领域,无论是恐怖分子的获需行为,还是与恐怖分子互动的一般社会成员的供需行为,都成为预防性反恐刑法关注和规制的对象。如果单独审视被预防性反恐刑法所规制的这些行为,往往是价值无涉的中性行为,并未表现出明显的社会危害性,而之所以将其纳入刑法规制的范畴,主要是因为其与恐怖组织或者恐怖活动存在某种关联,因而在严密反恐刑事法网的政策驱动下,这些中性行为就容易成为刑法规制的对象。这也充分说明,随着恐怖活动犯罪打击力度的增强和反恐刑事法网的不断织密织严,预防性反恐刑法规制指向的行为,中性化特征越发凸显。

(三)义务的积极化

从上文预防性反恐刑法构建的恐怖活动犯罪所指向法益和外显的行为剖析可以看出,随着反恐刑法预防性特征和趋势的不断凸显,恐怖活动犯罪所侵犯的法益在危害性维度、确定性维度的复杂性和交叉性方面会不断提高;同时,恐怖活动犯罪所外显的行为在道德违反性和法律违反性等可识别性、可证明性、可确认性难度方面也都会出现交织升级。然而,仅仅从恐怖活动犯罪所指向的法益和外显的行为,还不足以概括预防性反恐刑法对恐怖活动犯罪规制指向的抽象化,预防性反恐刑法规制指向的抽象化还表现为主体义务来源的积极化。

一方面,恐怖主义及其活动带来的威胁具有显著的紧迫性和严重性;另一方面,恐怖主义及其活动所带来的风险又具有不明确性和模糊性。风险的这对相互博弈的张力促成了社会的全面防控,由此带来了权利与义务结构的重新配置。以欧盟反恐为例,面对恐怖主义威胁的严重性和对其进行防控的紧迫性,欧盟早就加大了反恐投入以不断提升反恐能力,通过情报数据研判、跨境行动分析、危险人员识别、提前执法等手段,逐渐转向了预防性反恐模式。这一转向也充分说明,欧盟在信息化时代非常注重反恐战略的调整和反恐手段的与时俱进,这不仅可以有效避免以往对恐怖活动犯罪进行事后惩罚模式的不足,而且可以最大限度地提前预防和打击持续蔓延的恐怖主义。

这种社会安全防卫升级的另一面就是社会安全防卫对象的义务转型,形成权利压缩而义务发酵的格局。其中,不仅表现为义务数量的增多,而且在内容上表现为义务来源的积极化,即以前是禁止做什么以达到社会防卫的目的,而当下是要求禁止做什么且积极做到一定内容以达到避免什么的社会防卫目的;以前禁止做的都是典型道德违反性质的,而现在禁止做的是存在广泛的具有社会中性行为外观的某些行为,积极做到的更是一种额外的义务。正如彼得·拉姆齐(Peter Ramsay)教授所言,通过强制执行各种(一些相当广泛地针对公众)的积极义务以及其他非常具体针对个人的积极义务来重新确定自由主体的新任务已经取代或至少补充了惩罚和遏制侵犯自由主体权利的传统目标。[1]

---

[1] See Jonathan Simon, *Precautionary Criminalization in an Age of Vulnerable Autonomy*: *Review of Regulating Deviance*: *The Redirection of Criminalization and the Futures of Criminal Law*, Crime Law and Philos, No. 6, 2012, p. 277 - 279.

因此,与传统刑法重在考虑犯罪行为的“动”与“静”的状态相似,预防性反恐刑法不仅关注典型恐怖分子的“动”与“静”,禁止其做出危害社会的恐怖活动,更聚焦恐怖分子相对人的“动”与“静”;既禁止相对人容忍恐怖分子的“静”的举动,更要求相对人积极行为以阻止恐怖分子恐怖活动的发生、发展,若相对人没有积极行为甚至明知涉嫌恐怖活动违法犯罪而仍旧配合施以社会中性行为或放任恐怖活动的传播、扩散,这种相对人的“动”的举动则要被纳入刑法评价,此谓预防性反恐刑法规制指向的义务积极化。

三、规制标准的短缩化

随着研究的深入,学界和公众对恐怖主义及其活动的滋生、发展以及危险现实化过程、内外部环境、影响因素等都有了更加深入和与时俱进的认知,在对恐怖活动危险的现实化正向认识和刑事证明反向回溯时,采用什么样的价值观和证明标准就至关重要,这直接决定了对一个行为定性的应然性和可能性。从反恐刑法的演变来看,预防性反恐刑法的规制标准存在短缩化的趋势,主要体现在设置的独立化、主观的强力化和举证的倒置化。

(一)设置的独立化

刑法自近代以来,罪刑法定原则就被深深地刻在刑法的卷首,成为立法和司法不能减损的圭臬。反恐刑法也是在罪刑法定原则下进行立法和司法的,而在规制标准方面,预防性反恐刑法相较于传统反恐刑法,其独立化的特征有了显著提升。

传统反恐刑法侧重关注典型的杀人、伤害、绑架、爆炸等行为的实施行为,因此,对具有恐怖主义色彩的上述犯罪行为,更多的是依赖一般的普通罪名进行评价和规制;同时,典型的杀人、伤害、绑架、爆炸等行为实施前的预备行为、中止行为、未遂状态,也可以依据刑法总论中未完成形态的处理规则进行处理。在司法实践层面,对涉嫌恐怖主义典型实施行为及其预备行为、中止行为、未遂状态的证明,也从属于一般犯罪的证明标准,甚至恐怖主义色彩更是加剧了相关标准的证明、把握。

在预防性反恐刑法视野下，不仅在罪名设置、情节选取、证明标准等方面呈现出独立的设置趋势，而且在内容要求上也呈现出显著的独立特征。主要表现如下。

首先，对未然状态的已然化评价的独立设置，不同于传统刑法的体系以着手点为重要分水岭来分别考察预备和实行的一般模式，预防性反恐刑法将焦点放置在预备的阶段，在这个阶段再进行如传统刑法区分预备、着手、实施、完成等的细化建构，形成了对未然状态的已然化评价，并将行为集合的一个时间段解剖成多个横向截面，进而对其进行独立评价。

其次，对预测状态确定化评价的独立设置。不同于传统刑法更多关注对实行化的确定性行为所昭示结果的评价，预防性反恐刑法因为更多关注着手之前的行为，在这个阶段，行为更多地表现为预备的性质。因此，行为后续的发展及结果都是概率性的、推测性的，而要评价此阶段行为的性质，不能简单地依赖对此阶段行为的可有可无、可左可右的推测性判断，而完全不考虑此阶段行为推测性的判断。因此，预防性反恐刑法对此阶段行为的恐怖主义后果进行推演和评估，并将其纳入刑法的规制体系，也是一种典型的对预测状态确定化评价的独立设置的尝试。

最后，对行政违法刑法化评价的独立设置增多。随着对狭义恐怖活动犯罪实行行为评价的远离，行为的犯罪性质乃至数量都逐渐衰减，甚至与相应的反恐行政法规规制的行为出现交融的格局。同时，反恐体系的设置还有明显的行政认定恐怖组织、恐怖分子等内容在前，行政认定在后续的刑法判断过程中发挥了重要作用。虽然法院在审理恐怖活动犯罪案件时也有认定恐怖组织和人员的权力，但前置的行政法规在判断和认定相应的恐怖组织、处置恐怖活动违法等方面构建了系统的行政规制体系，并成为刑法二次评价或独立评价的重要参考，甚至在预防性反恐刑法罪名体系中，绝大多数预防性反恐刑法罪名都经过行政法规的初步过滤，设置上形成了典型的法定犯、行政犯的格局。因此,预防性反恐刑法在规制标准上呈现出行政违法刑法化评价独立设置的增多。

（二）主观的强力化

近现代刑法的发展进一步修正了古代刑法单纯客观归罪或主观归罪的弊病,确立了充分考量行为人客观方面的社会危害性和主观方面的人身危险性相一致的刑法规制模式。因此,刑法的罪名普遍建构起主观与客观兼具的犯罪构成要件,这在传统反恐刑法当中也是典型的表现,如在恐怖主义思想影响下而实施的杀人、伤害、爆炸、绑架等行为,具体罪名在进行评价时,会充分地考虑行为人的主观故意、恐怖主义的意图和恐怖活动的行为、恐怖活动所造成的后果等主观和客观的方方面面,进而在主客观相一致的基础上对行为进行刑法评价。

然而,随着恐怖主义及其活动的延展,对其的规制手段也随之发生变化,新格局下的预防性反恐刑法体系,通常的主观与客观相统一、主观方面与客观方面相互印证的模式发生了潜移默化的变化,虽然依旧注重行为客观性的观察和证明,但行为人的主观方面的地位显著上升,呈现出主观的强力化特征,也成为预防性反恐刑法规制的重要一面。随着反恐刑法规制恐怖主义及其活动的拓展,恐怖活动的范围由典型性、核心性的行为逐渐蔓延到了生活中的中性行为,离通常意义上的恐怖活动越来越远,呈现出非典型性和边缘性的特征。在这样一种客观方面的危害性逐渐减弱的趋势下,要在总体上达到刑法规制总量及性质的要求,主观方面的危险性内容及其评价要求就明显上升,形成实质性的价值判断过于靠前,从而威胁到结论的确定性和可控性,而以目的理性为导向的实质化和以目的为指导的实质解释没有明显和直接的关系。

（三）举证的倒置化

刑法立法及其适用,在证明标准的设计和运用中充分发挥从文本到事实的多次往返、反复博弈,才形成了当下的刑法文本和刑事司法格局。反恐领域尤其如此,更是带有显著的因时性、因事性。在这样一种刑法立法与适用的格局下,形成了经验主义指导下的传统刑事司法的“印证证明模式”,而在包括恐怖活动犯罪等非传统安全威胁的场域中,“印证证明模式”基于单向思维而非交互理性、不注重对单个证据的评价而适用弊病良多,急需从刑事司法证明模式的“经验—规范”“实体—程序”“知识—权力”“认知—行为”四重作用维度分别切入,探索迈向“整体主义”证明模式的转型进路。[1]

在反恐刑法中,预防性反恐刑法和传统反恐刑法的分野进一步催生了规制标准中证明标准的变化,形成了预防性反恐刑法举证的倒置化现象。传统反恐刑法中,构成恐怖活动犯罪是否构成相关罪名、构成何种罪名的证明责任在司法机关,行为人的沉默、辩解体现出一种消极对抗和积极瓦解控方指控的效果。在预防性反恐刑法下,虽然恐怖活动行为是否构成相关罪名以及构成何种罪名的证明责任仍主要在司法机关,但行为人被科以更多的积极义务,行为人的沉默、辩解会在一定程度上成为犯罪后恶性不减的表现,行为人同时也负有积极提出司法机关指控反证的义务,形成了事实上的举证倒置。

四、规制后果的预防化

在一套规制规则中,规制的启动、对象和内容无疑是规则的重要因素,而规制的后果同样不可或缺,其直接制约着规则的可行性和有效性。反恐刑法特征的转型,不仅体现在规制的发动、规制的指向和规制的标准等维度,而且体现在规制的后果方面。可以说,反恐刑法规制后果的预防化表现,直接印证了其预防性的转型。

(一)配刑的紧密化

刑法规制的后果维度之一是刑罚的配置格局,刑种设置、刑种内容、刑

---

[1] 参见谢澍:《迈向“整体主义”——我国刑事司法证明模式之转型逻辑》,载《法制与社会发展》2018 年第 3 期。

种梯度等都是配刑的重要内容。在长期形成和发展过程中,我国刑法仍处于“小而重”的状态,即犯罪圈较小、刑罚过重。立足于风险治理语境,犯罪圈的扩大并不必然违背刑法谦抑性原则,而是符合我国法治现实的需要。[1]因此,在反恐领域,反恐刑罚的配置近年来也在不断修正这种“小而重”的状态,呈现出配刑的紧密化(轻重罪、高低刑、标签化)态势。

在预防性反恐刑法中,这种配刑的紧密化主要体现在四个方面:其一,新增设的罪名与传统反恐刑法罪名之间形成了轻罪与重罪相区分的现状,客观上导致对配刑轻重的天然划分;其二,在预防性反恐罪名与传统反恐罪名之间、预防性反恐罪名内部,形成了轻度、中度与重度刑罚衔接的阶梯,同时,考虑到恐怖活动犯罪的特殊性,各国普遍针对恐怖活动犯罪采取了对侦查、控诉、审判和执行各个阶段的预防性羁押或教育改造手段,也在一定程度上丰富了恐怖活动犯罪的刑罚阶梯;其三,与一般犯罪不同,恐怖活动犯罪的当然后果使其标签化更加严重,对于累犯的评价要求也更低,对新设置的恐怖活动犯罪罪名体现出的预防性转型更是如此;其四,这种配刑的紧密化不仅体现在对纯正的、典型的、通常意义上的恐怖活动犯罪的刑罚配置,更体现在对潜在恐怖人员所寄生的社会大环境中的公民设定相应的义务,配置了违反义务后需承担的刑罚和控制令、禁止令等。有学者在论及规制规模时谈道:“剥夺人民的自由的影响不能单纯以个人的方式来计算,限制一个人的自由可能是完全无效的,除非其他人的自由也受到限制,如果许多不同的人能够有效地为攻击的完成做出贡献,那么这将是一种威胁,只有当所有潜在的因果贡献者被中和时,才能避免这种威胁。因此,控制令对安全的贡献是特别难以评估的。”[2]事实上,这些都体现出预防性反恐刑法配刑的紧密化。

---

〔1〕参见卢建平、刘传稿:《法治语境下犯罪化的未来趋势》,载《政治与法律》2017年第4期。

〔2〕Victor Tadros, *Controlling Risk*, in Andrew Ashworth, Lucia Zedner and Patrick Tomlin, Prevention and the Limit of the Criminal Law, Oxford: Oxford University Press, 2013, p. 152 – 153.

（二）刑罚的混合化

刑法配置的总体结构从刑罚维度反映了反恐刑法的预防性面向，而从刑罚的性质方面来看，预防性反恐刑法则显现出了刑罚混合化的特征，在刑事法与民事法领域之间展现出一种交错模糊的状态。

一方面，预防性反恐刑法当然也体现了对恐怖活动犯罪社会危害性的回应，刑罚的设置和适用能够达到一定的修复社会危害的效果，因而对行为人进行惩罚、矫正是必要的；另一方面，预防性反恐刑法也越来越侧重对恐怖活动犯罪罪犯的“社会危险性”的考察、评价与处置，并对此设置了侦查、控诉、审判和执行各个阶段的预防性羁押或教育改造的手段，如英美法系国家大都采取预防性羁押的措施，导致恐怖活动犯罪分子在审判之前可能陷入被长时间羁押的风险。我国也以涉恐罪犯“社会危险性”为依据，在刑罚执行后实行预防性监禁的安置教育制度，标志着我国反恐法治框架下针对涉恐罪犯刑罚、保安处分双轨刑事制裁体系的初步建立，使刑罚和刑事预防措施更为配套。[1] 同时，各种围绕典型刑罚并逐步完善的禁止令、罚没收缴、刑事附带的民事赔偿等内容也不断新增，导致刑罚的整体建构在性质上不再像传统刑法的刑罚一样，具有泾渭分明的刑事制裁的性质，而杂糅进刑事制裁、行政防控、民事赔偿等性质，其混合特性凸显。对此，有域外学者将之称为“混合式的民—刑措施”（hybrid civil-criminal）。

因此，反恐刑法的预防性在刑罚性质的维度上已经开始显现，各个国家虽然在名称或者细节上存在一定的差异，但在实质内容上都反映了这种预防性的混合化倾向，反恐刑法中的这种混合化的规定性，与传统刑罚存在性质上的根本区别，传统刑罚是其制度构建的基本前提，而混合化的举措与刑罚存在范式的分野、对象的差别和功能的互补。

---

〔1〕 参见徐持：《我国安置教育制度的规范检视与价值提倡》，载《净月学刊》2018年第1期。

第三节　预防性反恐刑法的类型

预防性反恐刑法内涵的界定和特征的描述将重心放在了预防性反恐刑法的定义概括、性质厘定、边界释明和特征剖析上，使得预防性反恐刑法的基本意蕴有了一个较为清晰的界定，但是，对预防性反恐刑法在世界各国出现的具体规范究竟体现出了哪些学理上和实践上的具体分类，尚存争议，并未达成共识。本节将在上述研究的基础上，结合世界各国的具体规范及刑法学理，对预防性反恐刑法的类型划分进行探讨。对反恐刑法预防性转向所带来的刑法现象的类型化考察具有多层次、多维度的视角，如何更加周延、全面地从不同视角对预防性反恐刑法进行剖析，直接影响到对其定义和特征认识的深化。当下，对预防性反恐刑法基本形成了立法规范罪名、学理探讨类型的现状，从中可以抽取出预防性反恐刑法的具体标准。

一、预防性反恐刑法罪名之立法划分

刑法立法是国家对犯罪行为进行规制的直接反映。预防性反恐刑法立法确立的罪名和规制规则也直接反映了各国对恐怖主义及其活动的一般性归纳，是剖析预防性反恐刑法类型不可或缺的材料。从对反恐的历史沿革和当下场景来看，主要形成了以美国为代表的“战争模式”、以英国为典型的“国家紧急状态模式”以及德国为代表的“法治模式”，各种模式的产生和变化有着特定的因素和土壤支撑，而“法治模式”基本成为以和平与发展为主题的普遍性选择。从反恐刑法的场域来看，不同国家因历史传统、反恐形势、法制传统等因素的差异，其反恐刑法立法又出现了各自的特色。因此，需要结合上述因素考察不同国家的预防性反恐刑法的具体立法规范。

（一）主要国家之立法实践

德国作为“法治模式”反恐的典范，自始即对反恐怖主义采取了较为严

密且一致的法律思维，并形成了“清单式的犯罪”立法模式。“德国反恐立法主要内容与反恐调查权有关，从罪名、刑罚、人员、社团、资金、情报等方面建立起立体化、全方位的反恐立法网络。”[1]早在1976年，德国就通过修订刑法，将建立恐怖组织的犯罪独立出来，并由此将实施特别严重违法行为的社团视为恐怖组织；在“9·11”事件之前，《德国刑法典》第129条规定了建立犯罪组织罪，第129a条则规定了建立恐怖组织罪，将创立恐怖组织、作为成员参与恐怖组织、给恐怖组织提供支持、为恐怖组织招募成员或为其宣传等行为纳入刑法处罚，在建立恐怖组织的筹备阶段就提前介入积极应对，而非消极地等到恐怖活动正在实施或实施完毕之后才应对；2001年《德国刑法典》中增设第129b条，将第129条和第129a条的刑事管辖范围扩大至国外的犯罪组织和恐怖组织犯罪，其适用不再受恐怖组织所在地的限制，并扩大了追缴额和没收范围；2009年《德国刑法典》修订，第89a条规定了准备危害国家的严重暴力犯罪罪，将涉及严重危害国家利益暴力行为的预备行为犯罪化，第89b条规定了建立联系以达到危害国家的严重暴力犯罪目的罪，第91条规定了鼓励实施危害国家的严重暴力犯罪罪。与此相适应，刑事制裁体系由刑罚和保安矫治处分构成，预防性监禁在“二战”后再度兴起，以其稳定的一般预防效果抗击暴力与性犯罪累犯，同时日渐压缩长期自由刑的适用。[2]

美国在反恐上是以“战争模式”为主兼采法律惩治的国家，其反恐的刑法规制深受军事反恐的影响，并作为军事反恐格局下的直接后果存在，导致其从曾经的边缘化到后期一段时间内成为立法工作的重心，从重视对情报方面的立法，广泛收集信息，开展全方位的情报工作，到现在的回归理

---

〔1〕 赵磊：《安全与自由之间：对德国反恐立法之评析——基于价值平衡与宪政法治的制度建构》，载《云南大学学报（法学版）》2016年第6期。

〔2〕 参见韦佳：《争议中前行：德国预防性监禁的复兴、修正及其借鉴意义》，载《法学杂志》2017年第11期。

性立法。[1] 从其更加理性的立法实践来看，美国的《通过提供拦截和阻止恐怖主义活动所需要的适当手段统一和强化美国法案》《通过保障权利以及终止窃听、大规模信息收集以及网络监控来统一和强化美国法案》等法案，一方面授权政府行使极大的调查权力、制约公民的个人权利；另一方面也通过设定条款的有效期限、执行评估等进行程序上的制约。在刑法规制上，《美国法典注释》在标题 18“犯罪和刑事诉讼程序”的第一部分“犯罪”之第 113B 章“恐怖主义”（United States Code Annotated, Title 18. Crimes and Criminal Procedure, Part I. Crimes, Chapter 113B. Terrorism）项下，用 22 个条文对恐怖活动犯罪进行了规定：第 2331 条对恐怖活动犯罪相关的“国际恐怖主义”“美国国民”“人”“战争行为”“国内恐怖主义”等“定义”进行了规定；第 2332 条规定了对恐怖活动犯罪所涉及的杀人、企图或阴谋杀人及其他行为的刑事处罚；第 2332a、2332b、2332c、2332d、2332e、2332f、2332g、2332h、2332i 条规定了对恐怖活动犯罪所涉及的使用大规模毁灭性武器、超越国界的恐怖主义行为、金融交易、要求军事援助以在某些紧急情况下强制执行禁令、在公共场所、政府设施、公共交通系统和基础设施的爆炸、涉旨在摧毁飞机的导弹系统的行为、涉放射性散布装置的行为、核恐怖主义行为等的处罚；第 2333 条规定了对恐怖活动犯罪的民事救济；第 2334 条规定了对恐怖活动犯罪的管辖权和地点；第 2335、2336 条规定了对恐怖活动犯罪的诉讼限制和其他限制；第 2337 条规定了针对政府官员的诉讼；第 2338 条规定了排他的联邦管辖权；第 2339 条规定了窝藏或隐瞒恐怖分子的处罚；第 2339a、2339b、2339c、2339d 条规定了对为恐怖分子提供实质的支持、向指定的外国恐怖组织提供实质的支持或资源、资助恐怖主义、接受外国恐怖组织的军事训练等行为的处罚。从上述不同时期设置和修订的条文来看，在对恐怖主义引起的传统犯罪重视的同时，对恐怖主义行为有所助益的实质支持、特

---

〔1〕 参见张家铭：《美国恐怖主义犯罪立法发展及借鉴研究》，吉林大学 2016 年博士学位论文，第 1 页。

定物品和接受外国恐怖组织的军事训练等行为及其主体均进行了着重规制,从而也呈现出传统刑法向预防性刑法转向的趋势。有学者将这些“举措”分成4类:禁止加入恐怖组织、对恐怖组织的无形支持、限制前往有恐怖组织公开活动的地区、洗钱以及其他与恐怖组织融资有关的金融犯罪。[1]

美国在刑事政策方面也发生了重大的变化,尤其是在20世纪70年代之后,这种变化更加明显,以往的矫治模式和公正模式逐渐被取代,而一跃成为主导的是两极化的模式,即一方面强调对新型风险的有效控制以满足公众的安全需要,另一方面却放松对权力的制约和权利的保障。恐怖主义是美国的最大威胁,美国的这种两极化模式的刑事政策强调对其进行强力打击,尤其是在司法资源极其有限的制约下,这种两极化的刑事政策在反恐方面更具有压制性。[2] 在这种两极化的刑事政策影响下,美国出现了多种形式的强制性预防措施,如警务和刑事诉讼的预防权力、民事预防令、预防犯罪、预防性判决、预防反恐措施、公共卫生法的预防方面、移民法的预防方面,[3]而民众之所以愿意接受这些对其权利带来影响的强制性预防措施,很大程度上是民众基于自己所处的环境而进行的政治判断,[4]即现实生活中恐怖主义等威胁的持续增多,会使其处在更加危险的境地,与其忍受恐怖主义等威胁带来的不确定焦虑和恐惧,不如接受政府在应对这些威胁方面所采取的行动,尽管这些行动对其既有权利有一定的影响。

与其他国家(如希腊、美国)类似,[5]加拿大主要通过立法对恐怖主义

---

〔1〕 See Frederick B. Fedynyshyn, *Regulating Terrorism before the Act of Terror: A Comparative Study*, Strathmore L. J. , No. 2, 2016, p. 37 – 48.

〔2〕 参见李波:《当代美国刑事政策发展新趋势及其启示》,载《法商研究》2016年第6期。

〔3〕 See Andrew Ashworth and Lucia Zedner, *Preventive Justice*, Oxford: Oxford University Press, 2014, p. 2.

〔4〕 See Jeffery J. Mondak and Jon Hurwitz, *Examining the Terror Exception: Terrorism and Commitments to Civil Liberties*, Public Opinion Quarterly, Vol. 76, No. 2, June 2012, p. 193 – 213.

〔5〕 See Georgios Triantafyllou, *Counter-Terrorism Law in Greece*, RHDI, Vol. 67, 2017, p. 765 – 786.

威胁进行回应。面对恐怖主义在全球范围内的蔓延趋势，加拿大也充分认识到了反恐立法的重要性和必要性，并先后制定了专门针对恐怖活动犯罪的法律。例如，2001 年 12 月 18 日，受“9 · 11”恐怖袭击事件的影响，加拿大紧急制定并通过了《反恐法案》(Anti-Terrorism Act, ATA/Bill C－36)。在此之前，《加拿大权利与自由宪章》(Canadian Charter of Rights and Freedoms, CCRF, 1982)一直在缓和加拿大对恐怖主义事件的反应。在 ATA 的起草过程中也是如此。在《加拿大刑法》(the Criminal Code of Canada, CCC)中第一次界定了恐怖主义，并确立了具体的恐怖主义相关罪行。在“9 · 11”恐怖袭击事件之后，先前用于起诉恐怖分子的犯罪分类已不再充分，因为其主要是被动的，而不是积极主动的。因此，根据 CCC，第 83.01 条规定了恐怖主义的定义。ATA 还提出了 5 项新的可起诉的罪行(参与恐怖组织的活动、协助恐怖主义活动、指导恐怖主义活动的开展、指导恐怖组织开展恐怖活动的能力以及窝藏或藏匿恐怖分子)，最高刑罚为 10 年至终身监禁，并将与恐怖主义活动融资有关的，特别是直接或间接地提供、收集、拥有或提供给那些希望从事恐怖活动的人提供财产或服务的行为，规定为犯罪行为。2004 年《公共安全法案》(the Public Safety Act)将与恐怖主义活动有关的恶作剧规定为犯罪；2013 年对《反恐法》(the Combating Terrorism Act)和《核恐怖主义法》(the Nuclear Terrorism Act)进行修订，其将与离开加拿大以便参与或实施恐怖主义活动、藏匿有或有可能实施恐怖活动的人有关的行为定为犯罪。

俄罗斯的反恐体系建立在严密的法律体系基础上，以不断完善的立法确保反恐的合法性。可以清晰地看出，俄罗斯在 20 余年的反恐历程中，不断总结经验教训，使反恐法律体系变得愈加完善，同时，非常重视反恐法律规范的实用性和有效性。整体来看，俄罗斯的反恐法律规范非常多，组成了以《反恐法》《俄联邦反恐构想》为基础，以《刑法》《反极端主义活动法》《反非法收入合法化(洗钱)与恐怖主义融资》《大众媒体法》《信息、信息技术、信息防护法》《国家秘密法》《关于对参加反恐的人员遭受的财产与物资损失进行赔偿》等为配套的反恐法律体系。相比较而言,在打击与救治、预防与预警、全民参与、国际合作和民族政策立法方面,俄罗斯的做法值得我国借鉴。[1]

(二)地区组织之立法实践

在应对全球范围内日趋严重的恐怖活动犯罪方面,除各主权国家在立法等方面做出的积极努力之外,一些地区性的组织也发挥了积极的作用,尤其是在反恐区域合作方面,这些地区性组织颁布的相关文件具有重要的指导意义。整体来看,越来越多的地区组织开始关注反恐议题,不仅在其原有的政治、经济、文化、法律议题中新加入了反恐议题,而且通过反复磋商不断提升地区性组织在全球反恐中的重要性。其中,欧盟和上海合作组织是这类地区组织的典型代表。

就欧盟的反恐而言,在美国"9·11"事件发生后,欧盟采取了预防、保护、追求和应对的反恐战略,[2]并积极推动成员国之间的反恐刑事合作,尤其在大规模监控、情报共享、司法协助、武力增援等方面取得了很好的效果,并逐渐形成了多层次、多维度的反恐法机制。[3] 在此基础上,欧盟形成了对组织恐怖组织(directing group)、参加恐怖组织(participating in group)、煽动或挑衅(incitement or provocation)、协助或教唆(aiding or abetting)、企图(attempting)、招募(recruitment)、提供培训(providing training)、接受培训(receiving training)、旅行(travelling)以及便利旅行(facilitating travelling)共10种行为的严厉规制。[4]

---

〔1〕 参见戴艳梅:《俄罗斯反恐法律体系探析》,载《俄罗斯东欧中亚研究》2016年第6期。

〔2〕 See Ouirine Eiilonan, *Preventive Counter-terrorism and Non-discrimination Assessment*, Security and Human Rights, Vol. 22, No. 2, 2011, p. 91.

〔3〕 参见魏怡然:《欧盟反恐法——从惩罚到预防》,载《欧洲法律评论》2017年第0期。

〔4〕 See Wim Wensink, eds., *The European Union's Policies on Counter-Terrorism: Relevance, Coherence and Effectiveness*, *European Parliament's Committee on Civil Liberties*, Justice and Home Affairs, 2017, p. 62 - 64, 161 - 167.

就上海合作组织的反恐来看,自2001年6月15日成立以来,上海合作组织就积极推动地区性反恐合作,其主要任务之一就是打击恐怖主义犯罪,经过20余年的发展,其不断探索反恐措施,积极加强反恐合作,取得了明显的成就,已经成为国际反恐领域不可或缺的重要力量。这些进展的取得:一方面得益于上海合作组织坚持以"互信、互利、平等、协商、尊重多样文明、谋求共同发展"为基本内容的"上海精神",开展反恐合作是各成员国的共同意愿;另一方面则是因为其在反恐领域提出了诸多富有成效的举措,从而保证了反恐合作的顺利开展。

第一,制定区域反恐条约和文件。关于反恐怖主义的条约既有全球层面的,也有区域层面的,前者如《防止和惩治恐怖主义公约》(1937年)等,后者如《欧洲制止恐怖主义公约》(1976年)、《美洲国家反恐怖主义公约》(2002年)等,这些反恐条约为国际、区际反恐合作提供了法律支持。作为重要的区域性组织,上海合作组织也十分注重反恐领域的规范完善工作,制定了相应的反恐条约或文件。上海合作组织每年召开一次元首会议,通过发布元首会议宣言等文件和缔结区域性反恐条约等形式,逐步形成了较为完善的区域反恐合作规范体系,为开展区域反恐合作奠定了法律基础。除了每年发布的元首会议宣言之外,在反恐领域的重要条约或文件主要有以下几个。

1.《上海合作组织成立宣言》(2001年)。2001年6月15日,上海合作组织在上海成立,在其成立宣言中,明确宣布其宗旨之一即为"共同致力于维护和保障地区的和平、安全与稳定",并在其第8条明确指出:"上海合作组织尤其重视并尽一切必要努力保障地区安全。"各成员国将为落实《打击恐怖主义、分裂主义和极端主义上海公约》而紧密协作,包括在比什凯克建立"上海合作组织反恐怖中心"等。

2.《上海合作组织宪章》(2002年)。2002年6月通过的《上海合作组织宪章》是上海合作组织运作的最基本规范和准则,《上海合作组织宪章》共26条,明确了上海合作组织的宗旨和任务、合作方向、机构等内容。《上海合作组织宪章》在其第 1 条对上海合作组织的宗旨和任务作了规定，明确提出："共同打击一切形式的恐怖主义、分裂主义和极端主义，打击非法贩卖毒品、武器和其他跨国犯罪活动，以及非法移民。"《上海合作组织宪章》第 3 条所规定的"合作方向"也将反恐合作作为最主要的内容，明确提出："研究并采取措施，共同打击恐怖主义、分裂主义和极端主义，打击非法贩卖毒品、武器和其他跨国犯罪活动，以及非法移民。"《上海合作组织宪章》第 4 条规定了该组织的机构，并在第 10 条就地区反恐怖机构作了专门规定。

3.《打击恐怖主义、分裂主义和极端主义上海公约》(2001 年)。2001 年 6 月 15 日，上海合作组织成立伊始，即缔结了《打击恐怖主义、分裂主义和极端主义上海公约》。该条约共 21 条，主要包括以下几个方面的内容：(1)"恐怖主义"的含义。根据该公约第 1 条的规定，"恐怖主义"是指以下两类行为：第一，为该公约附件所列条约之一所认定并经其定义为犯罪的任何行为；第二，致使平民或武装冲突情况下未积极参与军事行动的任何其他人员死亡或对其造成重大人身伤害、对物质目标造成重大损失的任何其他行为，以及组织、策划、共谋、教唆上述活动的行为，而此类行为因其性质或背景可认定为恐吓居民、破坏公共安全或强制政权机关或国际组织以实施或不实施某种行为，并且是依各方国内法应追究刑事责任的任何行为。(2)进行反恐合作并相互提供协助。根据该公约第 6 条的规定，各方中央主管机关根据本公约在 10 个方面进行合作并相互提供协助，具体包括交流信息、执行关于进行快速侦查行动的请求等。(3)情报交换。根据该公约第 7 条的规定，各方中央主管机关交换共同关心的情报，其内容包括了 6 个方面，涉及准备实施及已经实施恐怖主义、分裂主义、极端主义所指行为的情报，已经查明及破获的企图实施上述行为的情报等。(4)建立反恐机构。该公约第 10 条明确规定，在比什凯克市建立各方的地区性反恐怖机构并保障其运行。

4.《上海合作组织反恐怖主义公约》(2009 年)。《上海合作组织反恐怖主义公约》于 2009 年 6 月 16 日在叶卡捷琳堡签署，全国人民代表大会常务委员会于2014年12月批准。该公约是上海合作组织在反恐领域最基本的专门性规范,其目的在于提高反恐怖主义合作的效率,公约共37条,主要包括以下几个方面的内容:(1)恐怖主义相关概念的含义。在2001年《打击恐怖主义、分裂主义和极端主义上海公约》的基础上,该公约在第1条进一步明确了"恐怖主义""恐怖主义行为""恐怖主义组织"等概念的含义。按照该公约的规定,"恐怖主义"指通过实施或威胁实施暴力和(或)其他犯罪活动,危害国家、社会与个人利益,影响政权机关或国际组织决策,使人们产生恐惧的暴力意识形态和实践。"恐怖主义行为"指为影响政权机关或国际组织决策,实现政治、宗教、意识形态及其他目的而实施的恐吓居民、危害人员生命和健康,造成巨大财产损失或生态灾难及其他严重后果等行为,以及为上述目的而威胁实施上述活动的行为。"恐怖主义组织"指:①为实施本公约所涵盖的犯罪而成立的和(或)实施本公约所涵盖的犯罪的犯罪团伙、非法武装、匪帮和黑社会组织;②以其名义、按其指示或为其利益策划、组织、准备和实施本公约所涵盖的犯罪的法人。恐怖主义的含义应当如何确定,目前存在非常大的争议,可以说是一个在现有的国际公约、世界各国的刑事立法、刑法学理论或其他社会科学理论中都无法找到统一答案的问题。《打击恐怖主义、分裂主义和极端主义上海公约》(2001年)和《上海合作组织反恐怖主义公约》(2009年)地区性公约关于恐怖主义含义的规定,无论是对进一步厘清恐怖主义的含义,还是促进各国反恐法律的完善,均具有重要的指导意义。(2)恐怖主义犯罪的司法管辖权。该公约第5条规定了成员国对恐怖主义犯罪的司法管辖权,其第1款规定,有关方应采取必要的措施,确定对该公约所涵盖的犯罪的司法管辖权,具体包括3种情形:一是犯罪发生在该方境内;二是犯罪发生在悬挂该方国旗的船舶上,或是发生在根据该方法律注册的航空器上;三是犯罪由该方公民实施。其第2款规定,各方可在下列情况下对本公约所涵盖的犯罪确定各自的司法管辖权:一是旨在或导致在该方境内或针对该方公民实施恐怖主义行为的犯罪;二是针对该方境外目标,包括外交和领事机构馆舍而发生的旨在或导致实施恐怖主义行为的犯罪;三是企图强迫该方实施或不实施某种行为而发生的旨在或导致实施恐怖主义行为的犯罪;四是在该方境内常住的无国籍人士实施的犯罪;五是犯罪行为发生在该方经营的船舶上。该公约规定,如果犯罪嫌疑人在一方境内且该方不将其引渡给其他方,该方应采取必要措施确定其对本公约所涵盖犯罪的司法管辖权,如果至少两方提出对本公约所涵盖的犯罪拥有司法管辖权,必要时,有关方可协商解决。(3)反对恐怖主义的国内措施。该公约第7条第2款规定,各方按照本国法律体系的基本原则,制定和实施反对恐怖主义的国内措施,具体包括13个方面的内容,如定期评估反对恐怖主义的法律文件及实际措施的有效性;设立机构,协调各方有关机关反对恐怖主义的行动;通过立法规定,实行防范恐怖主义行为的限制措施;对受害者、证人等刑事诉讼参与人以及必要情况下的其他涉及反恐的人员进行保护等。同时,该公约明确规定,各方可采取比本公约更严厉的反对恐怖主义的措施。(4)恐怖主义犯罪的立法确认。该公约第9条规定,各方应采取必要的立法措施,将相应的行为确定为刑事犯罪。这些行为包括恐怖主义行为等10项以及窝藏、转移、收购、代为销售恐怖主义犯罪财产的行为。此外,公约第9条第3、4款还规定,无论恐怖主义行为是否已实际发生,或被招募和(或)被训练的个人是否意识到本人行为的恐怖主义性质,都不影响犯罪的成立,且同谋、预备犯罪及犯罪未遂均认定为应受刑事处罚的行为,体现了对恐怖主义犯罪从严打击的精神。(5)惩治法人参与恐怖主义犯罪。该公约第10条规定,禁止本国境内的法人参与本公约所涵盖的任何犯罪。为此,公约要求各国规定法人参与犯罪的法律责任,包括刑事责任、民事责任、行政责任等,具体包括警告、罚款、没收法人财产、暂时中止法人的活动、禁止法人的某些活动、取缔法人等。(6)防范和打击恐怖主义融资活动。该公约第8条规定,为了打击恐怖主义的融资活动,各国应当通过必要的立法及其他措施,登记客户情况资料、金融交易数据并予以保存,向其各自授权的机关提供可疑的、经济上缺乏合理性的交易信息，根据执法机关或各方确定的其他机关的指令，暂时中止非法的、可疑的或经济上缺乏合理性的金融交易等。(7)恐怖主义犯罪的刑事司法合作。该公约第11条规定，各方将本公约所涵盖的犯罪视为可适用引渡、移管和司法协助的犯罪。为此，该公约对这些犯罪的引渡以及提供司法协助等具体事宜作了较为详细的规定，主要涉及第13～22条等。

第二，设立区域性反恐怖机构。早在上海合作组织成立之时，即在其成立宣言和《打击恐怖主义、分裂主义和极端主义上海公约》(2001年)中就明确提出要在比什凯克建立该组织的地区性反恐怖常设机构"上海合作组织反恐怖中心"。2002年6月，各成员国签署了《上海合作组织成员国关于地区反恐怖机构的协定》，该协定第2条明确规定，各方建立上海合作组织地区反恐怖机构，地区反恐怖机构总部设在吉尔吉斯共和国的比什凯克市。该协定第3条规定，地区反恐怖机构是本组织的常设机构，其目的是促进各方主管机关在打击公约确定的恐怖主义、分裂主义和极端主义行为中进行协调与相互协作。该协定第6条规定了地区反恐怖机构的任务和职能，此外，还就地区反恐怖机构的人员、经费等问题作了规定。2003年，上海合作组织决定将地区反恐怖机构的地点从比什凯克改到塔什干。2004年1月，上海合作组织地区反恐怖机构正式启动。

第三，与有关国际(区域)组织和国家进行反恐合作。(1)与有关国际(区域)组织的反恐合作。恐怖主义犯罪是全球共同面临的问题，在应对恐怖主义犯罪方面，上海合作组织积极开展与联合国、独联体、东盟、集安条约组织、经合组织、亚信等国际(区域)组织的合作，取得了明显成效。例如：①在与联合国的合作方面，2010年和2012年，《联合国与上海合作组织之间的合作》被列为联大会议议题下的分议题，根据联合国的要求，上合组织秘书处会同成员国及地区反恐怖机构执委会，定期准备关于落实联大决议的情况报告。②在与独联体的合作方面，双方于2005年4月签署了《上海合作组织秘书处与独联体执行委员会谅解备忘录》,其中确定的优先合作领域就包括安全领域,如保障地区和国际安全;打击恐怖主义、极端主义、分裂主义、非法贩卖毒品和武器、跨国有组织犯罪等。③在与东盟的合作方面,双方于2005年4月签署了《上合组织秘书处与东盟秘书处谅解备忘录》,确定的优先合作领域包括反恐、打击毒品和武器走私、反洗钱和打击非法移民等。④在与集安条约组织的合作方面,双方于2007年10月签署了《上海合作组织秘书处与集体安全条约组织秘书处谅解备忘录》,明确将保障地区和国际安全与稳定、打击恐怖主义、打击非法贩卖毒品、杜绝非法贩运武器、打击跨国有组织犯罪等问题作为建立并发展平等和建设性合作的"切入点"。⑤在与经合组织的合作方面,双方于2007年12月签署了《上海合作组织秘书处与经济合作组织秘书处谅解备忘录》,双方将通过在经贸、交通、能源、生态、旅游及其他共同关心的领域,交流信息和成功经验来开展相互合作。⑥在与亚信的合作方面,双方于2014年5月签署了《上海合作组织秘书处与亚洲相互协作与信任措施会议秘书处谅解备忘录》,双方在解决地区冲突、巩固不扩散的基本制度、寻找应对重大威胁——恐怖主义、分裂主义、极端主义、毒品贸易、跨国犯罪、非法武器交易等方面的立场一致。(2)与有关国家的反恐合作。截至2018年,上海合作组织共有8个成员国、4个观察员国、6个对话伙伴。为了更好地应对恐怖主义犯罪,上海合作组织不仅在各成员国之间积极开展合作,而且与观察员国、对话伙伴也进行了积极的反恐合作。在与有关国家开展反恐合作方面,上海合作组织同阿富汗的合作最为瞩目。一方面,阿富汗特殊的地理位置决定了其安全稳定直接关系中亚地区的安全;另一方面,由于受宗教、政治、经济等多方面因素的影响,阿富汗的恐怖主义犯罪、毒品犯罪等形势一直较为严峻。作为在该地区具有重要影响的组织,上海合作组织开展与阿富汗的合作,可谓是顺理成章。早在2009年,上海合作组织成员国与阿富汗就打击恐怖主义、毒品走私和有组织犯罪发布了共同声明,并通过了《上海合作组织成员国和阿富汗伊斯兰共和国打击恐怖主义、毒品走私和有组织犯罪行动计划》(2009 年)。共同声明中指出:“上海合作组织成员国将在阿富汗政府的协助下,合作应对恐怖主义威胁,维护在阿本国公民和外交机构的安全。”行动计划则较为详细地列出了双方在禁毒领域、反恐领域和打击跨国有组织犯罪方面的合作事项。在反恐领域,行动计划提出“要加强反恐合作,运用综合措施共同应对恐怖主义威胁”,重点合作方向包括边防监管、对涉嫌恐怖活动人员进行检查、采取联合行动以应对恐怖威胁、逐步吸收阿富汗参与上海合作组织框架内的地区反恐合作等。阿富汗在 2012 年被上海合作组织接受为观察员国,双方的合作提升到了一个新层次。

第四,积极开展反恐演习。上海合作组织从其成立之初,就将打击恐怖主义犯罪作为其重要任务。在组织的框架内开展反恐演习,有助于提升成员国之间在反恐领域的协调能力,是共同应对恐怖主义犯罪的重要方式。早在 2002 年,中国与吉尔吉斯共和国就在两国边境地区成功举行了联合反恐军事演习,这是上海合作组织框架内中吉两国首次举行的双边联合军事演习,也是中国军队第一次与外国军队联合举行实兵演习。此后,反恐演习的规模、人数、影响都逐步得到提升,先后举行了以“天山”“和平使命”等为代号的联合反恐演习。通过多次开展反恐演习,成员国之间的反恐合作得到了进一步加强,也进一步提高了反恐训练水平和反恐作战能力。

综上所述,无论是主要国家的立法例还是地区组织的立法实践,均呈现出以下几个共同的面向:其一,反恐怖主义刑事法律(反恐学科)的地位性质逐渐从宏大全面的社会治理法律(社会学科)中独立出来,成为专门的法律(学科)类项;其二,反恐怖主义刑事法律的规制模式也逐渐从宽泛的有组织犯罪中脱离,呈现出专门的立法趋势;其三,反恐怖主义刑事法律的立法技术不仅选择对自然人的行为进行规制,而且着力规制自然人集合形式的特定行为,不仅规制传统意义上的危害行为,而且将视野推至更为广阔的危险行为、交集主体等;其四,反恐怖主义刑事法律的规制后果方面与前述立法定位、立法模式、立法技术一道,呈现出惩罚性在持续而预防性在加强的特点，在质与量上均呈现预防性的规制后果。显然，这些面向共同推动着反恐刑事法律的预防性转型和发展。

二、预防性反恐刑法类型之学理区分

刑事立法一方面是学理研究的素材，在学理研究中被不断深入提炼和加工；另一方面也越来越多地受学理研究的影响，并表现为学理研究的产出。从这个视角来看，有必要进一步从学理视角对预防性反恐刑法的类型做进一步的考察。事实上，刑法的“预防性”趋势在犯罪化过程中的特征显著，已经引起了学界的广泛讨论。比较来看，域内外关于预防性反恐刑法行为类型的探讨，则在讨论的场域和方式等方面存在差异。

（一）域外的学理区分

在域外，在对预防性的类型进行探讨时，学者更多的是立足于刑法本身所具有的预防性功能，从更加原则和抽象的层面对预防性反恐刑法行为类型进行讨论。从以德国为代表的大陆法系国家的刑事法来看，传统的规制以充足犯罪构成要件形态的方式进行，对应的刑法范式也是“反应式的”，而“预防是警方和情报部门应处理的问题，而不是检察官和刑事法院应处理的问题，后者的任务是判定已过去事件的法律责任，而不是防止危险”。[1]

从犯罪的类型构造、判断路径等方面来看，犯罪预防至少都要考虑“对于法益侵害、危及的结果无价值”的实质的违法性判断，即便在重视违反国家、社会的伦理规范、脱离社会相当性的行为无价值的立场，也承认没有发生法益侵害事态的就不违法。[2] 因此，对于实质的违法性来说，没有法益侵害就没有违法这个原则是妥当的。在这样的逻辑前提下，德日等大陆法系国家在有关犯罪预防性的现象讨论中多存在宏观权利与权力观念争鸣、中

〔1〕［意］弗朗西斯科·维加诺：《意大利反恐斗争与预备行为犯罪化——一个批判性反思》，吴沈括译，载《法学评论》2015 年第 5 期。

〔2〕参见［日］关哲夫：《现代社会中法益论的课题》，王充译，载《刑法论丛》2007 年第 2 期。

观自由与秩序理念博弈以及微观立法技术与路径辩论的选择。受此影响，在刑事法律中，预备犯、危险犯、累积犯、持有犯、义务犯等类型逐渐清晰并被立法固定。

在英美法系的刑事法看来，预防犯罪是规制大多数刑事犯罪的基本原则，但也有一些犯罪集团的预防理由被加强。在刑法的预防性方面，预防性立法主要关注4种形式的刑事犯罪，即早期犯罪、实质性犯罪、预备犯罪、制造风险的犯罪。早期犯罪(inchoate offences)，一般包括企图和阴谋罪；实质性犯罪(substantive offences)是以早期模式界定的罪行，其不是禁止造成被禁止的损害，而是禁止意图造成这种损害的行为，从而将与早期罪行类似阶段的行为定为刑事犯罪；预备犯罪或前早期犯罪(preparatory or pre-inchoate offences)，包括持有型犯罪或者加入被禁止组织的犯罪，可在不需要证明故意造成伤害的情况下定罪；制造风险的犯罪(offences of risk-creation)，包括酒后驾驶和超速，以及违反卫生和安全条例的罪行。[1]

因此，在文献中，预防犯罪通常被认为是不完全的犯罪或不构成犯罪的，[2]这些犯罪与标准刑法理论的不同之处被不断挖掘，其理论正当性之契合或背离也被不断争论，最终提出了对刑法适用的限制原则。在英国学者安德鲁·康福德(Andrew Cornford)看来，"这种预防性犯罪的功能是在传统犯罪尝试(offenses of attempt)过程的更早期阶段捕捉犯罪行为"，它们"类别宽泛，包括许多常见的犯罪类型"。[3] 安德鲁·艾希沃思(Andrew Ashworth)和卢西亚·塞德纳(Lucia Zedner)教授进一步指出，不同的目的产生了不同的犯罪分类，这些目的展示了预防理论是如何导致与"伤害+罪

---

〔1〕 See Andrew Ashworth and Lucia Zedner, *Preventive Justice*, Oxford: Oxford University Press, 2014, p. 3－4.

〔2〕 See Andrew Cornford, *Preventive Criminalization*, New Criminal Law Review, Vol. 18, No. 1, 2015, p. 3－4.

〔3〕 Andrew Cornford, *Preventive Criminalization*, New Criminal Law Review, Vol. 18, No. 1, 2015, p. 3－4.

责”范式不同的犯罪行为的制定，并大致将英国的刑法及其预防性要素分为7组，即伤害罪责型、不完整罪型、不完整模式下的实质犯罪型、预备犯罪或前早期犯罪型、持有犯罪型、组织成员犯罪型、危害犯罪型，同时提出了预防性犯罪正当化的11个标准。[1]

由此可见，在域外的学理上，包括预防性反恐刑法在内的预防性犯罪化类型的探讨，集中于预防性之根基和与刑事犯罪构建模式的结合，呈现出了浓厚的思辨色彩和丰富的规范面向。

（二）域内的学理区分

在国内，伴随刑法的变革和转型，对于行为“预防性”的类型化剖析也引发了热烈的讨论，侧重点更是集中于对于预防性犯罪化具体表现的捕捉和归纳方面。

一方面，从行为来源的不同来看，新近刑法犯罪化的表现类型可以作如下归纳：一是预备行为实行行为化；二是帮助行为正犯化；三是事后行为入罪化；四是共犯行为的扩张化；五是帮助违法行为的入罪化。尤其是从1997年《刑法》全面修订到《刑法修正案（九）》的出台，立法者将资助犯罪的行为、帮助实施犯罪的行为、一般的犯罪协作行为、介绍犯罪的行为、传授犯罪方法的行为等边缘行为纳入刑法规制的范畴，不仅使犯罪圈越来越大，而且使刑法对犯罪边缘行为的规制变得更加严密。这种将犯罪边缘行为直接在刑法中单独进行规定的立法模式，在共同犯罪的认定和处理上也有一定的优势，其既解决了共犯体系无法涵盖的定罪难题，也为共犯理论的完善提供了立法支撑。[2] 具体到反恐刑法立法领域，对相关涉恐边缘行为的刑法规制，也是通过前述立法技术来实现的，而且正是这种将涉恐边缘行为逐渐纳入刑法规制范畴的做法，使得反恐刑法的预防性趋势愈加显著。

---

〔1〕 See Andrew Ashworth and Lucia Zedner, *Prevention and Criminalization*: *Justification and Limits*, New Crim. L. Rev., Vol. 15, No. 4, 2012, p. 542 – 571.

〔2〕 参见于冲：《帮助行为正犯化的类型研究与入罪化思路》，载《政法论坛》2016年第4期。

另一方面，从行为涉恐程度的不同来看，有学者将预防性反恐刑法规制的恐怖活动犯罪分为纯正的恐怖活动犯罪和非纯正的恐怖活动犯罪；[1]纯正的恐怖活动犯罪主要是指整个行为均体现的恐怖活动的内容，并不包含恐怖活动以外的内容，如组织、领导、参加恐怖组织罪；而非纯正的恐怖活动犯罪主要是指整个行为除包含恐怖活动的内容以外，还可能包含其他并不涉及恐怖活动的成分，如劫持航空器罪，其即可能被实施恐怖活动犯罪的行为人实施，也可能被其他基于泄愤、报复社会等心理的行为人实施。从我国反恐刑法体系的完善角度来看，不仅要重视纯正恐怖活动犯罪罪名体系的完善，增加包庇、纵容恐怖组织罪、入境发展恐怖组织罪等罪名，而且要不断完善非纯正恐怖活动犯罪的罪名体系，如增设邮寄危险物质、物品罪，危害海上航行安全罪等。依据上述分类逻辑，随着预防性反恐刑法立法趋势的加强，在预防性反恐刑法罪名体系中，也可以将预防性的反恐刑法分为纯正的预防性反恐刑法和非纯正的预防性反恐刑法，这种分类对预防性反恐刑法体系的安排和完善具有重要意义。

因此，从域外和域内对预防性反恐刑法类型的学理探析可以看出，要准确且有效地对预防性反恐刑法的类型进行划分，离不开对预防性反恐刑法的形成根基和具体内涵的把握，在目的发掘与手段设计的互相制约中，对预防性反恐刑法进行的类型划分才有意义。同时，不同法域、不同国家特有的法律传承与各异的反恐现实也对预防性反恐刑法的类型划分产生了直接影响，在具体剖析类别时，亦不可脱离这些场域。

三、预防性反恐刑法类型之具体表现

类型是观察对象不同横切面的体现，亦有不同的视角和层次。预防性反恐刑法之类型划分有很多视角和层面，与不同影响因素的结合呈现出了

---

〔1〕 参见赵秉志、牛忠志：《我国反恐刑法分则的完善之建言——以恐怖活动犯罪的罪刑规范为视角》，载《南都学坛》2018 年第 2 期。

不同的规制重心。从各国规范文本和相关学理探讨的分析来看，至少可以梳理出规制结构（性质、危害性）、规制内容（对象）、规制方式、规制后果等不同的具体标准，它们对预防性反恐刑法的设计和运用均具有重要影响。

（一）行为危害标准

从预防性反恐刑法的规制结构（性质、危害性）来看，可以将预防性反恐刑法的罪名区分为核心型和边缘型。针对恐怖活动犯罪，根据行为性质和社会危害性等方面的差异，预防性反恐刑法规范呈现出了核心型预防性反恐罪名与边缘型预防性反恐罪名的差异设置。核心型预防性反恐罪名是指因直接与恐怖主义（思想、活动、组织、人员等）密切相关而具有显著的"恐怖主义"标签，为刑法所规制而产生的罪名；边缘型预防性反恐罪名，则是指那些与核心型预防性反恐罪名相比"恐怖主义"的标签逐渐弱化，随着恐怖活动的多样化而呈现出的与传统一般刑法罪名相融合的预防性反恐刑法罪名。从预防性反恐刑法的规制结构视角来看，核心型与边缘型的划分可以显著征表预防性反恐刑法罪名所指涉行为的性质和社会危害性，同时对与其刑罚的配置和司法适用具有重要的影响。

（二）规制对象标准

从预防性反恐刑法的规制对象来看，可以将预防性反恐刑法的罪名区分为行为不法型和主体不法型。由于刑法当然是以规制行为人的行为为对象的，所以刑法中的罪名设置都是针对严重危害社会的特定行为类型展开的。不过，行为是行为人的行为，对行为危害性质和危害量级的评价亦离不开对特定行为人的评价，刑罚的配置和实施也越来越多地开始关注对特定行为人的系统、综合评价。

预防性反恐刑法立法对行为人表现的关注尤为明显，体现出了行为不法型和主体不法型的区分：行为不法型的预防性反恐刑法罪名侧重聚焦行为人行为的严重社会危害性，这在采取相同手段而不具有恐怖主义意味的行为罪名评价中同样可以体现出来；主体不法型的预防性反恐刑法罪名则侧重综合评断行为人行为之上所附加的主观恶性及行为前长期存在的不法的影响因素。行为之上所附加的主观恶性主要包括行为人出于实施严重社会危害性的主观意图、在恐怖主义极端主义等影响下而形成的动机、为实施恐怖活动的目的等。行为前长期存在的不法的影响因素主要包括曾经犯罪（触犯反恐罪名）的前科，曾经行政违法（违反反恐行政法规）的劣迹，因未达到刑事责任年龄或行政责任年龄等未被科罪或行政处罚而予以矫治教育等情状。上述两种类型的不同侧重导致预防性反恐刑法立法在罪状设计、刑罚配置以及后续的司法适用中的差异。不过，随着预防性反恐罪名中行为不法型和主体不法型的结构变化，学界出现了对反恐刑法预防性趋向的热烈争论，以及对预防性反恐刑法侵蚀刑法精神、刑法原则的担忧。

（三）规制方式标准

从预防性反恐刑法的规制方式、技术（阶段）来看，可以将预防性反恐刑法的罪名区分为预备犯型、危险犯型、持有犯型、义务犯型。前述分类更多的是从预防性反恐刑法罪名的宏观视角进行考察的，而该项分类则集中从预防性反恐刑法罪名在刑法运行逻辑和学理模块化视角进行考察。恐怖主义及恐怖活动的发生、发展有一个客观的过程，同时，在这个过程中又有着数量众多、类型各异的互动主体参与其中。因此，如果在更为细致且具有可操作性的层面对不同主体在不同阶段的不同行为进行规制，成为预防性反恐具体罪名的重点。相较于传统的刑法规制模式，预防性反恐刑法在对涉恐行为的规制中出现的预备犯型、危险犯型、持有犯型、义务犯型模式，既是立法上的新探索，也是有待学界认真研讨的新课题。

对于预备犯型来说，其主要是指将传统犯罪行为的预备阶段辅之以恐怖主义因素的考量而单独抽离出来形成的独立成罪的反恐罪名类型，但对其的规制依据也存在实质预备犯与形式预备犯设定的争议。就二者的处罚依据来说，预防性反恐刑法中的实质预备犯的处罚依据在于，这种恐怖活动犯罪的预备行为已经对重大法益造成了侵害或者紧迫的侵害危险；而预防性反恐刑法中的形式预备犯的处罚依据在于,这种恐怖活动犯罪的预备行为已经具备“类型性”“定型性”的属性,[1]可以对其进行处罚。从预备犯型的内容方面来看,当前的规范图谱延循了“从司法上未遂入罪化到立法上预备实行化,从打击为自己的预备到打击为他人的预备,从规制犯罪的预备到规制所有违法犯罪行为的预备”[2]的进路。

对于危险犯型来说,其主要是指将仅具有法益侵害紧迫性危险但危险尚未现实化的行为独立作为刑法评价的对象并对其进行规制的罪名类型。具体到预防性反恐刑法立法中的危险犯型罪名,主要是指对仅具有法益侵害紧迫性危险但危险尚未现实化的涉恐行为直接规定成独立罪名的情形。反恐刑法立法中危险犯的设置,充分说明刑法对涉恐行为进行超前干预的预防性逻辑。危险犯型涉恐罪名,其最大的特点是刑法规制的不再是恐怖活动相关的实害行为,而是只具有法益侵害危险的恐怖活动相关行为。根据这种行为危险现实化的可能性程度,还可以将危险犯型的恐怖活动犯罪罪名分为具体危险犯型和抽象危险犯型,具体危险犯型的涉恐罪名主要是指对涉恐行为法益侵害危险现实化可能性较高的行为设定的罪名,而抽象危险犯型的涉恐罪名主要是指对涉恐行为法益侵害危险现实化可能性相对较低的行为设定的罪名。从近年来预防性反恐刑法立法来看,随着现代社会中恐怖主义这种人造危险破坏力的增大和不确定性的增强,[3]无论是我国立法还是国外立法,危险犯型的预防性反恐罪名越来越多,由此也引发了学界的广泛讨论。[4] 其中,由于抽象危险犯型预防性反恐立法中存在不同于以往的法益保护早期化、法益精神化的趋势,由此也遭到了学界的严厉

---

[1] 参见高丽丽:《准备实施恐怖活动罪——以预备行为实行行为化为视角的宏观解构》,载《法学论坛》2018年第2期。

[2] 郭旨龙:《预防性犯罪化的中国境域——以恐怖主义与网络犯罪的对照为视角》,载《法律科学(西北政法大学学报)》2017年第2期。

[3] 参见郑明玮:《论刑法中危险犯的“危险”》,上海人民出版社2017年版,第5页。

[4] 参见董泽史:《危险犯研究:以当代刑法的转型为导向》,社会科学文献出版社2015年版,第1页。

批判。

对于持有犯型来说,其主要是指将对特定物品的非法持有这种状态独立做出刑法评价的类型。特定物品越来越多地表现为可能进一步恶化为违法、犯罪的工具、载体以及违法犯罪产生之物。具体到反恐刑法当中,刑法禁止持有的特定物品主要是指与恐怖主义相关的物品,如介绍和宣扬恐怖主义的书籍、恐怖组织或者成员的标识、含有恐怖主义标志的服饰、含有恐怖主义相关内容的视听资料以及储存恐怖主义视听影像资料的电脑、硬盘、云盘等。从国内外反恐刑法立法的实践来看,在反恐罪名体系中都规定了持有犯,尤其是我国《刑法修正案(九)》规定的"非法持有宣扬恐怖主义、极端主义物品罪",就属于典型的持有犯。不过,由于"持有"呈现的是一种状态,并不是传统意义上的行为动作,单纯的持有并不具有直接的法益侵害性,所以持有犯的立法在学界也存在争议。但从犯罪预防尤其是恐怖活动犯罪这种严重犯罪的预防角度来看,将持有相关涉恐物品的行为规定为犯罪是极为必要的,因为这些物品在一定程度上是诱发恐怖活动犯罪的诱因。事实上,审视持有犯的法益侵害性,要重视"持有"与作为、不作为的区别,不能像以往评价行为的法益侵害性那样评价"持有"的法益侵害性,"持有型犯罪的法益侵害性体现在它的'依附性'上",〔1〕即"持有"的法益侵害性依附于"持有"诱发的犯罪行为的法益侵害性上。

对于义务犯型来说,其主要是指将行为人违反了刑法设定的特定义务而构成犯罪的情形。具体到反恐刑法立法领域,就是反恐刑法在立法过程中为特定主体或者社会公众赋予了参与或者配合打击恐怖活动犯罪的某种义务,如果特定主体或者社会公众没有履行这种义务,将受到刑罚的处罚。反恐刑法中义务犯型罪名的出现和增多,是恐怖主义治理模式从"国家垄断"向"国家主导、全民参与"转型的体现。从近年来国内外的立法来看,随

〔1〕 杜磊:《法益侵害视角下持有型犯罪的重释——兼析非法持有宣扬恐怖主义、极端主义物品罪的合理性》,载《政治与法律》2017年第1期。

着恐怖主义的持续蔓延和单一的国家治理模式的疲软,各国反恐刑法立法都在加大社会主体的反恐义务。我国也不例外,《刑法修正案(九)》增设的"拒不履行信息网络安全管理义务罪""拒绝提供间谍犯罪、恐怖活动犯罪、极端主义犯罪证据罪",就属于典型的义务犯型的反恐刑法立法,其明显增加了网络服务提供者和社会公众参与恐怖活动犯罪治理的义务。有学者将反恐刑法立法赋予特定主体和社会公众参与恐怖活动犯罪治理的这种义务称为"第三方义务"。[1] 显然,义务犯型反恐刑法罪名的违法性根据在于,行为人对刑法赋予的参与恐怖活动治理的"第三方义务"的违反。[2]

(四)规制后果标准

近年来,随着经济社会、网络信息技术、人工智能技术的快速发展,全球恐怖主义也通过自身的演变升级呈现出了一些新特征、新趋势。整体来看,这些新特征、新趋势突出表现在以下两个方面:一是恐怖活动的网络化趋势明显,恐怖组织不仅将信息网络作为攻击对象实施网络恐怖袭击,而且将其作为内部管理的工具和对外交流的战略资源,有学者将此概括为"从对象型到工具型再到空间型、从单向型到互动型再到交叉型"[3]的演变过程;二是恐怖组织的组织化程度加强,恐怖组织的结构开始从以往扁平、单向的模式向多级、多维的模式转变,权力层级和人员分工愈加明确,而且在活动范围的跨度上,较之于传统的恐怖组织,出现了前所未有的变化。全球恐怖主义在发展、演变中出现上述趋势,不仅增加了恐怖主义的打击和防控难度,而且在立法规制上也带来了挑战。

全球恐怖主义发展出现的上述变化,加速了反恐刑法立法的转型。预

---

[1] 所谓"第三方义务",是指政府指定的私人主体既不是监督行为的主要实施者,也不是违法行为的受益者,但其承担着必须将私人信息提供给行政主体或者由其本身采取阻止性措施防止有害行为发生(如拒绝提供服务或者货物、拒绝录用或者直接解雇)的义务。参见张栋磊:《"第三方义务"理论视野下的公安反恐立法》,载《中国犯罪学学会年会论文集(2014年)》。

[2] 参见何庆仁:《义务犯研究》,中国人民大学出版社2010年版,第28页。

[3] 吴永辉:《网络恐怖主义的演变、发展与治理》,载《重庆邮电大学学报(社会科学版)》2018年第2期。

防性反恐刑法的出现,就是恐怖主义发展新动向、新趋势推动的结果。从预防性反恐刑法的规制后果来看,可以将预防性反恐刑法的罪名区分为常规型和预防型。常规型规制后果的预防性反恐刑法,表现为刑事规制举措侧重对业已形成的恐怖状态下行为人之事后处理,采用典型的管制或者隔离行为人,以达到对其恐怖活动犯罪行为之被动制止,并防范行为人将来的行为。因此,刑法沿用传统的制裁体系,依旧保留了资格刑、管制刑、自由刑、财产刑的刑罚架构。预防型规制后果的预防性反恐刑法表现为刑事规制举措侧重对恐怖主义影响下行为人行为之演变过程的主动发现、监控、预判、阻截乃至处置,过程的控制越来越显著地优先于、有效于结果的处置。

第二章　预防性反恐刑法立法的中国图景

以美国"9·11"恐怖袭击事件的发生为分水岭,恐怖主义及其活动与全球、区域、国家反恐怖主义斗争在目的和手段等方面都发生了巨大变化,由此直接带来了包括反恐刑法在内的法律举措的嬗变,助推了全球、区域、国家刑事法治的预防性转型。在我国,这种反恐刑法的预防性转型的趋势更为明显。近年来,在全球化进程的深入和互联网信息技术的升级等关键因素的交融下,我国领域内的恐怖主义越来越呈现出分散化和多样化共生、全球化与本土化交融、组织化与个体化交织、恐怖活动犯罪与一般犯罪糅合的"弥散性"格局,由此导致反恐怖主义举措升级与更新的必要性和迫切性不断凸显。为应对我国恐怖活动犯罪呈现出的"弥散性"格局,我国刑法不断地进行更新和修正。从1997年基本确立建构恐怖活动犯罪的刑法立法开始,不同时期的刑法修正案,如《刑法修正案(三)》《刑法修正案(八)》《刑法修正案(九)》,都对恐怖活动犯罪的罪刑配置、辅助制度等进行了完善,加之《反恐怖主义法》和各地反恐怖主义法实施办法的不断细化,恐怖活动犯罪刑法规制的基本面貌和发展脉络逐渐清晰,《刑法》及其修正案、《反恐怖主义法》与《治安管理处罚法》《行政处罚法》等建构起了包括反恐刑法在内的立体反恐法律制度体系。在此背景下,有必要从历史沿革、类型表现和演变趋势等维度对我国预防性反恐刑法立法的图景进行揭示,以便准确把握我国的预防性反恐刑法的立法体系。

第一节 我国预防性反恐刑法的历史沿革

长期以来,恐怖组织及其成员针对我国实施的有预谋、有组织的暴力型恐怖活动犯罪呈频发态势,且活动地点由边疆地带向内陆城市转移,引起了社会的安全恐慌和群众的紧张感。[1] 面对这一形势,《刑法》在1997年恐怖活动犯罪立法的基础上进行了多次修正;同时,应时而生的《反恐怖主义法》和系列刑法修正案也确立了"防范为主、惩防结合和先发制敌、保持主动的原则"以及"安全防范"等"预防性"内容。此外,以《治安管理处罚法》《行政处罚法》为代表的法律法规也在不断补充着预防性反恐刑法的体系。就这种"预防性"面向的当下情状和未来走向而言,其实效追求和操作隐忧也无时无刻不刺激着人们的神经:如果在刑法层面否认或者弱化对周边性恐怖活动犯罪的防控,会导致整个反恐体系(包括刑事反恐体系)应对恐怖活动犯罪时出现"短板效应";而如果无限制地承认刑法对恐怖活动犯罪的这种"预防性"防控,会使刑法演变成为未来风险防范的工具,法的安定性容易被消解,法的人权保障机能容易被侵蚀。

一、我国《刑法》对恐怖活动犯罪的规制

我国一贯坚持反对恐怖主义的立场,虽然在1979年出台的第一部《刑

---

〔1〕 参见李栋:《我国恐怖活动犯罪特点与防控策略研究》,载《净月学刊》2017年第2期。

法》中，立法者并没有明确规定涉及惩治恐怖活动犯罪的内容，但在个别条款中蕴含了惩治恐怖活动的内容。这种立法模式从严格意义上将恐怖主义形式的犯罪根据其行为方式、危害后果等要素，划归普通的刑法罪名予以处置，缺乏明确性和专门性。1997 年，我国对《刑法》进行了大修，并出台了现行《刑法》。现行《刑法》不仅设专条明确规制恐怖活动犯罪，如第 120 条规定了“组织、领导、参加恐怖组织罪”，而且针对恐怖活动犯罪的不同行为特征，规定了可适用于惩治这些罪行的诸多条款，如危害航空安全、航海安全、人身财产安全、核材料方面的犯罪。

相较于 1979 年的《刑法》，无论是“质”还是“量”，1997 年的《刑法》对恐怖活动犯罪的规制都有了一个飞跃性的提升，实现了从无到有、从模糊到明确、从普设到专设的建构过程。一方面，可以实现对恐怖活动犯罪的严厉制裁，对恐怖活动犯罪发挥特殊预防和针对性惩治的功效；另一方面，有助于对恐怖活动犯罪的预防和控制，进而将恐怖主义活动扼杀在萌芽状态，起到一般预防的积极效果。从 1979 年《刑法》到 1997 年《刑法》，我国对恐怖活动犯罪的刑法规制是一次非常重要的立法尝试，顺应了恐怖主义全球扩张和恐怖活动犯罪持续蔓延的现实需要，不仅为我国打击恐怖活动犯罪提供了规范依据，而且为我国参与全球反恐提供了法律支撑。可以说，1997 年《刑法》通过设置专门罪名的形式对恐怖活动犯罪行为进行规制，拉开了我国反恐刑法立法的序幕，为后续反恐刑法立法起到了良好的铺垫作用。

二、历次刑法修正案对恐怖活动犯罪的修改

（一）2001 年《刑法修正案（三）》的修改

1997 年《刑法》，体现了多角度惩治恐怖活动犯罪的立法对策，但仍不能满足我国当时同国内外一切恐怖活动犯罪做斗争的实践需要。基于反恐斗争的实际需要，在美国遭受“9·11”恐怖袭击事件发生之后，我国及时加入了《制止恐怖主义爆炸的国际公约》，出台了《刑法修正案（三）》，增补和修

订了有关恐怖活动犯罪的内容,积极响应国际社会共同打击和预防恐怖活动犯罪的号召,从立法上对恐怖活动犯罪织严织密刑事法网、加大惩治力度,以便更加有效地保障国家和人民的生命财产安全,维护社会秩序,保护国际社会的安全与和平。

2001 年通过的《刑法修正案(三)》,一方面,对刑法专门规定的恐怖活动犯罪条款进行了修订并增设了新的内容。具体表现在:(1)修改增设罪刑单位,将《刑法》第 120 条第 1 款中“组织、领导恐怖活动组织”与积极参加恐怖活动组织的同一个罪刑单位修改增设为两个不同的罪刑单位,即加重前者的法定刑;(2)增设新罪名,即增设《刑法》第 120 条之一“资助恐怖活动罪”,对联合国安理会第 1373 号决议(2001)规定进行了积极响应,实现了对资助分裂国家,武装叛乱、暴乱,颠覆国家政权等危害国家安全的犯罪的有益补充,为惩治以提供资金、财物等方式资助恐怖活动的犯罪行为提供了明确而有力的法律武器。

另一方面,对刑法中涉及恐怖活动犯罪的有关条款进行了修订并增设了新的内容,以便更加有力地打击恐怖活动犯罪。具体表现为:(1)将《刑法》第 114、115 条中的“投毒罪”修改扩充为“投放危险物质罪”,即投放毒害性、放射性、传染性病原体等物质的犯罪,同时为简化刑法条文,删去第 114 条列举的破坏对象,即工厂、矿场、油田、港口、河流、水源、仓库、住宅、森林、农场、谷场、牧场、重要管道、公共建筑场或其他公私财产;(2)将《刑法》第 125 条第 2 款规定的“非法买卖、运输核材料罪”修改扩充为“非法制造、买卖、运输、储存危险物质罪”,在《刑法》第 127 条第 1 款中增设盗窃、抢夺危险物质罪,并在第 127 条第 2 款中增设抢劫危险物质罪;(3)在《刑法》第 191 条有关洗钱罪的规定中,将恐怖活动犯罪补充为上游犯罪之一,对单位犯洗钱罪的,对直接责任人员的处罚增加一个罪刑单位;(4)增设《刑法》第 291 条之一“投放虚假危险物质罪”和“编造、故意传播虚假恐怖信息罪”,以有效地惩治那些投放虚假的爆炸性、毒害性、放射性、传染病病原体等物质,或者编造爆炸威胁、生化威胁、放射威胁等恐怖信息，或者明知是编造的恐怖信息而故意传播，严重扰乱社会秩序的行为。

《刑法修正案（三）》针对恐怖活动犯罪做出的以上修改，既完善了反恐刑事法网，又为恐怖活动犯罪的打击和预防提供了法律依据。整体来看，《刑法修正案（三）》对恐怖活动犯罪进行的立法修改，契合当时我国国内恐怖活动犯罪治理和参与国际反恐的现实需要。

（二）2011 年《刑法修正案（八）》的修改

2011 年 2 月 25 日，第十一届全国人民代表大会常务委员会第十九次会议通过了《刑法修正案（八）》。虽然从整体内容来看，恐怖活动犯罪并没有占据《刑法修正案（八）》的过多篇幅，但其将恐怖活动犯罪纳入特别累犯制度的覆盖范围。显然，将恐怖活动犯罪纳入特别累犯的范围，符合对恐怖活动犯罪给予严厉打击的现实需要。[1] 因为特别累犯与一般累犯相比要严厉很多，特别累犯对前罪被判处的刑罚和后罪应判处的刑罚的种类和轻重都没有任何限制，也不受前后两罪相距时间长短的限制，体现出对构成特别累犯的行为人更加从重处罚的精神，从而加大了对恐怖活动犯罪的处罚力度。

（三）2015 年《刑法修正案（九）》的修改

为适应社会变化和恐怖活动等犯罪表现出的新特点、新趋势，维护国家安全、公共安全和公民生命财产安全，我国于 2015 年 8 月通过的《刑法修正案（九）》对恐怖活动犯罪的相关罪名进行了修改和补充，在原有规定的基础上加大了涉恐行为的预防性规制和处罚，并引入了专门概念、严密了犯罪体系。[2]

首先，引入专门概念。1997 年《刑法》和 2001 年《刑法修正案（三）》相

---

〔1〕 参见赵秉志主编：《刑法修正案（八）理解与适用》，中国法制出版社 2011 年版，第 73 页。

〔2〕 参见赵秉志、杜邈：《中国反恐刑法的新进展及其思考——〈刑法修正案（九）〉相关内容评述》，载赵秉志主编：《中韩恐怖主义犯罪的惩治与防范"第十三届中韩刑法学术研讨会"学术文集》，法律出版社 2016 年版，第 25～26 页。

继确立和增补了恐怖活动、恐怖活动组织、恐怖活动犯罪等专门概念,体现了对恐怖活动犯罪的否定性政治评价与谴责,表明此类犯罪行为不为法律所容忍。在此基础上,《刑法修正案(九)》再次引入了一系列专门概念,包括恐怖主义、极端主义,宣扬恐怖主义、极端主义的图书、音频、视频资料或者其他物品以及服饰标志,恐怖主义、极端主义犯罪行为。其中,恐怖主义、极端主义是《刑法修正案(九)》引入的核心概念,将涉恐犯罪与普通犯罪相区别,进而采取特殊的刑事制裁措施。在具体的犯罪构成中,上述概念均属于规范的构成要件要素,司法实践中需要法官通过规范的、评价的价值判断才能认定。

其次,严密犯罪体系。为了应对恐怖主义的威胁,刑法治理的范围必须涵盖人员、物品、资金、信息等多个领域,以及发动暴恐袭击的各个环节。为此,《刑法修正案(九)》不仅拓宽了追究刑事责任的范围,更主要通过增设新罪、修改罪状等方式强化刑法在应对恐怖主义、极端主义方面的作用。《刑法修正案(九)》增加了 5 种新的犯罪类型,即第 120 条之二规定的"准备实施恐怖活动罪",第 120 条之三规定的"宣扬恐怖主义、极端主义、煽动实施恐怖活动罪",第 120 条之四规定的"利用极端主义破坏法律实施罪",第 120 条之五规定的"强制穿戴宣扬恐怖主义、极端主义服饰、标志罪",第 120 条之六规定的"非法持有宣扬恐怖主义、极端主义物品罪"。同时,《刑法修正案(九)》还对现有两项罪名的罪状予以完善:其一,将第 120 条之一原有的"资助恐怖活动罪"的罪状扩容为"帮助恐怖活动罪",进一步明确"资助"之内容和对象;其二,修改第 311 条规定的"拒绝提供间谍犯罪证据罪"的罪状,将拒绝向司法机关提供恐怖主义犯罪、极端主义犯罪证据的情形也纳入其中,并要求达到情节严重。

最后,完善刑罚配置。在反恐怖斗争中,虽然刑法不是治理恐怖活动犯罪的唯一甚至不是主要的方法,仅凭刑法也未必能够有效地震慑恐怖活动犯罪分子,但在配合各项社会管理措施的同时,国家也需要通过加重刑罚,对恐怖主义做出正式而严厉的反应,最大限度地剥夺犯罪人的犯罪机会与再犯能力,实现其罪行与罪责之均衡。《刑法修正案(九)》对原有反恐罪名的刑罚配置进行了完善:一方面,对第120条规定的"组织、领导、参加恐怖组织罪"增加规定了财产刑,并根据行为人在恐怖组织中的地位和作用,分别配置了没收财产、并处罚金和选处罚金不同的刑罚,体现了"分化瓦解,区别对待"的理念;另一方面,在第322条规定的"偷越国(边)境罪"中增加了加重情节,规定行为人为参加恐怖活动组织、接受恐怖活动培训或者实施恐怖活动,偷越国(边)境的,在基本法定刑上升格至1年以上3年以下有期徒刑,并处罚金。

三、其他法律法规对恐怖活动犯罪规定的补充

我国反恐法律体系的整体建构,除却典型的刑事法律外,随着2015年反恐基本法律《反恐怖主义法》的制定和通过,基本塑造了"以反恐法为核心、以刑法为强力后盾、其他部门法密切配合"的新反恐法律体系,[1]形成了对恐怖活动违法犯罪行为进行规制的行政与刑事制裁相结合的综合、系统格局。为了有效预防和打击恐怖主义,我国也借鉴国际经验,开展了专门的反恐立法工作,以使其在反恐斗争中发挥核心作用。[2]

事实上,为了有效应对日益严峻的反恐形势,我国也非常重视专门反恐立法工作,并很早就将其提上了日程。不过,在具体的推进过程中,由于受多方面因素的影响和部分问题尚未达成共识,所以,我国采取了比较谨慎的做法,即没有直接在法律层面进行专门的反恐立法。直至2011年10月29日,为了加强反恐怖工作,保障国家安全和人民生命、财产安全,维护社会秩

---

〔1〕 参见阴建峰、侯日新:《我国反恐刑法立法基本问题论纲》,载赵秉志主编:《中韩恐怖主义犯罪的惩治与防范"第十三届中韩刑法学术研讨会"学术文集》,法律出版社2016年版,第35页。

〔2〕 赵秉志、杜邈:《我国反恐怖主义立法完善研讨》,载《法律科学(西北政法学院学报)》2006年第3期。

序,全国人民代表大会常务委员会特就反恐怖工作有关问题做出决定,即《关于加强反恐怖工作有关问题的决定》,该决定主要对我国的反恐立场、"恐怖活动"等术语、反恐机构、反恐力量、恐怖组织和人员认定等事宜进行规定。《关于加强反恐怖工作有关问题的决定》是我国第一个专门针对反恐工作的法律文件,其诞生也是我国反恐法治进程中的具有重大意义的事件,标志着我国反恐怖法律体系的初步形成。[1]

2015 年,在《关于加强反恐怖工作有关问题的决定》的基础上,《反恐怖主义法》经过反复酝酿和讨论终获通过,在立法宗旨上强调防范与打击结合,在体制机制上要求专门工作与社会参与相结合,在适用重点上突出重点领域与重点目标相结合,在规范内容上体现行政与刑事相结合、实体与程序相结合,在适用范围上注重国内与国际相结合。[2]《反恐怖主义法》第 80 ~ 93 条对涉及恐怖主义、极端主义、恐怖活动、极端活动等尚不构成犯罪的违法行为的行为模式和行政责任进行了规定;此外,对宣传教育、网络安全管理、物流领域安全管理、公共服务行业实名制、危险物品安全管理、反恐怖主义融资、城乡规划和技防物防等领域也规定了相应的行政责任。这些对尚未构成犯罪而应予以行政处罚的情形的规定,补强了《治安管理处罚法》《行政处罚法》等法律的空白和碎片化的缺陷,进一步分流了刑法的防控压力。《反恐怖主义法》第 11 条规定的保护管辖原则,突破了《刑法》第 8 条对外国人在我国领域外对我国国家或者公民犯罪,按照《刑法》规定的最低刑为 3 年有期徒刑,且按照犯罪地法律也要受处罚的限制,加大了对在境外对我国实施恐怖活动犯罪的惩治和震慑力度。

此外,我国在其他领域也进行了相关立法工作。例如,2015 年通过的

---

〔1〕 赵秉志、杜邈:《我国反恐怖法律体系的初步形成》,载《法制日报》2011 年 11 月 16 日,第 12 版。

〔2〕 参见邢志人:《中国反恐专门立法的现况、问题点及解决路径》,载赵秉志主编:《中韩恐怖主义犯罪的惩治与防范"第十三届中韩刑法学术研讨会"学术文集》,法律出版社 2016 年版,第 42 ~ 45 页。

《国家安全法》第 28 条规定:“国家反对一切形式的恐怖主义和极端主义,加强防范和处置恐怖主义的能力建设,依法开展情报、调查、防范、处置以及资金监管等工作,依法取缔恐怖活动组织和严厉惩治暴力恐怖活动。”这一条文着眼于建立健全机制体制,形成精锐反恐力量,切实解决实际问题。同时,《国家安全法》所规定的两个“依法”,既体现了严厉反恐的决心和周密部署,也强调相关工作要依法展开,兼顾人权保障。《核安全法》第 13 条还强调了“完善核安全国际合作机制,防范和应对核恐怖主义威胁”。除此之外,《刑事诉讼法》《反洗钱法》《武装警察法》等部门法对于反恐问题也有所涉及。

综上所述,对于我国预防性反恐刑法规范而言,从其历史演变脉络来看,刑法对恐怖活动犯罪的规制经历了从无到有、从简单到丰富、从普通到特殊、从单一到复合的发展历程。在此过程中,反恐刑法的特征也发生了变化,最为突出、明显的特征就是逐渐体现出了“预防性”的面向。

第二节　我国预防性反恐刑法的类型表现

从当前我国反恐刑法立法来看,我国反恐刑法规范的“预防性”面向愈加明显,突出表现在规制方式、规制内容、规制标准、规制后果等方面。将我国预防性反恐刑法在前述这些方面表现出的“预防性”进行类型化的概括,有助于我们把握预防性反恐刑法规范的全貌,同时,可以为以后预防性反恐刑法立法提供参考。

一、规制方式的“预防性”表现

从我国当下反恐刑法制裁体系的规制方式来观察,反恐刑事制裁的规制方式不断丰富,形成了反恐刑事制裁刑法为主与诸法为辅相合力的“预防性”形象。具体而言,原有 1979 年《刑法》将涉恐怖主义的相关行为划入普通的各类刑事犯罪中进行规制,在其他的法律法规中则很少出现涉恐怖主义相关行为的条文,整体规制方式呈现出规制简单、单一的局面。自 1997 年《刑法》出台后,反恐刑事制裁开始出现专门的罪名,恐怖活动犯罪的特殊性不断凸显,且随着多部刑法修正案的修订,反恐刑事制裁的罪名群逐渐形成,其规制的行为类型性、定性妥当性、定量比例性等特征也不断显现。此外,涉恐怖主义相关行为的处置规范也不断完善,形成了《反恐怖主义法》《国家安全法》《核安全法》《刑事诉讼法》《治安管理处罚法》《行政处罚法》《反洗钱法》《武装警察法》等囊括行政规制与刑事规制、实体规制与程序规制的综合规制系统。因此,以刑法反恐刑事制裁为主,其他法律法规制裁为辅,实体规制与程序规制兼有,专门规制与综合规制并存,是我国反恐刑法规范规制方式的"预防性"表现。

二、规制内容的"预防性"表现

从我国当下反恐刑法制裁体系的规制内容进一步观察,反恐刑事制裁的规制内容不断地拓展,形成了反恐怖核心罪名与反恐怖边缘罪名相补充的"预防性"形象。具体而言,原有 1979 年《刑法》将涉恐怖主义的相关行为划入普通的各类刑事犯罪中进行规制,可以说并未设置独立的反恐罪名。自 1997 年《刑法》出台后,恐怖主义相关的罪名由准实施类、组织类罪名逐渐向资产类、信息类、技能类、载体类等类型罪名逐渐拓展,逐渐形成了一个以恐怖主义为中心的恐怖活动犯罪罪名群。同时,在这样一个恐怖活动犯罪罪名群中,以恐怖主义所体现的程度高低和与普通刑事犯罪罪名差异性大小为标线,又可以将之区分为核心型预防性反恐罪名和边缘型预防性反恐罪名。顾名思义,核心型预防性反恐罪名是指恐怖主义性质体现程度高,且与普通刑事犯罪罪名的通常设置有所区别的刑法罪名;边缘型预防性反恐罪名是指对恐怖主义性质有所体现,且普通刑事犯罪同样适用的罪名。将核心型预防性反恐罪名与边缘型预防性反恐罪名相结合是目前我国反恐刑法规范规制内容"预防性"表现。

三、规制标准的"预防性"表现

从我国当下反恐刑法制裁体系的规制标准进一步观察,反恐刑事制裁的规制标准呈现出横向和纵向的双重延展,形成了反恐边界扩张与预先规制相结合的"预防性"形象。具体而言,1979 年《刑法》根据当时国内外犯罪防控的形势需要,选择将尚处于萌芽状态的恐怖主义及其活动纳入普通刑事犯罪防控体系进行处理,在罪名设置、刑罚配置、量刑情节考量、刑罚执行等多个方面都是和其他普通刑事犯罪一致的。因此,1979 年《刑法》对恐怖活动犯罪与普通刑事犯罪(如杀人、伤害、爆炸、绑架等)有着基本一致的判断标准,对其行为的实行性、行为的类型性、行为主体的区别性以及社会危害性、人身危险性等的判断,都较为一致而少有例外。随着 1997 年《刑法》的大修增加组织类反恐罪名开始,除却本已存在的典型的实施类、结果类的恐怖活动犯罪罪名,各种准实施类、组织类、资产类、信息类、技能类、载体类及其他类型的恐怖活动犯罪罪名在历次刑法修正案中不断涌现,这一方面导致了规制标准层面的反恐边界扩张;另一方面也致使规制标准层面的预先规制更加凸显。

具体而言,上述变化突出表现在以下三个方面:其一,规制发动的前移,这从实施类、结果类的恐怖活动犯罪向准实施类、组织类等的扩展可以看出;其二,规制要素的丰富,这从组织类、资产类、信息类、技能类、载体类等恐怖活动犯罪的渐次出现可以看出,反映出反恐的阵线深入了社会生活的方方面面;其三,规制行为主体的分立,这可以从共犯行为主体从实行行为主体的反恐罪名中逐渐剥离显现出来,越来越倾向于用独立的罪名进行规制,客观上赋予了社会公众更多的反恐法律义务。这些预先规制的规制标准回应了社会变迁给公众和恐怖主义活动带来的新变化,以不同于传统恐怖活动犯罪罪名的判断标准对当下恐怖活动犯罪的社会危害性、人身危险性进行了判断,由此产生了预防性反恐刑法罪名在行为的实行性、行为的类型性、行为主体的区别性等方面的差异。因此,以反恐边界扩容与预先规制相结合是目前我国反恐刑法规范规制标准"预防性"的表现。

四、规制后果的"预防性"表现

从我国当下反恐刑法制裁体系的规制后果进一步观察,反恐刑事制裁的规制后果呈现出新罪名的添附下配置刑罚的不断增加、刑罚措施的不断创试,形成了刑法量刑制度与刑罚执行制度相配合、刑法惩处与行政法处遇相衔接的"预防性"形象。具体而言,1979 年《刑法》将尚处于萌芽状态的恐怖主义及其活动纳入普通刑事犯罪的防控体系进行处理,这在刑罚配置方面也都是纳入统一的普通刑事犯罪进行规定的。1997 年《刑法》及后续的历次刑法修正案则在普通刑事犯罪罪名和预防性反恐刑法罪名增设、法定刑配置的基础上,不断修正、丰富刑罚的配置、刑罚的执行制度、刑罚与行政处罚的衔接制度等。具体表现如下。

其一,增加罪名刑档,添附相应的财产刑,这在多数新增的反恐刑法罪名中都得到了体现。例如,在《刑法修正案(九)》之前,《刑法》第 120 条规定的"组织、领导、参加恐怖组织罪"配置的刑罚种类包括管制、拘役、有期徒刑、无期徒刑、剥夺政治权利,并不含财产刑,在通过该罪名设置的刑罚对组织、领导、参加恐怖组织的行为人进行处罚时,难以剥夺其犯罪的经济能力,为此,《刑法修正案(九)》专门在该罪名原有刑罚配置的基础上,增设了财产刑,即增设了"并处没收财产""并处罚金""可以并处罚金"的规定。

其二,修改刑罚的度量制度。例如,2011 年通过的《刑法修正案(八)》,主要加大了对恐怖活动犯罪的惩罚力度,修改了特殊累犯的规定,将《刑法》第 66 条修改为"危害国家安全犯罪、恐怖活动犯罪、黑社会性质组织犯罪的犯罪分子,在刑罚执行完毕或者赦免以后,在任何时候再犯上述任一类罪的,都以累犯论处";严格缓刑的适用条件,将《刑法》第 74 条修改为"对于累犯和犯罪集团的首要分子,不适用缓刑";修改死刑缓期执行和假释的相关规定,《刑法修正案(八)》在原有《刑法》第 50 条规定的基础上增加一款,“对被判处死刑缓期执行的累犯以及因故意杀人、强奸、抢劫、绑架、放火、爆炸、投放危险物质或者有组织的暴力性犯罪被判处死刑缓期执行的犯罪分子,人民法院根据犯罪情节等情况可以同时决定对其限制减刑”;将《刑法》第 81 条修改为“对累犯以及因故意杀人、强奸、抢劫、绑架、放火、爆炸、投放危险物质或者有组织的暴力性犯罪被判处十年以上有期徒刑、无期徒刑的犯罪分子,不得假释”。由于恐怖活动犯罪大都与“有组织的暴力犯罪”有关,因此,上述条款也应适用于符合条件的恐怖活动犯罪,从而间接地加重了对恐怖活动犯罪的处罚,使刑罚减免更加克制。

其三,设置“安全防范”项下的特殊处置措施。例如,《反恐怖主义法》第 29 条规定:“对被教唆、胁迫、引诱参与恐怖活动、极端主义活动,或者参与恐怖活动、极端主义活动情节轻微,尚不构成犯罪的人员,公安机关应当组织有关部门、村民委员会、居民委员会、所在单位、就读学校、家庭和监护人对其进行帮教……监狱、看守所对恐怖活动罪犯和极端主义罪犯,根据教育改造和维护监管秩序的需要,可以与普通刑事罪犯混合关押,也可以个别关押。”《反恐怖主义法》第 30 条规定:“对恐怖活动罪犯和极端主义罪犯被判处徒刑以上刑罚的,监狱、看守所应当在刑满释放前根据其犯罪性质、情节和社会危害程度,服刑期间的表现,释放后对所居住社区的影响等进行社会危险性评估……罪犯服刑地的中级人民法院对于确有社会危险性的,应当在罪犯刑满释放前作出责令其在刑满释放后接受安置教育的决定……”使刑罚的执行制度变得更加周延。

其四,不断完善职业禁止和禁止令,“犯罪情况和预防再犯罪的需要”鲜明传递了立法追求积极一般预防的司法效果,[1]使恐怖活动犯罪实行行为及其周边行为的犯罪情况和预防情景得到有效判断或预判。

---

〔1〕 参见赵秉志、袁彬:《刑法最新立法争议问题研究》,江苏人民出版社 2016 年版,第 204～212 页。

第三节 我国预防性反恐刑法的演变趋势

《刑法》与《反恐怖主义法》共同建构了反恐的刑事制裁体系。通过《刑法修正案(三)》《刑法修正案(八)》《刑法修正案(九)》的不断修正,我国刑法基本形成了核心恐怖活动犯罪与边缘恐怖活动犯罪并举、惩罚性与预防性处罚并用、内容规制与形态规制兼有的反恐罪名体系。可以说,“我国目前的恐怖活动罪名体系在一定程度上正是恐怖活动体系化认识的结果”,〔1〕这种认识与现实之间不可避免地存在一种主动或被动的情绪。从整体来看,应对民意现状的“政治力学”反射和恐怖主义活动的“剧场效应”,刑法的回应更多地透露出一种被动姿态。从国际层面来看,“晚近以来,国际反恐公约以及各国反恐刑事立法在惩治恐怖活动犯罪的范围方面呈现出三个重要的趋势:一是由实行犯扩大到非实行犯;二是从作为犯扩大到不作为犯;三是从实害犯扩大到危险犯”。〔2〕从我国来看,进一步剖析我国预防性反恐刑法规范的演变趋势,可以看出我国预防性反恐刑法规范呈现出规制发动由碎片化向类型化转变、规制客体由核心化向周边化转变、规制样态由重客观向偏主观转变、规制效果由部门性向综合性转变。

一、规制发动由碎片化向类型化转变

在日渐严峻的反恐形势下,我国对原反恐刑事立法进行了系统修正,刑事反恐领域预防性立法“已由碎片化条款转变为类型化立法”,〔3〕恐怖活动犯罪的规制方式也随之实现了由碎片化向类型化的转变。

〔1〕 倪春乐:《“预防性”正义及其风险——中国反恐刑事立法审视》,载《上海政法学院学报(法治论丛)》2018年第2期。
〔2〕 王志祥、刘婷:《恐怖活动犯罪刑事立法评析——以〈刑法修正案(九)〉为重点的思考》,载《法治研究》2016年第3期。
〔3〕 何荣功:《预防刑法的扩张及其限度》,载《法学研究》2017年第4期。

犯罪规制方式的选择在一定程度上决定了刑法的打击面及手段,传统的规制以充足犯罪构成要件形态的方式进行,对应的刑法范式也是"反应式的",而"预防是警方和情报部门应处理的问题,而不是检察官和刑事法院应处理的问题,后者的任务是判定已过去事件的法律责任,而不是防止危险"。[1] 在这样一种视角下,反恐的规制依附于充足犯罪构成要件,呈现出碎片化的样态。在当下的反恐刑法领域,越来越多的预备行为、共犯行为开始独立化,其规制方式呈现出向类型化转变的趋势。不同于传统以法益损害事实发生才被动介入的"事后干预性刑法",当下"预防性刑法"开始强调刑法的积极介入,法规范前置化现象比较普遍,[2] 由此也形成了反恐刑法的"预防性"面向。

在《反恐怖主义法》制定前,行政法领域缺乏对恐怖活动违法行为的一般性规制,《治安管理处罚法》《行政处罚法》等法律法规在该领域的制裁明显处于缺位状态,对危险物品管控、出入境管理、网络信息监控等规定散见于不同法律法规之中,在反恐怖工作体制、军事力量介入恐怖事件处置、情报预警、善后恢复、反恐训练和演习等方面尚属法律空白。[3] 在刑事法领域,对恐怖活动相关的犯罪规制集中在组织、领导、参加恐怖组织罪、资助恐怖活动罪、故意传播虚假恐怖信息罪、洗钱罪以及恐怖活动直接导致的人身犯罪等,零碎性地对恐怖活动的组织、资助、实施行为进行防控。在《反恐怖主义法》制定后,对其思想诱因、人员认定、行为内容、防控原则等基本结构内涵进行了统一规定,为全民、多部门、跨领域实现恐怖活动防控奠定了基础,破除了以前"孤点打击"的局面,建构了更加全面的防控体系。

此外,当前的反恐立法有效衔接了行政法领域与刑事法领域对恐怖活

---

[1] [意]弗朗西斯科·维加诺:《意大利反恐斗争与预备行为犯罪化——一个批判性反思》,吴沈括译,载《法学评论》2015年第5期。

[2] 参见何荣功:《"预防性"反恐刑事立法思考》,载《中国法学》2016年第3期。

[3] 参见赵秉志:《略谈〈反恐怖法〉的立法定位》,载《法制日报》2014年5月28日,第9版。

动的防控,形成了行政罚与刑罚的轻重阶梯,为恐怖活动违法犯罪行为打击的合比例性提供了依据。正如有学者所言,恐怖活动规制方式也落入了预防性犯罪化实践"当前的规范图谱",即"从司法上未遂入罪化到立法上预备实行化,从打击为自己的预备到打击为他人的预备,从规制犯罪的预备到规制所有违法犯罪行为的预备"。[1]

二、规制客体由核心化向周边化转变

在论述犯罪与恐怖主义的联系时,犯罪尤其是轻微犯罪与恐怖分子的招募、犯罪对恐怖活动的资助以及犯罪与恐怖主义的相互作用缩短了恐怖主义与恐怖活动犯罪之间的联系,由此也揭示出对某些行为的去犯罪化可以抽空恐怖分子和有组织犯罪资源的路径。[2] 在近现代刑法的发展历程中,刑法的法益保护机能是被承认的社会机能之一,从犯罪的类型构造、判断路径等方面来说,至少都要考虑到"对于法益侵害、危及的结果无价值"的实质违法性判断,即便是重视违反国家、社会的伦理规范,脱离社会相当性的行为无价值的立场,也承认没有发生法益侵害事态的就不违法。[3] 然而,在现代风险充斥的社会环境中,危险愈加呈现出潜在性、广泛性以及积累性、连锁性,应对这种危险的国家装置及其内容就产生了新的变化,犯罪行为的法益关联开始稀薄化,征表刑法规制内容的犯罪类型划分开始模糊化,同时,恐怖活动违法犯罪规制的内容也由核心化向周边化转变。

传统刑法规制内容的核心化集中表现在犯罪行为与法益关联的紧密性,从我国刑法以往对恐怖活动犯罪行为进行的规制来看,表现为恐怖主义

〔1〕 郭旨龙:《预防性犯罪化的中国境域——以恐怖主义与网络犯罪的对照为视角》,载《法律科学(西北政法大学学报)》2017 年第 2 期。

〔2〕 See Florence Gaub and Julia Lisiecka, *The Crime-terrorism Nexus*, European Union Institute for Security Studies, No. 4, 2017, p. 1 – 4.

〔3〕 参见[日]关哲夫:《现代社会中法益论的课题》,王充译,载《刑法论丛》2007 年第 2 期。

行为罪、恐怖主义组织罪以及恐怖主义关联罪三类,[1]即打击有迹可循的特定"恐怖活动"、打散"恐怖组织"以及切断恐怖活动资金来源等,主要触犯的是组织、领导、参加恐怖组织罪,资助恐怖活动罪,洗钱罪,爆炸罪,故意杀人罪等罪名。这些罪名的设置反映出规制行为与相关法益的紧密关联。在当下刑事反恐领域,犯罪行为与法益的紧密关联却呈现出解绑的趋势,反恐刑事立法突破传统刑法罪名行为的核心表征,规制内容不断向周边扩展。

《刑法修正案(九)》进一步织密反恐刑事法网,对有助于恶化为现实恐怖活动的前期宣扬恐怖主义思想的行为,制作、传播、持有涉恐物品的行为,帮助实施恐怖活动的行为以及附带的强制穿戴涉恐标志的行为等进行了犯罪化立法,形成了以核心行为为关节点,以周边行为为辅助,使法益保护早期化、刑法介入提前化。对于反恐刑法中出现的这种预防化趋势,在英国学者安德鲁·康福德(Andrew Cornford)教授看来,其"功能是在传统犯罪尝试(offenses of attempt)过程的更早期阶段捕捉犯罪行为",它们"类别宽泛,包括许多常见的犯罪类型"。[2] 我国学者张明楷教授也指出,《刑法修正案(九)》关于恐怖活动犯罪的规定,在总体上具有法益保护早期化、处罚范围扩大化与处罚程度严厉化的特点;从构成要件的角度来说,则存在帮助犯的正犯化、预备犯的既遂化与构成要件的交叉化三个特点。[3] 这些特点充分说明,我国反恐刑法立法的预防性面向愈加明显,也将成为未来反恐刑法立法的必然趋势。此外,在《反恐怖主义法》中,反恐举措的全方位构建也显示出这种预防性的面向,使得恐怖活动的防控不再只是特定部门、人员的专门职责,更是事关组成安定社会秩序的单位、个人的全体义务,需要在社会管理的各个领域中落实防控责任。

---

〔1〕 参见莫洪宪、王明星:《我国对恐怖主义犯罪的刑法控制及立法完善》,载《法商研究》2003 年第 6 期。

〔2〕 Andrew Cornford, *Preventive Criminalization*, New Criminal Law Review, No. 1, 2015, p. 3 – 4.

〔3〕 参见张明楷:《论〈刑法修正案(九)〉关于恐怖犯罪的规定》,载《现代法学》2016 年第 1 期。

三、规制样态由重客观向偏主观转变

恐怖主义及其活动的产生和形成有其特有的历史背景、现实土壤、思想根源和利益诉求，这导致恐怖活动犯罪的规制样态也有其独特之处，而且随着恐怖主义及其活动在时间、空间等层面的变迁，刑法规制样态越来越鲜明地显现出由重客观向偏主观转变。换言之，预防性反恐刑法规范体现的是"以预防为中心的刑罚目的理论以及行为人刑法的观念"。[1] 具体而言，一方面，反恐刑法隶属于刑法中的一部分，因此，其规制样态自然要受刑法规制样态规则的约束，对恐怖主义及其活动的刑法规制要受刑法所具有的行为样态规制的制约。这决定了恐怖活动犯罪规制以行为、结果的现实化为典型样态，这可以从1979年《刑法》和1997年《刑法》主要或大部分将涉恐怖主义的犯罪化归到不同类型的普通刑事犯罪进行规制中看出。这种行为不法的规制样态将恐怖主义及其活动的思想根源剥离出来，重点考察恐怖主义及其活动的行为性、危害性；同时，使得恐怖主义及其活动的行为性、危害性的判断和量化具有较为坚实的事实基础，从而避免仅凭行为人单纯的主观意图、观念出罪入罪。

另一方面，对恐怖主义及其活动的刑法规制又要嵌入恐怖主义及其活动所特有的特征，尤其是新的背景下反恐举措的预防性新动向，方能达到刑法规制恐怖活动犯罪的必要性、正当性、可行性和实效性。恐怖活动犯罪具有不同于世俗世界的价值体系、合法性和正当性的机制以及道德观念，以人权保障为原则的刑法难以有效、充分发挥其作用，这就要求刑法对恐怖活动犯罪的规制在必要性、正当性的基础上又必须考虑其可行性、实效性。考虑恐怖活动主观方面的特殊性及规制可能的特殊性，"宽严相济""敌人刑法"等刑事政策或理念就被提出并被热烈讨论。然而，正如有学者所言，严格的

---

〔1〕 车浩：《刑事立法的法教义学反思——基于〈刑法修正案（九）〉的分析》，载《法学》2015年第10期。

刑事政策不利于对恐怖活动人员的区别对待、分化瓦解，建立在传统刑法思维之上的宽严相济刑事政策也似乎对提出切实可行的打击和预防恐怖活动犯罪的措施力有不逮。有鉴于此，提倡对恐怖活动人员，应在区别“敌人”和“人民”的基础上分别适用不同的规制方式，以符合“重重轻轻”刑事政策的合理内核，针对不同的恐怖活动人员实行不同的刑事政策，对不能改造者进行无害化处理，对能够改造者尽力改造，使“重者更重、轻者更轻”，以实行报应和预防不同的刑罚目的。[1]

在慎重考察恐怖主义及其活动规制特殊性的基础之上，刑法不仅在刑事政策、刑法理念上对恐怖活动犯罪有所区别，而且在行为类型性的罪名设置上也呈现出不同。例如，1997年《刑法》更加注重对恐怖主义及其活动有客观助益的组织行为、资助行为等，后续的历次刑法修正案更是不断加强对实施类恐怖活动之前的涉恐怖主义的行为的规制，如扩展资助行为为帮助行为、提前实行行为至预备行为、深化器物性行为至精神性行为、延伸个体性行为至共谋性行为、拓宽核心型行为至边缘型行为等，立法者将这些类型的行为入罪，固然抽取了相当的行为性，具有了达到刑法苛罚的程度，但是却在其间更多地注入了恐怖主义性质等主观的判断，导致恐怖活动犯罪的规制样态在重视行为、结果等客观不法的基础上更加偏向重视主观方面的不法，并成为不可扭转的趋势。

四、规制效果由部门性向综合性转变

犯罪行为的规制后果一端连接着已然的犯罪行为的危害评价，另一端连接着防控未然违法犯罪的效果追求。面对社会风险的新变化，相较于传统刑法的一般预防与特殊预防形成的刑法部门性的侧重格局，当下预防性反恐刑法呈现出规制后果的综合性新侧重。从传统刑罚配置的基础上增加

---

〔1〕参见舒洪水：《我国反恐应坚持“重重轻轻”的刑事政策》，载《理论探索》2018年第2期。

安置教育、特殊累犯、从业禁止等的设置显示出，刑法制裁的“一元面向”逐渐向刑法制裁与行政处置的“二元面向”蔓延拓展，规制后果的标准化配置不仅逐渐向轻轻重重的两极化分野，而且超越简单的制裁领域向矫正、修复等领域拓展，恐怖活动违法犯罪规制后果出现了由部门性到综合性的转变。

在传统行政法和刑事法领域，针对违法犯罪行为的行政罚和刑事罚，更多的是基于报应的常态，以修复被违法犯罪侵害的法益，以及客观伴随着报应所带来的特殊预防和消极的一般预防。在传统的刑事立法中，对恐怖活动犯罪的刑事罚是与一般犯罪的刑事罚规制精神相同的，并未显现出特殊的追求，对特定的恐怖活动犯罪行为配置相应的死刑、无期徒刑、有期徒刑、拘役、管制、罚金、剥夺政治权利以及刑事禁止令等刑事罚，即要达到惩罚恐怖活动相关人员，剥夺其再犯的能力，并对一般公众形成威慑，使之不敢实施恐怖活动犯罪。而针对刑罚威慑无效的反恐场合，反恐行政、刑事立法中规制后果的“预防性”面向被着重、全程强调。例如，《刑法修正案(八)》第7条将恐怖活动犯罪分子纳入特殊累犯的范围。《反恐怖主义法》第29条规定：“对被教唆、胁迫、引诱参与恐怖活动、极端主义活动，或者参与恐怖活动、极端主义活动情节轻微，尚不构成犯罪的人员，公安机关应当组织有关部门、村民委员会、居民委员会、所在单位、就读学校、家庭和监护人对其进行帮教……监狱、看守所对恐怖活动罪犯和极端主义罪犯，根据教育改造和维护监管秩序的需要，可以与普通刑事罪犯混合关押，也可以个别关押。”《反恐怖主义法》第30条规定：“对恐怖活动罪犯和极端主义罪犯被判处徒刑以上刑罚的，监狱、看守所应当在刑满释放前根据其犯罪性质、情节和社会危害程度，服刑期间的表现，释放后对所居住社区的影响等进行社会危险性评估……罪犯服刑地的中级人民法院对于确有社会危险性的，应当在罪犯刑满释放前作出责令其在刑满释放后接受安置教育的决定。”

上述特殊累犯规定和“安全防范”项下的特殊处置表明，在传统常态化部门性惩罚的基础上，考察恐怖活动违法犯罪特殊的生成和实现机制，防止恐怖主义滋生向恐怖活动实现、恐怖活动相关人员发展向恐怖分子转变等恶性孵化,“反恐不能主要依赖于犯罪之后的刑事制裁,而应着眼于犯罪之前的预防”。[1] 针对已经显现的恐怖活动相关人员,对其矫正和社会复归的过程给予特殊的关注,有效切断其再犯进程,实现特殊预防,甚至与“反恐怖主义宣传教育”并举,发挥积极的一般预防的效果,使人们不敢或不愿犯罪。此外,修改后的刑事诉讼法针对恐怖活动犯罪的特点,设置了限制犯罪嫌疑人相关辩护权、特殊侦查措施、提高级别管辖、特殊保护、涉恐资产没收等特别程序,[2]这充分体现出恐怖活动违法犯罪规制后果的综合性趋势。

---

〔1〕 周遵友:《德国反恐立法的发展》,载《社会稳定与反恐斗争学术研讨会论文集》,中国社会科学院法学研究所2012年版,第314页。

〔2〕 参见杜邈:《中国反恐立法的回顾与展望》,载《西部法学评论》2012年第6期。

第三章　我国预防性反恐刑法规范的问题检视

恐怖主义及其活动的日益猖獗以及相关后果的日益严重，使我国乃至世界各国在反恐刑法立法中的“预防性”趋势愈加明显，预防性反恐刑法规范的内容也日渐丰富。为应对不断恶化的恐怖活动犯罪形势，我国的反恐刑法在多次修改后，不仅形成了反恐刑事制裁刑法为主与诸法为辅相合力、反恐怖核心罪名与反恐怖边缘罪名相补充、反恐边界扩容与预先相结合、刑法量刑制度与刑罚执行制度相配合、刑法惩处与行政法处遇相衔接的静态格局，而且呈现出规制发动由碎片化向类型化转变、规制客体由核心化向周边化转变、规制样态由重客观向偏主观转变、规制效果由部门性向综合性转变的动态演变。尽管我国的预防性反恐刑法在应对恐怖活动犯罪方面发挥了积极作用，但从科学立法的更高标准进行检视就可以发现，规范自身及附带问题也待进一步完善。概括来看，这些问题主要表现在明确性不够、自洽性欠缺和系统性不足三个方面。

第一节　预防性反恐刑法的明确性不够

对于任何一个事物而言，明确地划定其内涵和外延是准确认识它的前提，也是将其与相近事物进行区分的关键。因此，对预防性反恐刑法这一反恐刑法立法中出现的新事物而言，明确界定其内涵和外延，具有非常重要的意义，这不仅是我们准确认识预防性反恐刑法的前提，而且是我们将预防性反恐刑法与传统反恐刑法进行区分的关键。要明确界定预防性反恐刑法的内涵和外延，必须把握三个关键要素：一是预防性反恐刑法中包含的"恐怖主义"等相关概念；二是预防性反恐刑法中的"预防性"；三是预防性反恐刑法所指向的标签化后果。从我国现行预防性反恐刑法规范来看，预防性反恐刑法的明确性仍然不够，主要表现在涉恐定义、预防面向等方面。

一、涉恐定义

从学理上来看，恐怖主义及其活动非常复杂，是个集合体，涉及很多方面，无法对其进行简单界定，必须将所涉及的相关要素界定清楚，才能对其有一个清晰、明确的把握。众所周知，恐怖主义从萌芽到壮大再到当下的全球蔓延，伴随社会背景的嬗变内容和目的指向均出现了较大转变，由此也导致各国对恐怖主义规制态度的明显变化。然而，无论是国际上还是国内，涉及恐怖主义的相关定义非常混乱，存在较大的争议，争议焦点集中在恐怖主义是否具有正义性、是犯罪行为还是战争行为、是否必须具有政治目的、是否必须以平民为袭击对象、国家能否作为恐怖主义行为主体等方面。[1]

在刑法规制方面，更是呈现出对其行为由传统危害行为向组织参与行为、预备行为、宣扬煽动行为甚至伪中性行为等转变，而所有这些行为的类

---

〔1〕 参见冯卫国、贾宇、尚进：《恐怖主义定义相关分歧之辨析》，载《法学论坛》2018 年第 5 期。

型化设定都离不开对恐怖主义及其核心要素的明确界定。以我国《刑法修正案(九)》增设的“非法持有宣扬恐怖主义、极端主义物品罪”为例,要正确理解和适用该罪名,就必须对“恐怖主义”“极端主义”以及相关物品进行界定,这种界定必须与“正当民族宗教规范的界分以及刑法规范与民族宗教规范的对接等”相契合,〔1〕否则,相关的界定以及对恐怖主义犯罪刑法规定的理解就会出现偏差。毫无疑问,在当下恐怖主义及其活动给社会带来的危害日益严重的现实境况下,国际社会形成了对恐怖主义及其活动严重危害性的高度共识。但是,对于“恐怖主义”及其相关概念的内涵和外延的界定,国际社会中并未形成较为统一的意见。对于围绕“恐怖主义”存在的“恐怖活动”“恐怖(活动)组织”“恐怖活动犯罪”等相近概念均呈现出界定混乱的现象,对于“恐怖主义”属于国际犯罪还是国内犯罪,也没有形成统一认识。上述这种现状,不仅影响了反恐刑法立法的科学性,而且影响相关涉恐行为的行为定性和评价以及行为主体的归责。

以预防性反恐刑法规范中经常出现的“恐怖活动”的界定为例。恐怖活动,简单来说,就是指恐怖分子在恐怖主义、极端主义思想的刺激、指导下实施的一系列造成社会恐慌的严重危害社会的行为。但是,要真正实现对“恐怖活动”内涵和外延的准确把握,仅通过上述界定是不够的,还必须对其中的要素进行仔细分析,这些要素至少涉及行为主体、行为范围、行为类型、行为后果等方面。具体如下。

从行为主体层面来看,哪些人能够被评价为恐怖人员、恐怖分子直接影响了对其活动的定性问题。实践中,除了恐怖主义思想的“坚定信仰者”“追随者”“践行者”外,也有受这些人煽动、宣扬、蛊惑、欺骗、威胁的“第二梯队”人群,还有基于自己的业务开展而与“中坚”分子、“第二梯队”等打交道的人群,甚至还可能涉及因错误认知、判断而与前述人群、涉恐怖主义的物

---

〔1〕 苏永生:《在刑法规范与社会事实之间——宣扬恐怖主义、极端主义物品之司法判定问题研究》,载《河南大学学报(社会科学版)》2018 年第 1 期。

品等有所关联的人群等。从刑事立法和司法实践来看,对恐怖活动主体范围的划定和把握并没有一个相对明晰的标准,尤其是越外围的人群,对其认定的争议越大。

从行为范围层面来看,行为的范围直接影响着社会生活中行为的“禁”与“行”。根据行为的反伦理性、反社会性的程度由重到轻的阶梯差异,形成了公法领域的犯罪行为与违法行为的划分。在犯罪行为的圈内,刑罚的轻重也直接指向行为社会危害性的轻重,而决定行为社会危害性轻重的是行为的类型、行为所指向法益的重要程度以及行为的实现程度。从这个角度来看,恐怖活动的行为范围则存在多角度的交叉或重叠,如前文所述,既有典型的实施类、结果类的恐怖活动犯罪行为,也有各种准实施类、组织类、资产类、信息类、技能类、载体类及其他类型的犯罪行为。实施类、结果类、准实施类的恐怖活动犯罪行为当然具有典型的行为性,但是其他如组织类、资产类、信息类、技能类、载体类行为,对其行为定性则存在争议,如何对其进行准确判断并将其纳入恐怖活动行为的范畴,无论在立法上还是司法上,均需要更加充分的说理。

从行为类型层面来看,如上文对行为范围的剖析,根据不同的标准,恐怖活动犯罪行为可以被划分为不同的类型。例如,根据与恐怖主义的关联程度,可以分为核心型恐怖活动犯罪行为和边缘型恐怖活动犯罪行为;根据行为实施的程度,可以分为实施型恐怖活动犯罪行为、准实施型恐怖活动犯罪行为和情节补强型恐怖活动犯罪行为。但是,从我国目前的刑法立法来看,除了典型的划归普通刑事犯罪的恐怖活动罪名的行为类型性有较为一致的共识外,对其他的预防性恐怖活动罪名或多或少都存在行为类型性上的争议,由此也直接影响了实践中相关罪名适用的论证。

从行为后果层面来看,通常来讲,犯罪皆有后果,但是刑法上却对后果和结果(与行为犯相对的结果犯之“结果”)做出了实质的区分,这也就导致刑法上恐怖活动犯罪特别是预防性恐怖活动犯罪行为后果的限缩。然而,刑法技术上的专门限缩并未实质上起到对恐怖活动行为的有效限缩，这直接体现为恐怖活动犯罪立法规定和司法认定中过于宽泛的现象，由此也影响了其正当性和立法目的的实现。

就恐怖(活动)组织的界定而言，恐怖组织是恐怖主义萌生、发展、扩散的客观媒介和当然后果，但是，在刑法意义上，对恐怖组织的相关认识目前却还仅仅停留在司法认定或行政程序认定的结果上，由此导致在恐怖组织的刑法规制中，对其前端的恐怖主义生发根源和后续的恐怖违法犯罪行动后果缺乏应有的关联性预判和处置，进而使反恐刑法的功能发挥大打折扣。因此，对恐怖(活动)组织在社会学、犯罪学乃至历史学、政治学等领域的深刻剖析尤为关键。在全球反恐趋势日趋严峻的背景下，我国对恐怖主义滋生、演变、蔓延以及现实化的主体结构必须有更加清晰而准确的认识，对其结构的要素、组合等都要充分把握。

此外，在反恐刑法立法和司法中存有争议的问题是：恐怖主义是一种国际犯罪还是国内犯罪？对其应进行国际刑法的规制还是国内刑法的规制？这一在恐怖主义界定和规制中的地域争议，直接关系恐怖活动犯罪的构成和管辖问题。对此，有学者认为，恐怖主义是各国为了追求更广泛的治理目标而利用的一种政策罪行，国际刑法并不是满足更多安全需要的适当机制，因为它的主要目标是象征性的，并在其他地方有促进法治和打击有罪不罚的文化，因此，无须过分注重其国际罪行方面的性质。[1] 不过，在当前全球恐怖主义持续蔓延和恐怖活动犯罪不断演变升级的背景下，恐怖活动犯罪的国际侧面也不容忽视，尤其是在打击和预防恐怖活动犯罪的大势中，有些国家在客观上已经使用了“恐怖主义罪刑”的用语，并由此来强化自身的执法权甚至发动军事反恐战争，这些客观事实进一步彰显了区分恐怖主义是国际犯罪还是国内犯罪抑或二者兼有的重要性。从我国现有的反恐刑法规

〔1〕 See Marina Aksenova, *Conceptualizing Terrorism: International Offence or Domestic Governance Tool?*, Journal of Conflict & Security Law, Vol. 20, No. 2, 2015, p. 277 – 299.

范来看,尚未对此进行区分,这不利于反恐刑法规范的完善和反恐国际合作的推进。

二、预防面向

虽然当下全球和国内恐怖主义及其活动的新变化导致包括我国在内的多数国家的反恐刑法呈现出显著的预防性趋势和面向,但是,包括我国在内的学界对于这种预防性趋势和面向及其后续抉择并未显示出一边倒的肯定之声;相反,对预防性的趋势和面向持保留意见、审慎观望乃至质疑者皆有存在。在我国,预防性的趋势和面向虽然已经从反恐刑法的新近修订中体现出来,但质疑和忧虑之声也不绝于耳,对预防性反恐刑法的趋势在不断加深认识的基础上,对"预防性"本身的模糊性带来的我国反恐刑法的模糊性和风险性讨论也在不断深入。

事实上,"预防性"作为一种特征的概括、趋势的描述,在不断与刑法规范进行整合的过程中,逐渐剥离了原先的描述性色彩而不断加深了规范化色彩。但是,现实的反恐刑事立法中却呈现出规范化与描述性的冲突,由此导致所形成的反恐刑法具有一定的模糊性。具体而言,由于"预防""预防性"这两个术语作为诊断标签本身是一种描述性概念,它能够使我们对分散在复杂的代码体系中的某些犯罪进行分类和描述,并在归纳中提供一个实践理论的基本框架,却由于过分依赖于充满情感的"朋友—敌人"二分法,使客观标签变得不可能从本质上导致一种结果性的逻辑。因而,"预防""预防性"这两个术语本身的内涵有着鲜明的立场表达、显著的价值预判和清晰的未来目标,清晰地评判着未然事件后果的严重程度与概率高低、构造着可能超越现实固化损害的制裁后果。前述种种特质渗入反恐刑法规范之中,亦造成了刑法规范在立场理念的抽象性、价值评判的预判性和目标设定的将来性,由此也使反恐刑法在立法设定和司法适用中都饱受模糊性的困扰,产生了诸多让人诟病的问题。

此外,预防性反恐刑法规范本身的规制风险也越来越突出。一方面,预防性反恐刑法规范的设置适应了新型恐怖主义及其活动的演变发展,在一定程度上提升了规制的技术优越性和结果有效性,这在全球和我国都是有目共睹的。但是,另一方面,预防性反恐刑法规范的大量引入也使原本较为稳定的刑法规制体系以及蕴含其中的理念、原则、路径、技术出现了原则之上的"例外",例外地突破了已有的自由与秩序、权利与义务、权力与职责等范畴的制约,超越了刑法规范长期以来形成的平等原则、谦抑原则、比例原则的指导,使反恐刑法规范的效用性与妥适性产生龃龉。对此,很难用原有的规制理念、原则、技术机械地评价当下反恐立法及反恐格局,也一时难以发展出较为完备的预防性反恐刑法的效用性与妥适性评判技术。因此,预防性反恐刑法规范的预防面向问题虽然引发了较为激烈的质疑,但并未就如何解决这种问题或风险形成较为一致的共识;相反,对这种规制本身带来的风险的认知产生了较为鲜明的二分法,如有学者以错误的否定(false negatives)和错误的肯定(false positives)来说明预防性反恐刑法之规制风险,指出对未知风险的直接刑法反应,其结果的错误性也是不可知的,[1]并得出"运用刑法预防风险才是我们当下社会最大的风险"[2]的结论。

三、恐怖标签

除上述对恐怖主义和预防面向方面的相关问题外,预防性反恐刑法规范的明确性问题还直接导致恐怖标签的"泛化",同时,这也反向助推和加剧了明确性的不足。目前,我国对恐怖主义相关的认定工作基本确立了"行政认定"和"司法认定"两种模式:"行政认定"模式主要是指由负有反恐职责

---

〔1〕 See David Cole, *The Difference Prevention Makes: Regulating Preventive Justice*, Criminal Law and Philosophy, No. 9, 2015, p. 505.

〔2〕 王强军:《实用主义刑法修正的进化论观察》,载《政法论丛》2018 年第 1 期。

的国家反恐怖主义工作领导机构对“恐怖活动组织”“恐怖活动人员”进行认定，并向社会予以公告，同时，国务院公安部门、国家安全部门、外交部门和省级反恐怖主义工作领导机构因反恐工作需要认定恐怖活动组织和人员的，应当向国家反恐怖主义工作领导机构提出申请；“司法认定”模式主要是指有管辖权的中级以上人民法院在审理相关的涉恐案件时，根据实际案情自主认定“恐怖活动组织”和“恐怖活动人员”。

具体而言，在我国恐怖活动犯罪的刑事管辖方面，从公安部发布的《现行公安机关刑事案件管辖分工汇总》（公安部法制局二处）的部门规范性文件可以看出，在公安机关内部，国内安全保卫局、经济犯罪侦查局、刑事侦查局、边防管理局、网络安全保卫局、反恐怖局等具体职能部门有详细的分工，如在国内安全保卫局管辖的 32 种案件中，至少涉及 5 种恐怖活动犯罪案件；在经济犯罪侦查局管辖的 89 种案件中，至少涉及 2 种恐怖活动犯罪案件；在刑事侦查局管辖的 125 种案件中，至少涉及 3 种恐怖活动犯罪案件；在边防管理局管辖的 4 种案件中，至少涉及 1 种恐怖活动犯罪案件；在网络安全保卫局管辖的 7 种案件中，至少涉及 1 种恐怖活动犯罪案件；在反恐怖局管辖的 7 种案件中，至少涉及 7 种恐怖活动犯罪案件。具体见表 3 – 1。

表 3 – 1　公安机关对涉恐案件的内部管辖一览表

主管部门	案件管辖内容	备注
国内安全保卫局（共 32 种）	1. 宣扬极端主义案（与反邪教局共同管辖，《刑法》第 120 条之三）； 2. 利用极端主义破坏法律实施案（与反邪教局共同管辖，《刑法》第 120 条之四）； 3. 强制穿戴宣扬极端主义服饰、标志案（与反邪教局共同管辖，《刑法》第 120 条之五）； 4. 非法持有宣扬极端主义物品案（与反邪教局共同管辖，《刑法》第 120 条之六）； 5. 拒绝提供极端主义犯罪证据案（与反邪教局共同管辖，《刑法》第 311 条）等	

续表

主管部门	案件管辖内容	备注
经济犯罪侦查局(共89种)	1. 帮助恐怖活动案(以资助方式实施的帮助行为,《刑法》第120条之一第1款); 2. 洗钱案(《刑法》第191条)等	刑事侦查部门和国内安全保卫部门、反恐怖部门在办理组织、领导、参加恐怖组织案件过程中,发现帮助恐怖活动案的,应当一并办理,不再移交,经济犯罪侦查部门应当积极协助、配合
刑事侦查局(共125种)	1. 编造、故意传播虚假恐怖信息案(《刑法》第291条之一第1款); 2. 放火案、爆炸案等	
边防管理局(共4种)	偷越国(边)境案等	
网络安全保卫局(共7种)	帮助信息网络犯罪活动案(《刑法》第287条之二)	网络安全保卫部门发现主要犯罪行为通过网络实施的宣扬恐怖主义、极端主义、煽动实施恐怖活动案,非法持有宣扬恐怖主义、极端主义物品案……以及非法生产、销售窃听、窃照专用器材案的,可以立案侦查,其他有关办案部门应当积极协助、配合
反恐怖局(共7种)	1. 组织、领导、参加恐怖组织案(《刑法》第120条); 2. 帮助恐怖活动案(以培训招募、运送人员方式实施的帮助行为,《刑法》第120条之一第2款); 3. 准备实施恐怖活动案(《刑法》第120条之二); 4. 宣扬恐怖主义、煽动实施恐怖活动案(《刑法》第120条之三); 5. 强制穿戴宣扬恐怖主义服饰、标志案(《刑法》第120条之五); 6. 非法持有宣扬恐怖主义物品案(《刑法》第120条之六); 7. 拒绝提供恐怖活动犯罪证据案(《刑法》第311条)等	

表3-1中所列案件仅仅是根据直接与恐怖主义相关的罪名进行的分类,从司法实践中的具体操作来看,对被标记为恐怖分子或者恐怖组织实施的恐怖活动,自始并不缺乏对其进行规制的刑法罪名。例如,针对严重危及公民生命、健康的故意杀人、严重伤害、绑架、爆炸、劫持航空器等恐怖活动犯罪行为,传统的刑法罪名即可对其进行规制,除了有核心的恐怖主义罪名外,也囊括了为数众多的普通犯罪罪名。从我国现行的制度安排来看,在所有可能涉及"恐怖活动组织""恐怖活动人员"的刑事案件中,认定的权限或者申请的权限除审判机关外,还被广泛分布到了不同的行政部门,司法机关在案件的处理过程中需要参考相关的认定材料或者清单。从这个视角来看,虽然现行的制度安排可以及时对恐怖活动组织、恐怖活动人员做出申请、认定,但存在的问题是将这种申请、认定权广泛地分布于相关行为审判之前的行政机关,可能出现将并不具有恐怖主义实质内涵的组织、人员被认定为"恐怖活动组织""恐怖活动人员"的情形。

第二节　预防性反恐刑法的自洽性欠缺

蕴含在预防性反恐刑法中的理念和内涵,伴随预防性反恐刑法罪名体系和内容层面的建构变得愈加清晰。不过,仔细剖析可以发现,潜藏在罪名体系和内容层面的问题也逐渐暴露出来。从预防性反恐刑法的罪名体系和内容层面来看,归根结底是要实现刑法设计与刑法理念的自洽、刑法规范与刑法原则的自洽,这种自洽性可以通过主体范围、行为样态、法益涵盖、罪责设置、刑罚配置等多个方面显示出来。因此,就我国预防性反恐刑法的完善而言,急需在前述这些方面进行细致而谨慎的考察。考察我国现行预防性反恐刑法规范可以看出,其存在自洽性欠缺问题,突出表现在法益要素、罪责要素、刑罚要素等方面。

一、法益要素

刑法是打击犯罪、保障人权的重要规范,其创设的目的之一就是保护法益,这也是其重要任务。一般认为,“法益不是立法制造发明的产物,而是立法对于已经存在的人类社会生活之核心利益发掘承认的结果。这些社会生活核心利益不仅是法律调整介入前即已存在的社会经验事实,而且深深根植于民众的普遍良知和道德共识之中,是人类社会生存发展所必需的经验法则和人类命运共同体所共享的价值准则。这些社会经验事实要从‘自然状态的利益’变身为‘法律状态的法益’,必须接受立法的评判、检验和遴选”。[1]不过,由于社会背景、历史环境和公众行为等领域的不断变化,法益的应然形态和现实状态都有着明显的不同,这一点对我们认识和诠释不同时期、不同环境的“法益”概念至关重要。因此,对于预防性反恐刑法规范而言,对其保护法益的认知和剖析,必须结合当下的恐怖活动犯罪的国内外形势、国家治理恐怖活动犯罪的立场和政策以及社会公众对恐怖活动犯罪行为防控的期待综合把握。相较于传统反恐刑法规范,预防性反恐刑法规范的保护法益呈现出虚化的特点,具体表现为法益危害性维度中形式法益危害(与实质法益危害相对)比例的上升、法益概率性维度中高概率法益危害(与低概率法益危害相对)地位的上升、法益内容性维度中精神性法益危害(与器质性法益危害相对)要素的上升等。

首先,预防性反恐刑法规范在法益危害性维度,其形式法益危害比例显著上升。刑法以关注实质法益危害为原则,传统刑法规范则是其典范,并将焦点放在对公民生命、健康、财产和重大集体法秩序等的现实、重大损害的完成上。这些都是实质法益危害的体现,具有显著的具体性、固定性和显著性。在传统反恐领域的法益危害性维度上,刑法同样重视实质法益危害。

---

〔1〕 田宏杰:《立法扩张与司法限缩:刑法谦抑性的展开》,载《中国法学》2020 年第 1 期。

但是,在预防性反恐刑法规范中,越来越多地出现了针对公民生命、健康、财产和重大集体法秩序等法益将来具有侵害危险且相较之下损害微量的侵害行为的规制,如在实质恐怖活动实施着手之前的预备行为、共谋行为、持有特定危险品的行为和煽动、宣扬、蛊惑等行为,形成了越来越多的形式法益危害,这些被侵害的法益具有不特定性、变化性和非显著性。显然,这显著提升了刑事法益危害的比例。

其次,预防性反恐刑法规范在法益概率性维度,其高概率法益危害地位明显上升。在各种不同的犯罪行为之中,不同行为的实施概率、实施完成概率、刑法规制概率都是不同的,对传统反恐刑法规范针对的不同恐怖活动犯罪而言,一般存在发生实施的低概率和规制制裁的高概率;而反观预防性反恐刑法规范所针对的恐怖活动犯罪行为,则存在发生实施概率较高和规制制裁概率较高的"双高"现象。此外,正如德国学者乌尔里希·齐白(Ulrich Sieber)教授所说的那样,"进行预防和侦查'嫌疑者'或'危险者'的需求在很大程度上使得刑事法上的反应和警察法上的排除危险之间的边界不再清晰",[1]如果我们在对涉嫌实施恐怖活动犯罪的相关人员进行侦查后所获取的证据资料难以充分证明犯罪嫌疑的存在,而仅仅能够在抽象意义上证明存在实施相关行为的安全风险时,就会使刑法的边界越发模糊不清。预防性反恐刑法规范中普遍存在的这种法益要素虚化的现象,还会导致打击恐怖主义的诉讼法、警察法、情报法中也出现对仅具有恐怖威胁甚至是抽象威胁的行为的全面防控,这客观上会加剧预防性反恐刑事案件的来源渠道,整体上提高了预防性反恐刑法罪名的法益危害概率。

最后,预防性反恐刑法规范在法益内容性维度上,表现出精神性法益要素上升的趋势。传统刑法规范因为在损害性维度更加重视具有具体性、固定性和显著性的实质法益危害,故在法益内容上形成了主要针对感知

[1] [德]乌尔里希·齐白:《刑法的边界——马普外国与国际刑法研究所最新刑法研究项目的基础和挑战》,周遵友译,载《刑法论丛》2008年第4期。

度、评判度较高的器质性法益，如造成的生命死亡人数、身体伤害程度、财产损失金额等，这些都是在当下社会环境和技术进路中已经成熟展开的。而预防性反恐刑法规范所涉及的罪名：一方面包含了这些要素；另一方面却更多地囊括了对恐怖主义及其活动所带来的潜在的、可能的、将来的、不特定的损失或者损害，以及在对这些损失或损害的预判之下所产生的不特定人群的恐慌情绪反应——不安全感，这更多的是一种精神层面的法益危害。

二、罪责要素

刑法近现代化的一项重要原则就是罪责刑相适应原则，这项原则的提出、确定和渗入，已经成为刑事立法和刑事司法自洽性的核心内容。在反恐刑法领域，因为涉及对公民基本权利的更大限制和公权力的扩大行使，因而罪与责的平衡就更受关注，罪责要素的妥适确立就成为判断这种平衡的关键。罪责要素是判断行为人和司法机关权利（力）、义务的重要标尺，一般涉及行刑标准的清晰、证明标准的厘定、证明责任的分配等多项内容。在预防性反恐刑法规范中，证明标准则成为罪责要素中最为重要的方面，证明标准的脱节则成为预防性反恐刑法规范罪责要素弱化的本质表现。

"责任主义"是近现代刑法确立以来实现罪责刑相适应原则的重要理论之一，也成为刑法领域的主要证明要求。传统刑法恪守自由主义和自由意志的立场，将支配行为现实化、结果固化的主观因素有机统一起来，建构了主观与客观的内在联系。然而，恐怖主义及其活动的最新形势逐渐改变了这种证明要求和内在联系，刑法学界都在为恐怖活动犯罪规制中的自由与安全、基本人权与合法权力的平衡在传统刑法建构中重新找寻"责任主义"的合适根基，力求将反恐新格局的规制需求嵌入统一的责任主义的体系中。以往部分国家在进行反恐刑法立法时，在主观构成要件的设置中尽量去掉意识形态的内容，比较重视对所规制的恐怖活动犯罪行为在客观方面的表现及其后果的描述。这种立法虽然表面上看是在"去政治化",实际上忽视了恐怖活动犯罪在主观罪责方面的特殊性,而且抛开主观而仅依据客观是难以将恐怖活动犯罪行为与其他严重危害公共安全的普通犯罪行为相区分的。

对预防性反恐刑法中出现的罪责要素弱化的现象,有学者从破旧立新的角度指出,"恐怖活动犯罪作为具有极端危害性的犯罪类型,对传统的责任原则带来挑战……适当引入'责任不自负'原则可以对遏制恐怖活动犯罪起到明显的抑制效果"。[1] 事实上,这种观点秉持的是目的理性的立场,即为了实现对恐怖活动犯罪的及时规制,在恐怖活动犯罪行为发生的早期阶段(如预备阶段或者预备前的阶段),便对相关行为进行刑法上的实质评价和判断。这种观点虽然从预防和打击恐怖活动犯罪的效率方面来讲会获得有力支撑,但其中暴露的手段上的不理性也值得关注,尤其是对行为危害性进行刑法实质判断的过于靠前,不仅会出现结论的不确定性,而且容易造成对权利的侵犯,与法治原则不相符。

预防性反恐刑法规范中罪责要素的弱化:一方面,可能使我国刑法界定犯罪的"立法定性+司法定量"模式逐渐出现危机,刑法中的犯罪与行政法中的违法的界限变得模糊;另一方面,我国刑事立法和刑事司法中入罪倾向与证明罪责要素之间可能产生冲突。具体而言,在罪量、轻重罪之间搭建应然关联的罪责要素中,刑法谦抑性的表达存在较大差异,在"立法定性+司法定量"的犯罪界定模式中,刑法的谦抑性精神主要体现在立法层面的非犯罪化上,而在"立法定性+立法定量"的犯罪界定模式中,犯罪化是刑法立法上的必然选择,其中,"罪量虚无型"立法和"微罪扩张型"立法作为具体产物,与谦抑精神的实质不相抵牾。[2] 但在此时,罪与非罪的明确界分也可能会因照本宣科而导致强迫就范的不当定罪,因为没有成为规则时,需要考虑

[1] 赵星:《遏制恐怖犯罪应适度引入责任不自负原则》,载《政法论坛》2015年第5期。
[2] 参见苏永生:《刑法谦抑主义的西方图景与中国表达》,载《法学杂志》2016年第6期。

到要有禁止处罚的明文规定;而有成文规则时,相同的考虑可能要求所有的案子都依法处罚,即使是那些明显超出了法治精神的。[1]

三、刑罚要素

在刑法体系中,判断哪些行为能进入刑事审判程序是罪量标准的考量范围,而进入刑事审判程序并达到了相应的事实与规范的契合,则会自然而然地导出犯罪的后果。就刑量过程而言,从一个行为的产出结果来看,刑量过程的妥适性虽然由前端的罪量及审判决定,但也具有独立的正义价值,甚至在当下重视社会治理的全新理念中,刑量过程这种后端举措更是影响了社会治理的整体效果。在反恐领域,刑法的这种刑量过程后端显得尤其重要,除了有传统反恐刑法体系建构的常规化的刑罚方式,在预防性反恐刑法规范的场景下,常规化的刑罚方式之外,新的刑罚方式被逐渐补充,刑罚方式显著分化。但是,分化的同时如果不建构相应的支撑举措,预防性反恐刑法的刑罚配置就会呈现"直接配刑模式"与"间接配刑模式"、"组合配刑模式"与"分类配型模式"相杂糅的格局。[2]

在预防性反恐刑法规范中,刑罚的确立和后续的执行都围绕着罪行轻重、人身危险性高低两个指标建构。在反恐这个特殊的领域,因应其特殊的社会危害机制和社会保卫背景,人身危险性高低的判断成为刑罚裁量和后续执行的重要关注点。因此,一方面,在刑法规范中建构了相应的将恐怖活动犯罪纳入特别累犯的裁量制度,体现出对构成特别累犯的行为人更加从重处罚的精神,加大了对恐怖活动犯罪的处罚力度;另一方面,严格缓刑的适用条件、修改死刑缓期执行和假释的相关规定、完善职业禁止和禁止令,

---

〔1〕 参见[美]保罗·罗宾逊、[美]迈克·卡希尔:《失义的刑法》,谢杰等译,上海人民出版社2018年版,第82页。

〔2〕 参见吴鹏:《恐怖主义犯罪刑罚配置模式之比较研究》,载《公安海警学院学报》2018年第4期。

以及设置“安全防范”项下的特殊处置措施，广泛引入帮教举措、完善关押举措、增设安置教育等社会治理的宏观举措。然而，刑罚的裁量和后续的执行都离不开“危险性评估”，“危险性评估”的基本价值是“标定危险”——标定犯罪人的危险程度，为危险控制奠定事实上、逻辑上的基础，从而为维护社会安全提供保障，为重返社会政策的实施提供保障，为推行矫正项目提供保障。[1]

就《反恐怖主义法》而言，虽然在“社会危险性评估”问题上作了相应的程序性规定，但对于“以何种手段”“用何种标准”来判断“危险”程度的大小，立法却仍未涉及。在目前我国的司法实践中，司法工作者对被追诉人社会危险性的评估，在方法上主要采取的是直觉法，即司法人员根据法律的规定和自己的经验，推估被追诉人的再犯可能性。[2] 从现实情况来看，我国当前虽然对“社会危险性”的适用已经较为常见，但是需通过司法解释、行政法或地方性立法方式，对危险性评估的相关细节标准作出统一规定。

第三节　预防性反恐刑法的系统性不足

刑法规范理念和立场的妥适与否显示了宏观指导的情况，体系与内容的自洽程度彰显了中观构造的格局。除此之外，刑法规范还需要从微观的规制技术与路径层面加以考察，方能形成一个自上而下、由显入微的立体思路。反恐刑法规范基本承继了刑法体系的规制技术与路径，其规制方式、行为类型、规制衔接等方面有效体现在传统反恐刑法的罪名设置、刑罚配置等主要内容中。随着预防性反恐刑法规范的增多，域外学者因这种反恐怖主义立法“侵蚀或消除了刑法避免对想象的伤害来源先发制人的传统的原则、标准和程序”，而指责反恐怖主义立法“反法”，认为它们是“违反法

[1] 参见翟中东：《国际视域下的重新犯罪防治政策》，北京大学出版社2010年版，第122页。
[2] 参见卢建军：《人身危险性评估的基本方法》，载《人民检察》2011年第14期。

律的法律”。[1] 原有的一体化的刑法系统出现了皲裂，其规制特征暴露了一些问题，具体表现在规制方式、行为类型等方面。

一、规制方式

罪名（群）的规定方式及在《刑法》中的分布直接体现了某类犯罪在刑法体系中的性质和地位，传达出对其的规制理念及犯罪的相应内涵。预防性反恐刑法当下的规定方式和相关罪名的分布也在一定程度上反映了其规制理念及恐怖活动罪名的内涵。从当下反恐刑事立法的规定方式来看，恐怖活动罪名的相关规定不仅出现在《刑法》文本、相应的多部刑法修正案、相关的司法解释中，而且出现在反恐基本法律《反恐怖主义法》以及《刑事诉讼法》《反洗钱法》《治安管理处罚法》《行政处罚法》《核安全法》《武装警察法》《反间谍法》等部门法中。由此也体现出预防性反恐刑法与传统反恐刑法的差异，同时突出了预防性反恐刑法规范在规定方式上的不足。

其一，预防性反恐刑法的刑法定位并不明确，导致其规定模式尚欠清晰。一直以来，反恐刑法的规定模式就存在单行刑法、综合性法律、单纯修正案模式、刑法＋刑法修正案＋专门反恐法、刑法典系统修正等不同的模式争议，当前的预防性反恐刑法罪名选择了以刑法文本为基础、刑法修正案具体修补的模式，并通过《反恐怖主义法》等法律进行整体补强。从《刑法》规范来看，预防性反恐立法将相关罪名主要置于危害公共安全罪一章，同时散见在其他章节。这说明，无论是预防性反恐刑法规范的修正还是相关罪名体例的安排，在一定程度上均缺乏系统性。

其二，预防性反恐刑法的行为类型并不周延，导致其规定类型缺乏体系性。不仅预防性反恐刑法罪名散见在刑法及不同法律中，其行为类型性的不足更是加剧了这种零散性。例如，同样是预备行为，有些因主体（或者行

---

[1] 转引自 Jude McCulloch and Sharon Pickering, *Pre-crime and Counter-terrorism: Imagining Future Crime in the "War on Terror"*, BRIT. J. CRIMINOL, Vol. 49, 2009, p. 49, 633.

为方式等因素)不同而做了区分、有些又没有区分;同样是激进化的行为,宣扬、煽动等行为又散见于不同章节的不同罪名中。

其三,预防性反恐刑法的刑罚后果并不完善,导致其规定后果缺乏承继。受前述规定模式、行为类型的影响,对预防性恐怖活动犯罪罪名的刑罚后果的规定虽然承袭了"刑罚种类、刑档、刑度的总则统摄规定+分则具体规定"的一般模式,但其刑罚措施、刑罚执行、行刑衔接方面也散见于多部法律之中。因此,正如有学者指出的那样,实施恐怖活动罪基本罪名的缺失、竞合处罚方式的混乱造成罪刑失衡严重、过度犯罪化和对行使管辖权修正的缺失,进而造成了反恐刑法立法与《反恐怖主义法》的冲突和抵牾。[1]

二、行为类型

刑事立法的技术条件之一是必须使规制犯罪的法条类型化。正如德国学者卡尔·拉伦茨教授所言,对于立法者而言,类型应该既存的,立法者在立法时对类型担负"描述的任务"。[2] 详言之,立法者在立法时,应当对大量且丰富的生活事实或者行为进行仔细观察,然后对其进行归纳概括,抽象出典型的生活事实或者行为,并在此基础上对拟纳入法律规制范畴的生活事实或者行为进行精确的表达和概括,最后写在法律文本中,以便指引法官裁判和公众安排自己的行为。不过,需要注意的是,立法者对生活事实或者行为的概括和表达也会因受到各方面的制约而具有局限性,不可能将所有的类型都无遗漏地进行概念化。因此,要随着时代的发展和规制对象的变化而及时对立法表达进行修正,尤其是要在立法上对生活事实或者行为类型化的科学性进行修正。从我国现行预防性反恐刑法规范来看,恐怖活动

---

〔1〕 参见闫永安、唐大森:《刑法典颁行20年来反恐刑法立法之评价》,载郎胜、朱孝清、梁根林主编:《时代变迁与刑法现代化》,中国人民公安大学出版社、群众出版社2017年版,第440~446页。

〔2〕 参见[德]卡尔·拉伦茨:《法学方法论》,陈爱娥译,商务印书馆2003年版,第15~16页。

犯罪规制的法条类型化的不足表现在两个方面:一是在将相关恐怖活动行为纳入刑法规制范畴时类型化的缺失;二是因对行为方式与行为对象的描述过于具体化,使得具体化有余而抽象化不足,导致司法实践的规制空间被不当限缩或者超越原有的立法本意。

从行为类型的方式上看,目前的恐怖活动犯罪除传统的罪名外,预防性的恐怖活动罪名归纳起来存在社团行为(组织、参与)、帮助行为(人助、财助、物助)、预备行为、伪中立行为及其他几种类型,但是仔细剖析这几种类型的设置可以看到:一方面存在设置不合理的质疑,另一方面又存在规定有缺失的不足。就设置不合理而言,现有的一些预防性恐怖活动罪名的罪状表达和刑量设置均存在问题。以"强制穿戴宣扬恐怖主义、极端主义服饰、标志罪"为例,《刑法修正案(九)》增设了强制穿戴宣扬恐怖主义、极端主义服饰、标志罪,法条表述的构成要件是"以暴力、胁迫等方式强制他人在公共场所穿着、佩戴宣扬恐怖主义、极端主义服饰、标志"。按立法机关工作人员的观点,"本条规定的'宣扬恐怖主义、极端主义服饰、标志',指的是穿着、佩戴的服饰、标志包含了恐怖主义、极端主义的符号、旗帜、文字、口号、标语、图形或者带有恐怖主义、极端主义的色彩,容易使人联想到恐怖主义、极端主义。实践中比较普遍的是穿着模仿恐怖活动组织统一着装的衣物、穿着印有恐怖主义、极端主义符号、旗帜等标志的衣物,佩戴恐怖活动组织标识或恐怖主义、极端主义标志,留有象征恐怖主义、极端主义的特定发型等"。[1]

但是,值得商榷的是,"留有象征恐怖主义、极端主义的特定发型"的行为,怎么可能属于"穿着"或者"佩戴"?再如,将宣扬恐怖主义、极端主义的标志作为文身图案的,也不可能属于"穿着"或者"佩戴"。既然如此,立法者就不应当使用"穿着""佩戴"这样的词语概括行为方式,而是可以直接表述

---

〔1〕 郎胜主编:《中华人民共和国刑法释义》(第6版),法律出版社2015年版,第150页。

为“强制他人在公共场合显示宣扬恐怖主义、极端主义服饰、标志”即可。事实上,《刑法》第120条之三规定了宣扬恐怖主义、极端主义罪,以暴力、胁迫等方式强制他人在公共场所穿着、佩戴宣扬恐怖主义、极端主义服饰、标志的行为,属于宣扬恐怖主义、极端主义罪的间接正犯(被强制者也可能成立宣扬恐怖主义、极端主义罪的共犯)。《刑法》第120条之五的规定不仅没有类型化,而且是多余的。[1] 又如,类型化除了行为方式的差异性外,还存在于相同行为量上的区别,而恐怖活动犯罪罪名则并未显示出这种差异。

就规定有缺失而言,目前形成的预防性恐怖活动犯罪尚不足以充分涵盖现实中需要刑法规制的恐怖活动新形态。例如,刑法中专门规定了针对建构恐怖活动组织或者维护这种关系的组织、领导、参加恐怖组织罪,对组织、领导、参与这三种社团行为进行规制,但是该罪名对于恐怖活动新形势下所产生的诸如境外恐怖分子回流入境发展恐怖活动组织、建构恐怖活动网络、引诱参加恐怖活动组织(尤其是儿童等特殊群体)等新的行为形态难以充分涵盖;又如,刑法专门规定了帮助恐怖活动罪的预防性恐怖活动罪名,并将形态各异的实施行为和产生结果的恐怖活动行为划入传统罪名体系,但是帮助恐怖活动罪仅截取了资助恐怖活动组织、个人、恐怖活动培训的行为和为恐怖活动组织、实施恐怖活动或者恐怖活动培训招募、运送人员的行为;再如,刑法专门规定了准备实施恐怖活动罪,对准备工具、培训技能、联络境外、活动策划等行为进行规制,但是该罪名却涵盖了多种不同形态的预备行为形态,不仅对可能出现的预备行为持续向实行行为转化的状态产生评价争议,更可能对预备行为之预备状态、共同犯罪状态等的评价产生争论。

三、规制衔接

规制衔接是刑法系统性问题中的纽带,它不仅应该解决类罪名间、具体

[1] 参见张明楷:《刑法理论与刑事立法》,载《法学论坛》2017年第6期。

罪名间的定罪量刑衔接问题，而且应该解决对某类型罪名的刑法与其他法律法规之间的衔接问题，以共同服务于刑法系统的完善和流畅。在反恐刑法领域，传统反恐刑法规范确立了利用普通罪名规制、具体罪名特殊配置的方式，其他法律法规对反恐也尚未形成系统性的论述和表达。随着反恐基本法律《反恐怖主义法》等一系列法律的出台，不同法律法规与《刑法》中的预防性反恐刑法规范的衔接不畅问题也逐渐凸显，主要表现在反恐法治协调统一和恐怖组织与恐怖人员认定模式等方面。

在反恐法治协调统一方面，目前，我国关于反恐怖主义的法律规定，集中在反恐法、刑法和有关行政法规中，三者立法宗旨、法律关系及调整对象不同，使得现有法律集合很难形成内在统一的法律体系。主要表现在三个方面：一是反恐法与刑法条文对接不紧密，行政法与治安法的特征鲜明，弱化了其执行效力；二是反恐法与反洗钱、反融资等行政法规衔接不够，使得相关法律执行存有一定的过渡地带；三是反恐法缺乏明确的上位法作支撑，又难以作为独立的部门法存在，面临着法源权威性不高、实施效果不强问题。[1] 这种基本性问题投射到刑法的具体立法和实践中，便会产生同样的困惑。

在恐怖组织与恐怖人员认定模式方面，目前我国反恐法确立了行政认定和司法认定两种渠道，前者以行政确定行政命令认定发布的模式，法源性和权威性存在不足，同时，对恐怖组织、恐怖人员的认定来源和发布渠道也较为多样。

四、国际转化

“恐怖主义、极端主义已经成为当今世界一大公害，严重威胁世界和平与发展，严重危害世界人民生命财产安全。严厉打击恐怖主义，深入开展去

---

〔1〕 参见尚进：《系统反恐论——中国特色系统反恐道路研究》，西北政法大学 2018 年博士学位论文，第 161 页。

极端化工作,是国际社会的共同责任,也是保障人权的必然选择。”[1]恐怖主义发展的全球化与本土化的交织,不仅使不同国家、地区的局域内反恐刑事立法迅速发展,更带来了原本以主权国家主权为范围的反恐地域迅速向外扩展,国内反恐刑事司法管辖权限不断拓展,国际反恐刑事司法举措大步推进,形成了国内刑事反恐举措与国际刑事反恐举措的交织、国家主权观念与世界主义观念的融合。[2] 我国反恐法和刑法在境外反恐方面的举措尚不完善,尤其是在反恐国际合作方面,我国反恐立法缺乏将国际反恐文件中的相关规定和精神进行国内法转化,进而制约了反恐国际合作进程的推进。

事实上,随着恐怖主义的全球蔓延,国际反恐合作的重要性日渐凸显,应对日渐严重的恐怖活动犯罪,没有哪个国家是可以单独实现防控的,任何一个国家都需要与他国或者国际性、区域性组织合作,形成反恐合力,进而对恐怖活动犯罪进行治理。虽然全球依然缺乏长期的、容易理解的、能够作为各国政府战略指导使用的反恐政策,[3]但近年来随着各国对打击和防范恐怖主义的重视,国际和区域反恐协作取得了诸多新进展,不仅联合国作为国际反恐协作的主平台,推动出台了多部旨在打击和预防恐怖主义的法律性文件,而且一些区域性组织也积极发挥反恐职能,推动区域反恐进程,并出台了多部区域性反恐文件,典型的如上海合作组织、欧盟出台了多部反恐文件。显然,这些反恐法律文件或者准法律文件的出台,对于全球反恐合作和反恐进程的推进意义重大,不仅对于成员国来说是反恐合作的基础,而且对于非成员国来说,也能够起到非常好的示范作用。在未来的国际反恐合

---

〔1〕 国务院新闻办公室:《新疆的反恐、去极端化斗争与人权保障》白皮书,载新华社网,https://baijiahao.baidu.com/s?id=1628306920837291997&wfr=spider&for=pc,最后访问日期:2019年3月21日。

〔2〕 See Stella Margariti, *Defining International Terrorism: Between State Sovereignty and Cosmopolitanism*, Hague: T.M.C. ASSER PRESS, 2017.

〔3〕 参见魏怡然:《欧盟反恐法——从惩罚到预防》,载《欧洲法律评论》2017年第0期。

作中，应该进一步“增进各机制平台之间的相互协调与配合”，[1]出台相关的反恐规范性文件，提升国际反恐合作的广度和深度。

不过，值得注意的是，要想国际性或者区域性反恐规范性文件真正发挥效力，还需将其精神和内容进行国内法转化，因为“只有将有关国际反恐条约的内容作为国际犯罪国内立法的渊源，并在国内刑法典中予以体现，才能有效地打击国际恐怖犯罪”。[2] 从我国现有预防性反恐刑法规范来看，国际性或者区域性反恐法律文件中规定的内容还能进一步进行国内转化。例如，《万国邮政公约》将“非法使用邮件”的行为、《禁止危害大陆架固定平台安全的非法行为的议定书》将“用武力或用武力威胁、暴力毁坏固定平台或对固定平台造成可能危及其安全”的行为、《联合国海洋法公约》将“海盗行为”、《核材料保护公约》将“非法获取和使用核材料”的行为等都可纳入反恐的范畴。在我国深入推进“一带一路”倡议的背景下，这将更有利于我国海外人员、机构、财产、利益的保障。

因此，在未来的预防性反恐刑法立法过程中，我们在注重对本土化恐怖活动犯罪行为规制的同时，还要及时关注国际反恐趋势，参与国际、区际反恐合作，积极推动国际性、区际性反恐法律文件的国内法转化。正如梅传强教授所言，为了织密反恐刑事法网，我们应该将“用武力或用武力威胁、暴力毁坏固定平台或对固定平台造成可能危及其安全”“非法使用邮件”“非法获取和使用核材料”“海盗”等反恐国际公约中规定的恐怖活动犯罪行为在刑法中进行补充规定。[3]

---

〔1〕 曾向红：《恐怖主义的全球治理：机制及其评估》，载《中国社会科学》2017年第12期。
〔2〕 陈立虎、吴曦：《国际反恐怖主义犯罪和我国刑事立法》，载《江苏警官学院学报》2002年第1期。
〔3〕 参见梅传强：《我国反恐刑事立法的检讨与完善——兼评〈刑法修正案（九）〉相关涉恐条款》，载《现代法学》2016年第1期。

第四章　我国预防性反恐刑法立法的逻辑剖析

刑法立法的“预防性”动向，特别是刑事反恐领域呈现出来的“预防性”新动向和新表现，在学界引起了激烈的争论，尤其是对预防性反恐刑法对涉恐行为的提前规制是否具有正当性，以及规制的风险问题，学界争论得最为激烈。为回应这些争议，迫切需要从规范层面对预防性反恐刑法的内在逻辑、潜在风险进行剖析，并在此基础上对预防性反恐刑法的认知进行辩正。从内在逻辑角度来看，预防性反恐刑法的生成路径包括现实驱动、刑法响应和内容涵摄，基本模式包括经济模式、安全模式、自治模式，逻辑特点表现为这种预防性转向具有深刻的现实背景、多元的模型视角和多维的规制方向；从潜在风险角度来看，预防性反恐刑法在权力与自由、观念与现实、内容与技术方面都存在冲突；从认知辩正角度来看，预防性反恐刑法的妥当性与风险性、有效性与失效性是并存的，预防性反恐刑法规制从事后向事前前移并不与刑法逻辑相背离、法益从固态向外部弥散并不与刑法法益相矛盾、后果从惩罚向预防倾斜需警惕规制自反性风险。

第一节　我国预防性反恐刑法的内在逻辑

预防性反恐刑法是随着全球恐怖主义的不断蔓延和恐怖活动犯罪的危害不断增加后出现的反恐刑法立法的新形态。预防性反恐刑法更加强调对恐怖活动犯罪行为的预先规制和提前预防，这与传统刑法对犯罪的规制存在较大不同，正因如此，预防性反恐刑法表现出了独特的内在逻辑，对这种内在逻辑的准确揭示，有助于我们准确认识和把握预防性反恐刑法。

一、预防性反恐刑法的生成路径

社会生活中犯罪现象和犯罪治理需求的不断变化，形成了刑法改革的动力，尤其是当下网络信息技术助推下新型犯罪的“井喷式”增长和传统刑法规制效能的式微，对传统刑法进行改革的呼声和做法开始出现和增强。正如有学者所言：“习以为常的传统刑法体系正处在修旧立新的十字路口，因应当代社会的不确定性风险与网络技术风险成为裂变的矢量。”[1]近年来，随着恐怖主义这一非传统安全威胁的持续蔓延，如何通过调整传统的反恐刑法对其进行规制，提升刑法应对恐怖活动犯罪的能力和治理恐怖活动犯罪的效能，成为立法者面临的一项紧迫难题。从近年来的反恐刑法立法实践来看，预防性的反恐刑法立法范式成为多数国家破解这一难题的选择，各国的反恐刑法立法都表现出前移刑法介入时点、加大刑法规制力度、织密反恐刑事法网的特点。

从现有研究来看，面对反恐刑法立法出现的预防性转向，学界对这种

---

〔1〕 高铭暄、孙道萃：《预防性刑法观及其教义学思考》，载《中国法学》2018年第1期。

“预防性”的描述和探究越来越多,“预防性”的多重解释也逐渐显现。不过,“预防”一词是一个在不同语境和学科条件下含义不同的词汇,这容易在刑法学的视角下对“预防性”反恐的话题产生歧义。在我国,有关反恐立法的“预防性”描述和探讨是近年来才显现和兴起的,以刑法法益反思、立法预防性等为视角向特殊的反恐刑法罪名设置、刑罚配置、特殊处遇等“预防性”延伸。然而,在更为广泛和综合的语境下,“预防”一词有着多种运用,如“中国以法律手段反对恐怖主义,同样是通过预防、处置、制裁、恢复等环节实现的”,“以反恐职能为标准,则可以分为预防、处置、制裁、恢复等内容”,[1]“刑事制裁不是制裁的全部内容,更不能涵盖预防、处置和恢复等重要环节”等诸如此类的表述和运用。同样地,在域外,也存在不同含义的“预防”的表达,如“事实上,反恐政策的大部分语言都以防卫(prevention)或先发制人(pre-emption)的方式表达,而不是预防措施(precaution)”。

然而,通过进一步考察可以发现,公共政策的话语已经从一个基于风险评估和风险管理(决策者要求衡量攻击的可能性与特定策略的成本和收益)的基础转向在面对不确定性时基于采取预防性行动(precautionary action)需要的基础。[2] 因此,要准确把握我国反恐语境下刑法规制的“预防性”理论入口和实践产出的内在逻辑,把准“预防性”表述的“脉”则显得至关重要,这也是我们后续准确厘定反恐刑法“预防性”应然走向的基础。

(一)宏观层面:现实驱动

“全球正在进入具有高度不确定性的‘风险社会’时代,风险成为现代社会的重要特征,并正在改变现代社会的运行逻辑与规则,人类社会的价值理念、行为方式正在被系统化地重构,全球治理演变为‘全球风险社会’治

---

〔1〕 赵秉志、杜邈:《中国反恐法治问题研究》,中国人民公安大学出版社2010年版,第55～56页。

〔2〕 See Simon Bronitt, *Balancing Security and Liberty: Critical Perspectives on Terrorism Law Reform*, in Miriam Gani and Penelope Mathew, eds., Fresh Perspectives on the “War on Terror”, Canberra: ANU E Press, 2008, p. 79.

理。"[1]在风险社会,"基于自由主义原理的风险观已经不能适应现实,客观现实和社会心理均要求国家扩大干预的范围,国家的安全保障职责从关心现状、保护和重建一个不受干扰的状态为己任,发展到以未来为目标全面形塑社会"。[2] 这说明,在风险社会语境下,迫切地需要一套全新的风险规制理念和规制体系,在实现对现代风险有效治理的同时,不断地矫正和形塑被风险冲击的社会秩序。恐怖主义作为典型的非传统安全威胁,是风险社会中表现最为强烈、破坏最为严重、影响最为广泛的"风险",其已经远远超越了以往风险规制体系的作用力范围,同样迫切需要一套全新的规制理念和规制体系。预防性反恐刑法就是在此背景下应运而生的,其核心理念就是在恐怖主义危险现实化之前就对其进行预防性规制,而预防性反恐刑法立法就是要为这种预防性的规制提供规范依据和法律支撑。实际上,预防性反恐刑法的出现是风险预防原则在刑法领域的贯彻和体现,因为"风险预防原则所体现的'不确定不能成为阻碍干预风险的理由'的思想,符合现代风险社会政府功能定位的客观需要",[3]同时"在任何时代,预防都是公权力所需要的一种手段"。[4] 面对近年来日趋严峻的恐怖主义蔓延态势,我国在《反恐怖主义法》中明确指出,将反恐怖主义纳入国家安全战略,综合施策,标本兼治,并坚持防范为主、惩防结合和先发制敌、保持主动的原则;党的十九大报告更是进一步提出"坚持总体国家安全观""完善国家安全战略和国家安全政策"。投射到刑法领域,在"总体国家安全观"指导下的立法活动必须对社会治理现状和国家战略政策进行回应。同时,反恐原则的因时因地变迁也反映了反恐趋势侧重的转变,恐怖主义由早期的一种处于滋生萌芽

---

[1] 范如国:《"全球风险社会"治理:复杂性范式与中国参与》,载《中国社会科学》2017年第2期。

[2] [德]埃贝哈特·施密特-阿斯曼、[德]乌尔海希·巴迪斯编选:《德国行政法读本》,于安等译,高等教育出版社2007年版,第53页。

[3] 沈岿主编:《风险规制与行政法新发展》,法律出版社2013年版,第71页。

[4] [德]迪特尔·格林:《宪法视野下的预防问题》,刘刚译,载刘刚编译:《风险规制:德国的理论与实践》,法律出版社2012年版,第111页。

状态的危险,已经不断地被现实化为暴力恐怖活动、“独狼”活动。由此可以判断,当下恐怖主义的应对已不再是之前的“防恐”,而是转变为“反恐”;不再只是一种预警和标明,而是一种防范和制止。这种有别于传统恐怖主义应对手段的现实应对之策被概括为反恐的“预防性”。显然,这种预防性反恐刑法立法模式的出现,并不是凭空产生的,而是具有强大的现实驱动力,既有恐怖活动犯罪自身演变升级的内在动因,也有国家治理恐怖主义的政策转变和战略转型所需,更有社会公众对安全期待不断攀升的外在压力。

(二)中观层面:刑法响应

在宏观层面的“总体国家安全观”指导之下,中观层面的刑法反恐也体现出有别于传统犯罪规制的特点,从而明显区别于传统刑法功能定位和前置的警察权配置。一方面,传统刑法的刑罚功能定位于特殊预防和一般预防,其中的特殊预防是一种在罪刑法定原则、程序正当原则、谦抑原则等一系列原则指导之下的对犯罪人的刑罚正义,相应地,一般预防则呈现出消极的一面。反恐刑法在创制之时,不仅通过罪名、罪量的配置严密和加重了刑法规制对犯罪人的负担,更通过刑量的趋严配置和刑罚执行的特殊赋权强化了特殊预防,客观上也推动了刑罚一般预防功能由消极向积极转移。另一方面,刑法反恐新增了多个罪名,除传统典型的核心恐怖活动犯罪因其实害的现实化而通常可以运用传统事后回溯的侦查手段实现外,新增的多个周边恐怖活动犯罪则将出发点设置于远离实害的预备行为或共同犯罪行为(准备、预谋、持有等及相应的教唆、帮助等行为)。这些行为的外观越来越具有中立的社会性,如果缺乏其他因素的共同佐证,则很难从性质上认定为恐怖活动犯罪的相关行为,而其他因素的获得则更多地依赖于警察权的行使,如公共场所监控、常规安检、行政处罚等。由此,刑事法的相应手段也逐渐向警察权延伸,警察权先天具有的“防患于未然”的种种举措被刑法逐渐采纳,归根结底,警察权的“防患于未然”与当下刑法反恐的“预防性”方法需要是不同的。这种有别于刑罚功能的“预防”定位和警察权“防患于未然”的配置策略的刑法设置方法表现为反恐的“预防性”。

(三)微观层面:内容涵摄

作为在宏观层面理念指导和中观层面方法指引下的刑法反恐,在微观层面,其内容涵摄也有别于传统犯罪的相应架构,整体上更加凸显了刑法在规制涉恐行为时表现出的“预防性”立场和姿态。在《刑法修正案(九)》之前,“我国刑法关于恐怖活动犯罪的规定可以分为恐怖主义行为罪、恐怖主义组织罪以及恐怖主义关联罪三类”,[1]相应的恐怖活动犯罪及其人员与恐怖主义的联系紧密,罪行具有明显异于一般犯罪的恐怖主义性质。《刑法修正案(九)》之后,在日渐织密的反恐刑事法网中,虽然相关行为被立法评价为恐怖活动犯罪,但其行为性和内容性与恐怖主义性质的关联度却呈现减弱的趋势,规制内容开始不断向周边扩展,而周边扩展的一个面向就是提前化、社会化的“预防性”。正如诸多学者在探讨刑法反恐时所指出的那样,“这种预防性犯罪的功能是在传统犯罪尝试(offenses of attempt)过程的更早期阶段捕捉犯罪行为”,它们“类别宽泛,包括许多常见的犯罪类型”。[2] 张明楷教授也指出,《刑法修正案(九)》关于恐怖活动犯罪的规定,在总体上具有法益保护早期化、处罚范围扩大化与处罚程度严厉化的特点;从构成要件的角度来说,则存在帮助犯的正犯化、预备犯的既遂化与构成要件的交叉化三个特点。[3] 反恐刑法规范中出现的这种从核心向周边延展,规制行为提前化、社会化,以及行为性质的恐怖主义关联度下降的种种征表,充分反映出反恐刑法规范内容涵摄的“预防性”。

---

[1] 莫洪宪、王明星:《我国对恐怖主义犯罪的刑法控制及立法完善》,载《法商研究》2003年第6期。

[2] Andrew Cornford, *Preventive Criminalization*, New Criminal Law Review, Vol. 18, No. 1, 2015, p. 3 – 4.

[3] 参见张明楷:《论〈刑法修正案(九)〉关于恐怖犯罪的规定》,载《现代法学》2016年第1期。

二、预防性反恐刑法的基本模式

（一）刑法的工具有效性维度：经济模式

“任何人都不能从自己的违法行为中获益”，这是任何法律体系建构和适用过程中都必须坚持的准则，如果某部法律或者某个条文是为违法行为获益而背书的，那它本质上就属于“恶法”，是不能适用的。在以往的民商事法、行政法、刑事法等部门法划分的背景下，刑法承担着惩治犯罪行为的重任，刑法立法设置的罚则也充分彰显了对犯罪的惩罚色彩。同时，刑法中的罪责刑相适应原则从正面回应了对于行为人行为与刑法制裁在“质”与“量”上的经济联系，而保障人权则从反面规定了施加刑罚在“质”与“量”上不得逾越的基本底线。这是传统制裁性刑法在其与犯罪作斗争的形势下形成的成本—收益格局。

近年来，随着社会生活中新兴犯罪的不断涌现，犯罪防控形势和防控手段都出现了非常大的变化，特别是在打击和防范恐怖犯罪领域，刑法更是从传统制裁性、回复性的模式延展出了预防性、预判性的模式，不过其重要的论证支撑也同样是成本—收益的经济分析。与监管状态一样，反恐刑法的预防性立法趋势也受到了经济分析的影响。同时，其也受到结果主义推理模式的支配，这种推理模式将有效性、经济性和结果优先于正义进行考虑。前文所述的多数国家或组织体制定的反恐预防令、反社会行为禁止令、预防性羁押、社会危险性评估、安置教育等举措都是这种经济分析的直接结果。

这些举措不同于刑事判决的当然后果，它们是一种未经完整刑事司法程序，并脱离了传统制裁性的新尝试，按照比例归属的责任，它们有利于阻遏尚未现实化的犯罪风险。这种经济分析模型下形成的预防性反恐刑法设置，导致传统刑法必然推论和责任归属的中心地位下降，取而代之的是，在概率预判、情报支撑等浸染下，报复悄然转向预防。同时，从标签化的影响来看，预防性反恐刑法从某种程度上看依旧具有惩罚性，是基于报应的“应得的”,但是,预防性反恐刑法更多反映的是离固化的危害结果越来越远而带来的预判联系,以及厌恶不可逆转的危害结果的发生而两害相权取其轻的防御姿态,其过程推演和结果划定均体现了经济分析的显著痕迹。当然,其预防措施所带来的无可置疑的负担是否合理是值得怀疑的。诉诸道德化的预防性语言并不意味着一种措施不再具有耻辱性、负担性或惩罚性。[1]对此,有学者也认为,“由于成本效益分析本身的反事实论证的属性、无法回应价值通约的问题以及科技风险的人为属性,预防原则(precautionary principle)应当成为政府以法律的手段因应科技风险的主要原则”。[2]

(二)刑法的价值优位性维度:安全模式

除刑法的工具有效性维度不断发展的经济模型视角之外,对刑法的价值优位性方面的审视也在不断变化的社会治理格局下被热烈讨论,对社会风险和公共保护的更多关注成为价值博弈和平衡的重要内容,对刑法价值优位抉择的解构和建构都在同步展开。这些讨论在反恐怖主义领域尤其明显,并进一步催生了预防性刑法反恐的价值根基。众所周知,恐怖主义的滋生、蔓延给不同国家和不同地区带来了严峻的安全危机和秩序动荡,同时催生了各个领域反恐举措的升级发展。在刑法领域,为了应对日趋增多的恐怖活动犯罪,涌现出了多项包括犯罪与刑罚在内的反恐规定,其中,维护社会的秩序和公众的安全(感)成为最直接、最紧密、最热点的主题词,秩序与安全的价值优位性开始凸显。

虽然传统刑法(包括反恐刑法)也包含了对社会秩序和公众安全的保障机能,但是其重要性或被强调的程度却不及预防性刑法(包括反恐刑法)。围绕预防性刑法的这种安全价值优位的建构,学界从“风险社会”“非传统安

---

〔1〕 See Andrew Ashworth and Lucia Zedner, *Defending the Criminal Law: Reflections on the Changing Character of Crime, Procedure, and Sanctions*, Criminal Law and Philosophy, 2008, Vol. 2, Issue 1, p. 41.

〔2〕 陈景辉:《捍卫预防原则:科技风险的法律姿态》,载《华东政法大学学报》2018 年第 1 期。

全威胁”“预防原则”“优先正义”等视角，试图为预防性反恐刑法提出价值优位的有力支撑。

首先，“风险社会”视角的考察。因应现代化带来的技术性风险和系统处理现代化自身招致的危险和不安全感（制度性风险），德国学者贝克提出“风险社会”概念，并将危机意识和风险防控任务嵌入风险社会语境进行重点讨论，秩序和安全上升为国家公共决策和公众自主行为的重要议题。[1]在风险社会语境下，刑法立法将“安全”放在了非常重要的地位，尤其是面对恐怖主义等新型非传统安全威胁的持续蔓延，如何预防非传统安全威胁变成实害结果成为刑法的重要任务。换言之，风险社会开始使刑法“变成管理不安全性的风险控制工具，并受到社会公共政策的外部策动”。[2] 风险社会语境下的刑法立法，通过禁止危险的方式实现对安全的维护和保障，试图抑制绝对危险犯的发生，使“惩罚必须是属于事前被合法确定的”[3]观点发生变化。

基于恐怖主义威胁和公众安全需要诞生的预防性反恐刑法，着眼于未来风险的前瞻性和预判性，“较为客观地展示了人们对现代社会的主观感受”，[4]并成为预防性反恐刑法的具体触角伸向社团身份、预备行为实行对待、作为义务立法化等立法具象的重要支撑，为学界广泛宣扬。不过，风险社会语境下的刑法立法和理论的发展，也受到了部分学者的诘问。例如，风险刑法理论所关注的“风险”与贝克所言的风险社会的“风险”并非同一事物，[5]等等。可以说，基于风险社会理论发展出的“风险”概念和“风险刑

---

〔1〕参见［德］乌尔里希·贝克：《风险社会》，何博闻译，凤凰出版传媒集团、译林出版社2004年版，第19页。

〔2〕劳东燕：《公共政策与风险社会的刑法》，载《中国社会科学》2007年第3期。

〔3〕［德］乌尔斯·金德霍伊泽尔：《安全刑法：风险社会的刑法危险》，刘国良编译，载《马克思主义与现实》2005年第3期。

〔4〕焦艳鹏：《生态文明保障的刑法机制》，载《中国社会科学》2017年第11期。

〔5〕参见梁根林主编：《刑事政策与刑法变迁》（第3卷），北京大学出版社2016年版，第298～299页。

法”理论，赋予了预防性反恐刑法在价值选择、工具运用及制度建构方面新的观察视角，但由此也引发了妥适性的争论。

其次，“非传统安全威胁”视角的考察。从考究具体危险来源的非传统安全威胁的视角，为预防性反恐刑法提供了更为直接、细致的根基来源。非传统安全威胁是相对于传统安全威胁的提法，在传统社会中，国家主要面临的是军事威胁及威胁国际安全的军事因素，在类型上其更多的是军事、政治、外交等，其产生形式较为明确、波及范围较为可知、克制手段较为平衡；而非传统安全威胁则是指除军事、政治和外交冲突以外，其他对主权国家及人类整体生存与发展构成威胁的因素，主要包括经济安全、金融安全、生态环境安全、信息安全、资源安全、恐怖主义、武器扩散、疾病蔓延、跨国犯罪、走私贩毒、非法移民、海盗、洗钱等。从特点上来看，非传统安全威胁呈现出范围上的跨国性、来源上的不确定性、形式上的转化性、事项上的主权性、应对上的协作性等有别于传统安全威胁的特征。

从来源上考察，非传统安全威胁主要来源于科学技术的快速发展。例如，随着网络信息技术的快速发展，国家、组织及个人等主体的信息在进行数字化编码后不断的标记、储存、传播，但这些信息一旦被泄露或者被不法分子窃取、破译后非法利用，就会产生严重的后果，由此就产生了传统社会中没有的信息安全；再如，工业技术的发展大大提升了人类的生产力和产品供给，方便了社会公众的生活，但是，工业技术发展过程中排放的废气、废水、废物等，给生态环境造成了不可修复的破坏，而生态环境一旦遭到严重破坏，作为依附于生态环境而生存的人类也必将受到严重威胁，由此，生态环境安全威胁也成为一项非传统安全威胁。现代社会中，正是诸如网络信息安全威胁、生态环境安全威胁等非传统安全威胁的不断增多，迫使国家和公众在应对非传统安全威胁时的价值选择出现了变化，基于安全的需要，他们更愿意和倾向于从预防的视角采取相应的防范措施予以应对，哪怕这些措施会对固有的权力、权利体系和利益造成一定的损害。这也是预防性反恐刑法立法能够得以出现和发展的根基之一。

再次,“预防原则”视角的考察。对预防原则的关注最早的是环境治理领域,尤其是自20世纪80年代以来,随着全球工业化进程快速推进过程中产生的气候变化、环境污染、碳排放等问题的日益严重,如何对其进行有效防治成为各国及国际社会重点关注和讨论的话题,预防原则在这些事务中开始被重视。此后,预防原则被用于更加广阔的领域,尤其是转基因产品、食品安全、药品安全等领域;晚近以来,随着国家安全、网络安全、信息安全、反恐等领域威胁的持续增多,预防原则也开始在这些领域被重视。就目前而言,毫不夸张地说,预防原则已经成为一项指导政府如何治理和应对各类新型威胁的普遍性原则。

对待预防原则,有意义的争论已经不是预防原则是否必要的问题,而应该是预防在程度上的强弱问题,即什么程度的预防应该允许政府采用以及能够为公众接受。从这个意义上来看,预防原则存在最弱(weakest)意义上的预防原则、较弱(weaker)意义上的预防原则、强(stronger)意义上的预防原则的效度差异之分。[1] 不过,也有学者对预防性原则的崛起进行了反思,认为预防必须建立在风险评估上,而对风险评估工具的可靠性和预防决策的政治可接受性不容易被证明,而以此做出的预防性命令和措施就难以保证是科学的,也容易使民事命令与刑事命令相混合,进而模糊了民事违法与刑事犯罪之间的界限。[2] 在反恐领域,虽然预防通常以恐怖主义属于最严重的安全威胁的名义获得许可,但这种许可极大地降低了证明责任,使刑事程序在日常犯罪和妨害犯罪(如反社会行为令的情况)方面也变

---

〔1〕参见陈景辉:《捍卫预防原则:科技风险的法律姿态》,载《华东政法大学学报》2018年第1期。

〔2〕See Andrew Ashworth and Lucia Zedner, *Defending the Criminal Law: Reflections on the Changing Character of Crime, Procedure, and Sanctions*, Criminal Law and Philosophy, 2008, Vol. 2, Issue 1, p. 41.

得模糊。[1]

与两种弱意义的预防原则不同，“强”(stronger)意义上的预防原则突破了成本—效益分析的界限，并以“安全边界(margin of safety)是否获得确立”作为最主要的任务。因此，强预防原则要求，当存在对当代或下代的健康或环境严重损害的危险，并且对损害或风险的性质并不存在科学上的确定性时，应当做出决定来阻止这种活动的展开，除非或直到这些损害不会再次发生的程度。[2] 从预防性反恐刑法立法来看，预防性反恐刑法更倾向于选择“强”意义上的预防原则，以期实现对恐怖活动犯罪的严厉规制。从预防原则的内容来看，最弱(weakest)意义—较弱(weaker)意义—强(stronger)意义的转变过程意味着社会事项主体权利(力)—义务配置结构和内容的变化，这在预防性反恐刑法中有多处体现：对于政府而言，预防原则要求政府应当警惕恐怖主义及其恐怖活动带来的风险，较之于较弱(weaker)意义上的预防原则提出了更为积极的要求，即缺乏事实上损害的明确证据，不应当成为一个政府拒绝监管的理由；对于民众而言，强(stronger)意义的预防性原则显著提升了公民的配合义务和积极作为义务，拓展了禁止公民能够持有的物品的相应的范围，甚至在后果层面将原本附属于某个罪名的行为与具有较大酌定范围的刑罚后果独立化且法定化。因此，预防原则从更为微观的视角探讨了预防性反恐刑法安全价值优位的必然性。

最后，“优先正义”视角的考察。越来越多的犯罪化、刑事司法的日益膨胀带来的秩序与安全的背离与博弈，以及公民权利与义务的减损与严苛，描绘了当下刑事法律的一种新镜像，而追溯这种镜像背后勾连的刑法主题，都离不开对“法益”的讨论，这也引发预防性反恐刑法内容阐释对安全价值优

---

〔1〕 See Andrew Ashworth and Lucia Zedner, *Defending the Criminal Law*: *Reflections on the Changing Character of Crime*, *Procedure*, *and Sanctions*, Criminal Law and Philosophy, 2008, Vol. 2, Issue 1, p. 41.

〔2〕 See Cass R. Sunstein, *Laws of Fear*: *Beyond the Precautionary Principle*, Cambridge University Press, 2005, p. 19.

位的新讨论。在这样一种背景下，“优先正义”（preemptive justice）的理念和实践在立法、司法、执法等各个层面都全面涌现出来，在反恐刑法领域中的“预防性”倾向更是这种优先正义的直观体现。所谓“优先正义”，是在传统刑法倡导刑法面前人人平等原则的基础上，对“法益”概念的应景发展，形成由物质性的法益保护向精神性的法益保护弥散延展，由此，法益的功能也就出现了松动和虚化。事实上，早期德国的法益概念并不具有批判和限制刑事立法的能力，因此，现代刑法理论必须重新为“法益”概念在实体法内部建构实质内容，从法益概念的学术史观察可知，实证化与精神化是对法益概念的批判能力威胁最大的两种趋向。〔1〕

在法益概念趋向精神化和实证化考量的转变中，国家和公民的权力（权利）—义务结构、公民权利的认知—划分—运用形态、公民义务的质—量表现都有所不同，呈现出国家权力的高歌猛进而公民权利萎缩、义务增加的趋势。对公民权利的刑法认知从原有的以个体原子式的生命权、健康权、财产权为主，社会、国家秩序为辅的权利形态向个体权利形态与集体权利形态并重转变，对公民义务配置的自由主义观念的限制则在质与量上不断解体，公民义务的施加有了更为多元的观念支撑。“优先正义”的兴起，以及提供其合法性的以弱势受害者为中心的合法性，引发了剧烈的规范反应，重新塑造了反恐刑法的各个面向，更引发了公民自由主义、国家威权主义、国家父爱主义等的激烈交锋。有学者就表示，这种新的先发制人式刑罚是一种非常专制的刑罚，而事实是，它授权个人“深陷”刑法，同时允许“个人责任”和“报复”，以及日益不平等的社会合法化。〔2〕

---

〔1〕 陈璇副教授在中国法学会宪法学研究会2018年年会“改革开放40年与推进合宪性审查”第三分论坛“宪法与刑法的对话”第一单元“刑法的合宪性边界”中进行的题为《法益与刑法的合宪性控制》的报告中指出。

〔2〕 See Jonathan Simon, *Precautionary Criminalisation in an Age of Vulnerable Autonomy: Review of Regulating Deviance: The Redirection of Criminalisation and the Futures of Criminal Law*, Crim. Law and Philos, No. 6, 2012, p. 277 – 279.

(三)刑法的主体组合性维度:自治模式

除却工具有效性维度和价值优位性维度的观察视角外,主体组合性维度也越来越成为预防性反恐刑法规范的理论探讨热点,或明或暗地体现在预防性反恐刑法规范理论证成的各个方面。刑法是规制行为的规范,行为由行为主体实施,因此,离开行为主体谈规范的有效性和价值的选择都会成为“无源之水”“无本之木”。在预防性反恐刑法规范的主体组合中,与传统刑法相比,具有更加鲜明的主体分立的格局,细致剖析,不仅存在行为人、国家主体、参与人、受害人等主体,而且主体间的关系也发生了有别于传统刑法的紧密性和对抗性变化。因此,从预防性反恐刑法规范的主体组合性维度来看,在原来更加侧重保护主义与自由主义的规范理念前提下,一种强调公民义务与公民责任的公民自治模式不断凸显,成为预防性反恐刑法规范逻辑中的重要一环。

所谓的公民自治模式,是指在既有的国家主要采用行政手段进行社会治理的“强国治”之外,在国家保障公民权利和公民求权意识双双提升的基础上,公民参与社会治理的能力显著加强;同时,公民因强化的权利对当下的行为和未来的结果产生了重要影响,并超出了国家能预判和控制的范围。为了达到权利与义务、当下行为与未来结果的平衡,公民自身和国家都赋予了公民更强的义务与更重的责任。通过各种积极义务的强制执行(一些相当广泛地针对公众)以及其他非常具体针对个人的积极义务,来重新确定自由主体的新任务,这已经取代或至少补充了的惩罚和遏制侵犯自由主体权利为内容的传统目标。正如域外有学者指出的那样,一个预防性状态(preventive state)的另一个重要表现是通过自治策略或者克劳福德所谓的“合同治理”来控制未来行为。合同治理是通过合同安排来促进遵守的一种尝试:合同安排依赖于从强加于它的人那里获得同意,比过去更关心未来行为的责任和义务的分配,将各方视为理性的自我最大化者(经济分析的影响也很明显),他们会自愿做出选择,以避免违约的后果,这是基于选择的假设。因此,合同治理标志着从遵守惩罚的基本被动需求向对日常生活、行为和行动的细枝末节所作的选择主动承担责任的转变;从过去采取行动的追溯性惩罚方向转向可能被称为"未来法律"的行为。[1]

从这个视角来看,自治模式在预防性状态中被显著强化了,这在新近的预防性刑罚转变和反恐刑法的预防性规范设计当中表现得非常突出,域内外的预防性反恐刑法立法均是如此。例如,在英国,罪犯可以选择接受固定刑罚,选择认罪以换取较轻刑罚,或者选择遵守日益增多的准合同处罚条款,以鼓励自我监管。在英国的判例中,这一点最明显地适用于反社会行为禁令(ASBOs),但也可以从如转介命令和青少年罪犯合同的某些方面(根据1999年《青少年司法和刑事证据法》)看到,这些合同条款迫使违规者对未来的行为进行某种形式的自我监督,因为他们担心违反合同会受到严厉的惩罚。在包括我国在内的越来越多的国家中,对于恐怖活动犯罪的刑法规制,增加了多项如结社身份、持有特定物品、获取某项技能、进入特定场所甚至金融行业、物流行业、传媒行业等方面的积极的审查、报告、防止恶化的义务。凡此种种犯罪与刑罚上的制度设计,无不体现了公民权利加强后义务的积极化,以及积极义务违反后的刑罚后果的密集化,而这种积极化和密集化是在赋权、授权、护权的理念和实践逻辑下,遵循着国家放权与责—公民赋权与责的此消彼长的结构组合,体现了公民的自治模式的强化。

但是,从另一个视角来看,这种公民自治模式的强化却是国家权力增强的表现,或者说客观上造成了国家权力增强和扩张的结果,这使得这种公民的自治模式走向了自己的反面。正如有学者指出的那样,这种公民自治模

---

[1] See Andrew Ashworth and Lucia Zedner, *Defending the Criminal Law: Reflections on the Changing Character of Crime, Procedure, and Sanctions*, Criminal Law and Philosophy, 2008, Vol. 2, No. 1, p. 41 - 42.

式变成了“易受伤害的自治”或者说“脆弱的自治”:[1]一方面,重新确定的自由主体的新任务已经取代或至少补充了惩罚和遏制侵犯自由主体权利的传统目标;而另一方面,构成这种取代和补充的完整面向是,国家权力在确认和确保这种取代和补充现象的现实化和强制力时,又形成了一种“后卫”姿态,这种后位性使得公民自治原则所确立的公民权利不再是一种排他的或者圆满的秩序,后位的国家权力随时会以公民相应的积极化和密集化的义务配置打破它,更大范围的安全和更抽象存在的秩序随时会成为它的例外而被实施。

在主体组合性维度中,作为重要主体之一的受害者的主体性也在逐渐上升,受害者刑法的概念逐渐被提出、强调和丰满。受害者刑法较行为人刑法(尤其是传统的加害者刑法,甚至更为直接的敌人刑法)的视角更进一步,直接将观察的原点、重点、终点放置在刑法规制的终点和目的上,直接着眼于对(潜在)受害人的危险预防、伤害防止和危害量化、损害修复。同时,随着社会的发展变迁,受害者的角色不再是纯粹的危害耐受者,也开始间接甚至直接加入甚至参与到犯罪的发生、发展结构当中。因此,对受害者刑法来说,受害者在犯罪互动过程中的责任也成为受害者刑法的重要内容。

此外,除了我们所归纳的工具有效性维度、价值优位性维度和主体组合性维度的预防性反恐刑法规范理论模型的类型化观察视角之外,对于包括反恐领域在内的刑法转型的模式,还有一些其他较为零碎的探讨视角。恐怖主义及其相关的恐怖活动犯罪并非一种独立的犯罪类型,而应仅仅作为一种量刑的加重因素加以运用,或者虽然恐怖主义及其相关的恐怖活动犯罪有其单独存在和设立的必要性,但也不能否认其在量刑时作为加重因素的地位。例如,有学者就对将恐怖主义单独作为一种独立的犯罪行为的做

---

〔1〕 See Jonathan Simon, *Precautionary Criminalization in an Age of Vulnerable Autonomy*: *Review of Regulating Deviance*: *The Redirection of Criminalization and the Futures of Criminal Law*, Crim. Law and Philos, No. 6, 2012, p. 278.

法提出了质疑,并认为,恐怖主义应当仅仅被作为一种加重的量刑因素,而不能作为独立的犯罪行为。[1]

三、预防性反恐刑法的逻辑特点

恐怖主义及其相关的犯罪具有和传统犯罪相一致的犯罪判断面向,也具有同传统犯罪不同的特殊构造,这种特殊性随着网络时代的发展、区域和国际格局的演变而日渐凸显。因此,这注定了恐怖主义的生成路径和对其的规制模式必须要在新的历史条件下因时因事因人因地而变。同时,必须注意的是,反恐刑法规范的预防性转变具有深刻的现实背景,反恐刑法的预防性建构具有多元的模型视角,反恐刑法的预防性规范具有多维的规制方向。

(一)反恐刑法的预防性转向具有深刻的现实背景

传统刑法的产生脱根于反对封建社会的专制、恣意和不人道,因此,围绕罪刑法定原则、罪责刑相适应原则和法律面前人人平等原则等建构起当下的主流刑法反制犯罪的叙事模式,形成了危害原则、行为主义、惩罚与预防相结合等具体的规制规则,并在近现代相当长的时期内适应了犯罪防控的需要,产生了较为稳定的打击犯罪和保障人权的功能。但是,随着科学技术的迅猛发展和新型领域的异军突起,犯罪的手段和呈现的面向也发生了颠覆性的转变,由此对传统刑法功能的认知和完善带来了冲击和挑战,要求我们用全新的眼光和视角去审视。为此,一种基于风险预防和提前干预的积极刑法立法观正在形成。正如高铭暄教授所言:"刑法的功能主义趋势、

---

[1] See Joanna Amirault, Martin Bouchard, Graham Farrell and Martin A. Andresen, *Criminalizing Terrorism in Canada: Investigating the Sentencing Outcomes of Terrorist Offenders from 1963 to 2010*, J. CRIM L. & Criminology, Vol. 106, No. 4, 2016, p. 781; Mohammed Saif-Alden Wattad, *Is Terrorism a Crime or an Aggravating Factor in Sentencing*, J. INT'L CRIM JUST, No. 4, 2006, p. 1017, 1027 – 1029. (arguing that terrorism is not a unique crime type, as terrorists do not have increased culpability when compared to general offending populations, but do pose a greater threat to society and as such should be sanctioned more severely)

刑法的刑事政策化动向、社会经济发展的现实需要等因素的共同作用下,传统刑法理论所支撑起的消极刑法立法观、刑法谦抑精神的过度强化、过于保守的犯罪化立场等纷纷被部分搁置,以刑罚早期化、适当的犯罪化、立法的预防性倾向等为代表的积极刑法立法观已现端倪。"[1]

预防性反恐刑法规范的转变正是在上述这种趋势下应运而生的,并且在行为危害、规制对象、规制方式、规制后果等方面都显现出超前、拔升、积极和预防的特征。虽然这也遭遇了"抵牾刑法谦抑精神""社会治理的过度刑法化""刑法新工具主义""象征性立法"等诸多担忧和质疑,但是,基于非传统安全威胁自身的潜在危险性及其持续蔓延带来的公众安全保障诉求的不断高涨,可以为预防性刑法立法提供坚实的现实根基,"风险刑法"理论便可为此提供一种解释框架。[2] 换言之,基于恐怖主义风险预防和满足公众安全需要而形成的预防性反恐刑法,无论是客观上还是主观上,均在一定程度范围内回应了民众的安全需求和政府的治理诉求。正如有学者所言,反恐怖主义立法具有鲜明的正当性,这是由其理论上的可欲性、现实中的必要性和社会上的认同性决定的。[3]

(二)反恐刑法的预防性建构具有多元的模型视角

从当下的研究来看,有学者将刑法发展演变进路的研究分为定量研究方法和定性研究方法:定量研究方法将重点放在立法机构创造的绝对数量的新罪行上,这种研究最典型的例子是对"过度犯罪化"问题的关注,而且"过度犯罪化"这一概念在英美法系国家学者的研究中被广泛使用,在大陆法系学者研究中与之对应的概念是"刑法扩张"或者"刑法膨胀"。与定量研究方法不同,定性研究方法更倾向于把焦点放在刑法扩张现象背后的国家

---

[1] 高铭暄、孙道萃:《预防性刑法观及其教义学思考》,载《中国法学》2018 年第 1 期。

[2] 参见冀莹:《英国"预防性刑事司法"评介与启示——现代刑法安全保障诉求的高涨与规制》,载《政治与法律》2014 年第 9 期。

[3] 参见师维、孙振雷、孙卫华、张桂霞:《中国反恐怖主义法研究》,中国人民公安大学出版社 2016 年版,"绪论"第 1 ~4 页。

意志或者政策目标上，进而提出一些凸显国家意志或者政策目标的理论或者概念，这些理论或者概念具体包括敌人刑法、打击刑法、危险刑法、现代刑法（与经典刑法相反）、进攻性刑法（与防御性刑法相反）、预防刑法等。[1]

同时，包括反恐领域在内的“预防刑法”的建构也呈现出多元的模型视角。正如前述工具有效性维度的经济模型中的成本—收益分析视角，价值优位性维度的“风险社会”“非传统安全”“预防原则”“优先正义”等视角，主体组合性维度的公民自治模式视角，敌人刑法以及受害者刑法视角，以及在传统刑法模式上进行修补的加重因素视角等所分析的那样，预防性反恐刑法规范的建构可以有多种理念模式的支撑，为认识和防控恐怖主义及其相关犯罪提供了多角度的解决视角，可以在一定程度上更加全面地揭示恐怖活动犯罪的本质，进而更有效地制定恐怖活动犯罪的防控对策。

（三）反恐刑法的预防性规范具有多维的规制方向

立足于反恐刑法的预防性转向深刻的现实要求，同时多元的模型建构为我们提供了预防性反恐刑法规范的全景视角，预防性反恐刑法在立法和司法等层面更加具体的规制模式的特征也就凸显出来，表现出反恐刑法的预防性规范无论是程序性还是实体性的立法均具有制裁性质。反恐刑法的预防性规范呈现出既是一种结果也是一种过程，既是一种工具也是一种目的的多维规制方向。不同国家在各自的反恐刑法实践中根据其客观实际和出发点，究竟在多大范围和多大程度上对这些向度进行把握，则并未形成较为统一的认识。

向度之一为反恐刑法的预防性规范在实体和程序上均表现出制裁性质。从目前反恐刑法的生成路径和呈现的理论模型来看，并未显示出对该向度的直接讨论，但是，从目前不同国家或地区已经呈现出的反恐怖主义的相关立法和执法的实践观察，实体性和程序性的反恐怖主义立法兼有。从

---

〔1〕 See Ali Emrah Bozbayindir, *The Advent of Preventive Criminal Law: An Erosion of the Traditional Criminal Law?*, Criminal Law Forum, Vol. 29, No. 1, p. 25.

显现出预防性的反恐怖主义实体性和程序性立法来看,实体性刑事立法新设了针对涉恐怖主义的新罪名或者新规定,并相应地配置了特定的刑罚,不同国家或地区的程序性立法更是针对反恐怖主义增加了预防性拘留、限制令、安置教育、社会危险性评估、特殊累犯等举措,种种程序性的规定在本质上也越来越具有制裁性的性质。[1]

向度之二为反恐刑法的预防性规范呈现出过程与结果相统一的特点。刑法的本来属性就是一种以已然固化的结果为处置对象的法律工具,同时,其处理的结果和目的也直接指向对结果的惩罚、修复或者警示。预防性反恐刑法在上述刑法特质逐渐凸显之外,也显著地在其工具选择和手段设置中引入了新特点,即通过当下条件对将来结果的研判,采取事先、适度的手段进行截击、阻遏,使预防性反恐刑法产生更为强烈的过程控制色彩。

向度之三为反恐刑法的预防性规范呈现出工具与目的相统一的特点。从近代刑法诞生之初,刑法的定性和功能的厘定就一直饱受争议。尽管古典自由主义、实证学派、新古典自由主义或者是近现代纷繁复杂的交叉学科的学派等,都对刑法的定性和功能的建构根基和阐释内容有所差异,但均承认刑法具有特定目的,并且认为刑法应当忠实于其目的的实现。随着刑法定性研究视角的退潮和刑法的定量研究等视角的兴起,刑法工具主义视角也不断被建构和重塑。预防性反恐刑法正是反恐领域这种刑法工具主义思潮扩张的典型表现,将刑法作为实现公民和国家特定理念、追求的一种工具,在刑法之上再赋予一种目的、价值层面的东西加以引领。因此,预防性反恐刑法规范表现出了工具与目的相统一的特点。

---

〔1〕 不同国家的程序性反恐立法可能都涉及预防性拘留或者未经审判或指控的拘留,对预防性拘留的定义没有共识,但却可以从围绕它的大量文献中收集到,预防性拘留和传统意义上刑罚惩罚是否有本质区别,这是涉及国家惩罚的性质和正当性以及实体性刑法的深刻而有争议的问题。See Douglas Husak, *Lifting the Cloak*: *Preventive Detention as Punishment*, San Diego L. Rev., Vol. 48, 2011, p. 1173 - 1204.

第二节　预防性反恐刑法的潜在风险

预防性反恐刑法的萌生和形成已然具备了较为丰富的理论根基和实践测试,在一定程度和层面上展示了其不可阻挡、不可逆转的现实趋势。然而,对预防性反恐刑法的存在和运作学界并非全然认同或者毫无抵牾,赞成者和反对者皆有。反对者通常基于政治性的理由、替代性的风险和实践的可能性等视角,分析预防性反恐刑法带来的自我溃败或不融贯的缺陷,尤其是预防性反恐刑法立法的“泛化”事实以及对刑法谦抑性的背离。不可否认,“预防性国家行为还比制裁性国家行为更加广泛地逃脱了对国家权力的传统控制机制”,[1]预防性反恐刑法本质是一种扩张的刑法立法模式,其通过干预时点的提前和犯罪圈的扩大,使反恐刑法的触角伸得越来越长,由此也产生了诸多需要格外警惕和重点关注的潜在风险,有学者甚至形象地将这些潜在风险称为反恐中的规制“黑洞”。[2] 具体而言,预防性反恐刑法的潜在风险,可以概括为三个方面的冲突,即权力与自由的冲突、观念与现实的冲突、内容与技术的冲突。

一、权力与自由的冲突

预防性反恐刑法立法的出发点在于对涉恐行为进行提前规制,因此代表的是一种扩张的刑法立法模式,在国家刑罚权和公民自由权的二元体系中,这种扩张会带来二者的冲突,具体表现为政府反恐权力的加强与公民反恐义务的增多、公民权利的缩减与刑法保护的不足。因此,在预防性反恐刑

〔1〕［德］迪特尔·格林:《宪法视野下的预防问题》,刘刚译,载刘刚编译:《风险规制:德国的理论与实践》,法律出版社2012年版,第113页。

〔2〕See Penelope Mathew, *Black Holes, White Holes and Worm Holes: Pre-emptive Detention in the "War on Terror"*, in Miriam Gani and Penelope Mathew, Fresh perspectives on the war on terror, Canberra: ANU E Press, 2008, p. 159.

法立法时必须妥善处理二者之间的这种冲突。

(一)反恐权力的增强与公民义务的增多

在应对恐怖主义的过程中,采取预防性的立法规制模式已经成为多数国家的共识。具体从这一规制模式的内容看,其在规制发动、规制指向、规制标准和规制后果等方面做出了明显有别于传统反恐刑法的调整。深入剖析这些调整就会发现,其背后暗藏着政府反恐权力不断增强和公民反恐义务不断增多的风险。

一方面,在政府反恐工作机构的权力方面,为应对恐怖主义的蔓延,相关机构的权力有了较大的增强。例如,为了应对恐怖活动犯罪,政府的反恐部门在更大范围和更大程度上得到了授权,如在公共场所配置更多的监控设备,对特定的交通工具的乘坐人员信息进行留痕调取研判,对有特定举动的行为人进行临检、盘问甚至先行羁押、教育,对行为人的行政违法行为和刑事犯罪行为的关联进行模糊化处理,对涉恐怖主义犯罪行为人的再次犯罪进行从严把握和惩处,对刑罚执行完毕的涉恐犯罪人进行社会危险性评估并配以一定程度的监管等。这些反恐措施背后都体现了政府反恐权力增强。

另一方面,在公民义务方面,与前述政府反恐部门权力增强相对应,公民或者社会团体也在逐渐被课以更多的反恐义务,具体包括特定涉恐信息的报告义务、不得持有更广范围的特定涉恐物品的义务、不得与涉恐特定人员或者特定团体联系的义务、特定主体(物流企业、网络服务供应商、新闻媒体、金融企业等)在自己的经营范围内主动预防恐怖活动犯罪的义务等。例如,《刑法修正案(九)》在我国刑法中增设了"拒绝提供恐怖主义犯罪、极端主义犯罪证据罪",这意味着《刑法修正案(九)》通过刑罚加强了公众提供恐怖主义犯罪、极端主义犯罪证据的义务,即明知他人有间谍犯罪或者恐怖主义、极端主义犯罪行为,在司法机关向其调查有关情况、收集有关证据时,知情的公众应当如实、全面地反映自己知悉的情况和掌握的证据,拒不提供的,将以犯罪论处。

(二)公民权利的缩减与刑法保护的不足

国家刑罚权力与公民自由权利之间是一种对立关系,国家刑罚权力扩张,意味着公民自由权利的缩减;相反,国家刑罚权力缩减,意味着公民自由权利的扩大。因此,在刑法立法中如何巧妙地平衡国家刑罚权力与公民自由权利,是立法者需要重点考虑的问题。从以往的立法实践和经验可以看出,如果出现了严重危害法益的行为或者已有的行为随着社会的发展表现出了更加严重的社会危害性,国家就会通过增设新罪的方式扩张刑罚权,达到对法益的充分保护,但同时意味着公民自由权利的缩减。正如有学者所言,虽然预防性犯罪化契合了风险社会中国家的风险应对政策和民众的安全需求,但是也要清晰地认识到,预防本身具有无止境扩展的本能,总是倾向于将国家介入的界点不断前移,由此可能产生的问题就是国家刑罚权的不断扩张和公民权利空间的不断压缩。[1] 因此,预防性反恐刑法立法在防范公众不被恐怖主义行为侵扰的同时,在整体上也容易破坏基于限制国家权力、保护个体自由发展而来的法治价值,必须对此保持警惕。

从预防性反恐刑法立法文本看,为了实现对恐怖活动犯罪的源头治理和事前预防,多采用预备行为实行化、共犯行为正犯化的立法技术,在涉恐怖主义的行为危险尚未现实化的阶段就进行干预。虽然这种刑法干预前置化的立法旨在遏制恐怖活动犯罪,但由于其所规制的行为并未产生现实的危害,而仅仅是一种行为危险,甚至是一种较为遥远的抽象危险,因而以此制定的罪刑规范就容易虚置,或者成为学界所称的“象征性立法”。一旦预防性反恐刑法条文沦为象征性立法,其除了规范宣示意义之外,在犯罪预防和惩治上就很难发挥实质作用,由此会造成刑法对公民权利保护不足的问题,即空有规范之形而无权利保护之实。从学界的认知来看,对象征性立法

[1] 参见张永强:《预防性犯罪化及其限度研究》,中国社会科学出版社2020年版,第107页。

也普遍表现出担忧和批判，大多数学者认为其背离立法的科学性、有效性原则，缺乏法益保护功能，无法发挥立法的规制功能以及保护人民和指导司法的作用，主要是实现“有形式意义上的立法存在感”或宣示一种“规范声明”。[1]

二、观念与现实的冲突

预防性反恐刑法规范的生成和运作附带的潜在风险，还表现在反恐观念与反恐现实之间的冲突加剧上。尤其是随着预防性反恐刑法的超前干预，会使全能刑法观念出现进一步的蔓延、刑法工具主义出现进一步强化以及道德恐慌危机进一步显现，而这又是预防性反恐刑法立法必须警惕的。

（一）全能刑法观念的蔓延

美国“9・11”事件是刺激全球多数国家和地区进行反恐立法转型的标志性事件。在“9・11”事件发生之前，大多数国家和地区还没意识到恐怖主义威胁的紧迫性和严重性，对恐怖主义的规制在立法上处于零散甚至缺位的状态，与全球恐怖主义形势完全不匹配。但正如前文所述，“9・11”事件发生之后，恐怖主义极大刺激了世界各国及公众的安全神经，“安全”（包括国家安全、公共安全、个人安全等）成为每个国家乃至全球公共事务的核心议题，绝大多数国家和地区也都充分认识到恐怖主义威胁的严峻性，并加紧了国内反恐立法的进程。同时，从各国和各地区的反恐立法思路和内容来看，各国和各地区都改变了以往保守、克制的立场，放弃了利益衡量上的约束，强调对恐怖主义进行从严、从快、从重规制，甚至不惜以完全超越法律范畴的战争模式进行反恐。不过，面对这种强烈、冒进的反恐立法现状，也有司法文件指出，“民主制度注定不能使任何手段都具有正当性，它不能采用

[1] 参见[德]克劳斯・罗克辛：《刑法的目的难道不是保护法益吗？》，樊文译，载陈兴良主编：《刑事法评论》（第19卷），北京大学出版社2007年版，第155页。

它的敌人使用的一切方法。有时，民主必须一定程度地束缚其手脚来开展斗争。但无论如何，民主本身是最高目标，就如同遵守法治原则和保障个人自由一样，都是安全的主要组成部分”。[1]

刑法是治理社会、规范行为的重要手段之一，在多元、多层次的手段之中，通常认为刑法具有被动性、后置性、基本性和严厉性等特质。因此，刑法的作用在其发挥领域、发挥方式和发挥效果等方面均呈现出一种克制的姿态，传统刑法在罪名设置、刑罚配置、具体适用、刑罚执行等方面都保持着这种克制姿态，并逐渐凝练出了“刑法谦抑”“刑法必要性”等原则，以此对刑法立法、司法、执法等环节进行指导和匡正。在刑法功能的发挥方面，无论是立法者、司法者还是学界，均认识到了其具有的局限性，从而谋求刑法在其定位上尽可能发挥最大作用。然而，随着社会现实的急剧变迁，各种规范在应对这种变迁上显得不如以往周到或有效，规范间的划分和关系也在不断地被重构，其中，对刑法更加周到、有效的期待尤其迫切。

预防性反恐刑法正是这种期待之下的产物，同时反映出全能刑法观念蔓延的印迹和趋势。这主要表现在以下几个方面：其一，将刑法的应对防线愈加地推向反恐的前线，从恐怖主义线索的获取、恐怖主义情报的收集、恐怖主义活动萌芽的处置、恐怖主义活动的应对，到对恐怖分子、恐怖组织、涉恐怖活动犯罪人员、恐怖主义物品、涉恐怖主义资金、恐怖主义事件等的处理，不断地向诸如此类的纵深延展；其二，将刑法的应对网络愈加地紧密化，从恐怖分子、恐怖组织、涉恐怖活动犯罪人员、恐怖主义物品、涉恐怖主义资金等要素，到恐怖主义的煽动、宣扬、（组织）培训、准备实施、正式实施、实施后的活动等行为，预防性反恐刑法的网络无不涉及；其三，将刑法的应对力度愈加地强烈，传统刑法以处置完整、既遂的行为为原则，以处置不完整、非既遂的行为为例外，并且将例外行为依附于原则行为的处置，而预防性反恐

[1] High Court of Justice [H. C.] 5100/94, Public Committee Against Torture in Israel v. Government of Israel, 53(4) P. D. 817, 840(Heb.).

刑法则选择单独释明罪状或者单位配以罪刑的方式，将应对的标准独立化，应对的力度加大化；其四，将刑法的应对后果愈加地严厉化，前述应对阵线的提前、应对网络的织密、应对力度的加大自然而然带来了应对后果的严厉化。预防性反恐刑法的种种表现均彰显了在反恐领域刑法万能主义全能刑法观念的蔓延，并不断地侵蚀了刑法以往保持克制的根基。

(二)刑法工具主义的强化

刑法无疑是社会治理、行为规制的重要手段之一，但是刑法功能的发挥却不仅仅止于这种手段之“用”，归根结底，刑法还要发挥其功能主义之“体”的功能。随着社会风险的集中涌现和规则应对的失衡，包括刑法在内的法律呈现出了剧烈的活性化特点，由此也使刑法立法的工具主义倾向被进一步强化，而社会公众情绪化的安全诉求是其背后的重要推手。刑法在立法上表现出的这种工具主义倾向而言，具体表现在以下几个方面。

其一，犯罪化的边界在不断延伸，典型的就是预备行为实行化、共犯行为正犯化、义务行为积极化等。对此，有学者认为，“这种罪行(vice crimes，副罪行、次要罪行)将刑事责任扩大到仅仅是准备行为，并且经常采用模糊民事和刑事之间传统边界的混合程序”，“预防性司法通常被认为是一种现代现象，在打击恐怖主义和恋童癖的斗争中最突出，并且在‘破窗’的实施—停止和冒险的警务中做出补充”，“近年来围绕传统上被理解为无受害者的罪行的言论和理由已经发生了变化……那些支持这种立法举措的人试图以他们预防危害的能力来证明他们的合理性，这种危害可能不像传统上与刑法相关的那种伤害那么重要，而且更加减弱，但却有害”。[1]

其二，刑法中越来越多地体现了警察权的扩张。众所周知，警察作为应对恐怖主义的中坚力量，根据恐怖活动犯罪形势适度增加其权力是应该的，但是一旦在反恐的口号下无限度地扩张警察权力，则容易造成公民权利的

---

〔1〕 Stuart P. Green, *Vice Crimes and Preventive Justice*, Crime Law and Philosophy, Vol. 9, No. 3, 2015, p. 562.

贬损。

其三，刑法中越来越多地体现了情报部门的延展，刑法对于恐怖主义及其活动的核心实施人员，即恐怖分子进行了更周密的规制，同时对实施事前、事中协助、参与、事后包庇、藏匿等行为的涉恐怖主义及其活动的边缘人员，对不同行业中负有特定审慎审查、监管、报告义务的主体等，都进行了更为全面的规定，使得种种义务不断向情报部门延展。

归结起来，刑法工具主义的抬头呈现出以下演变特征：一是实质扩张向形式扩张演变，刑法立法逐渐淡化规则构建的实用性和可行性标准，而让位于立法冗生的格局，形成了立法的实体性扩张向形式性扩张的“新刑法工具主义”趋向；[1] 二是理性主导向民意裹挟演变，在刑法立法需要坚守刑法的最后手段性和谦抑性原则的基础上，刑法立法更多地要综合考量问题的现实性、刑法的正当性和对策的可行性等指标，而在民意澎湃激荡的格局下，过分重视问题的现实性，而忽略了刑法的正当性和对策的可行性等考量，导致民意裹挟理性；三是效用妥适向政策评判演变，在前面两种趋势的推动下，刑法的效用评判标准发生异化，刑法规范评判标准的相对客观性被过度主观化。因此，正如有学者倡导的那样，“应正视刑法工具属性的客观性与刑法功能主义的发展性，以比例原则控制极端工具化的异变”。[2]

三、内容与技术的冲突

对于预防性反恐刑法的潜在风险，除了权力与自由、观念与现实之间的冲突外，立法内容与立法技术之间的冲突也是极为明显的。因此，在未来的预防性反恐刑法立法中，要特别注意消解内容与技术之间的冲突，使预防性反恐刑法规范文本更加科学。

---

〔1〕 参见魏昌东：《新刑法工具主义批判与矫正》，载《法学》2016 年第 2 期。

〔2〕 高铭暄、孙道萃：《预防性刑法观及其教义学思考》，载《中国法学》2018 年第 1 期。

(一)立法内容的无序扩张

回溯刑法发展的历史,刑法立法经历了在罪刑法定主义原则指导下的快速发展,这种发展既包括顺应时代发展需求的理性发展,也不可避免地出现了一些非理性扩张的现象,这在反恐刑法的预防性发展倾向中尤为明显。从对预防性反恐刑法的特征描述和类型划分可以看出,对恐怖活动犯罪的刑法规制在行为危害性、规制对象、规制方式、规制后果等方面都表现出强烈的预防性倾向。投射到刑法立法的具体内容上,在整个刑法体系中就呈现出内容的无序扩张。从其规制方式的视角来看,预防性反恐刑法可以大致被类型化为4类,即预备犯型、危险犯型、持有犯型、义务犯型,在不同的类型项下,分别设置了具体的罪名。这本是刑法从粗疏迈向精细化的一种进步之举,但是从整个刑法体系和反恐体系来看,却并未达到这种精细化立法的初衷,反倒徒增了无序冗杂。

四种类型的预防性反恐刑法罪行多是"在其造成伤害之前,就把目标对准了行为,这种预防犯罪的主要例子是先期犯罪、拥有'无辜'对象的犯罪和抽象危害的犯罪";[1]同时,在罪状描述的语言和文字中,准备、持有、穿戴、帮助等动词,恐怖主义、恐怖主义物品、恐怖组织、恐怖活动、恐怖分子等名词,都在不断变化中向外扩展,导致核心词汇越来越扩散模糊。

(二)立法技术的惯性制约

预防性反恐刑法反映了刑法在规制恐怖主义及其活动的刑法新尝试,但是这种尝试是植根于传统刑法既有的理念、框架和立法技术的土壤之上的,这就造成了当下立法技术对"完美预防"期待的惯性制约,而产生一种嫁接的错位。一方面,传统刑法业已形成的规制体系框架对预防性反恐刑法新规范的约束产生了排异反应,这集中表现在预防性反恐刑法罪名与传统

---

〔1〕 Ali Emrah Bozbayindir, *The Advent of Preventive Criminal Law: An Erosion of the Traditional Criminal Law?*, Criminal Law Forum, Vol. 29, No. 1, p. 25.

反恐刑法罪名的关系上、预防性反恐刑法罪名与普通犯罪罪名的关系上,先前行为罪名与实施罪名如何处理、重罪与轻罪的再判断、共同犯罪的判断等都需要在反恐领域进行一定程度的特殊判断。另一方面,刑法领域衍生出的对“完美预防”状态的期待加剧了立法技术的滞后性和僵硬性,国家利用技术使某些犯罪行为几乎不可能——预防犯罪的新范例,为国家创造了治疗那些抵制传统惩罚和有针对性预防的社会弊病的机会。

完美的预防性国家要求我们明确承认个人有权决定是否违法的合法权利,承认这种权利意味着对完美的预防性国家有三个限制:一是国家不能直接干涉个人是否违法的决定;二是国家不应当将个人从事其他合法行为的自由以其将来从事犯罪行为的意图为条件;三是国家在使用完善的预防技术时应保持透明,澄清其在实施该技术方面的作用,并阐明其寻求预防的行为。因为惩罚最好尊重个人自治,所以它应该是预防犯罪的首选手段。尽管如此,在某些情况下,惩罚不能防止出现特别有害行为的充分事例,并且可能有理由使用其他预防犯罪手段。然而,完善的预防和预防的适当等级不太明确,哪种方法更可取,都需要逐案评估。[1]

(三)刑事界限的不断模糊

除却立法内容和立法技术方面的演变与限制外,在立法框架下,原本壁垒清晰的刑事界限会变得模糊,刑法与民法之间的界限、刑法与行政法之间的界限会愈加不清晰。众所周知,刑事界限问题是罪刑法定主义原则和刑法必要性原则等现代刑法所建构起来的重要“防火墙”,是用以区隔、分流不同领域、不同手段的关键樊篱。在这样一种认知下,反恐问题也作出了民事领域、行政领域和刑事领域的区分,刑事手段被定性为最后的手段而被有限制地使用。相比于民事手段、行政手段的延展,反恐刑法的触角也越来越向民事领域和行政领域延展,其所呈现的预防性面向可以说更是这种延展的

〔1〕 See Michael L. Rich, *Limits on the Perfect Preventive State*, Connecticut Law Review, Vol. 46, No. 3, February 2014, p. 933 – 935.

典型表现。

对于刑法与民法之间界限的不断模糊,有学者就指出,"这种罪行(预防性的犯罪,副罪)将刑事责任扩大到仅仅是准备行为,并且经常采用模糊民事和刑事之间传统边界的混合程序","允许民法用于刑法目的,而没有正常的程序保护"。例如,根据英国反社会行为秩序规定,如果被告被发现以反社会方式行事,则可以施加民事命令,法院可以下令禁止被告做出命令中描述的行为。违反这项民事令被视为刑事犯罪,最高可判处5年徒刑。[1] 它们通过对(适用于)民法的问题实施刑事制裁,并在没有通常提供的程序保护的情况下实施此类处罚,从而模糊了民法和刑法之间的界限。

对于刑法与行政法之间的界限不断模糊来说,就更是如此,这点主要相对于采取行政法与刑法分立的法律体系的国家或地区来说,因为英美法系通常并不严格区分行政处罚与刑事处罚,他们采取的是一种定性不定量的模式,而在我国则采取了一种定性加定量的模式,行政法与刑法之间有较为清晰的界限,在这样的模式下,有的以行为显著的质的差异为区分标准,有的以行为的可量化的量的差异为区分标准,有的以行为加结果(有与无)、情节(一般、严重、特别严重等程度)等要素为区分标准。因此,刑法与行政法在处置很多领域事项时本身就具有一种质、量变化增减的性质区分,而且在刑事立案标准、司法解释密切指导刑法适用的现实条件下,更加剧了这种界限的侵蚀模糊性,使得刑法与行政法的犬牙交错,这在预防性反恐刑法与前置的行政法中尤其明显。

除上述对预防性反恐刑法在权力与自由、观念与现实、内容与技术方面的冲突外,预防性反恐刑法立法的潜在风险,还体现在很多方面,而且这些潜在风险会给我们带来更多的疑问和思考。其一,如果认为现代的、具有前瞻性的预防性犯罪(如批准反社会行为命令和控制命令的犯罪)反映了与传

---

[1] See Stuart P. Green, *Vice Crimes and Preventive Justice*, Crime Law and Philosophy, 2015, Vol. 9, issue 3, p. 562, 574.

统的、被动的、事后的、惩罚性的刑法范式的背离,那么对罪行的考虑该如何进行?其二,现代预防性犯罪反映了它们所禁止的行为与它们寻求预防的危害之间的不合适,这些罪行基本上是过于宽泛的,那么副罪在多大程度上受到类似缺陷的影响?其三,已经进行了各种尝试,对刑法范围内的预防犯罪进行分类,那么如何将这类罪行纳入这项分类计划?它们是预防性犯罪完全包含的子集吗?其四,现代预防性司法犯罪有时被认为是道德恐慌的结果,执法通常以歧视的方式进行,这些罪行在多大程度上反映了一系列类似的社会起源和执法模式?其五,通常认为预防性司法罪行模糊了刑法和民法之间的界限,那么副罪在多大程度上做类似的事情?由此可见,就目前预防性反恐刑法立法而言,其仍然是在争议中不断探索的一种立法模式,预防性反恐刑法立法的潜在风险也正在逐步显现,这也进一步说明预防性反恐刑法虽然从治理恐怖主义的角度来看具有必要性,但也要注意其潜在的风险,进而使其更加科学、有效。

第三节 我国预防性反恐刑法的认知辨正

预防性反恐刑法规范的逻辑生成反映了其生成路径、理论模型和逻辑特点,预防性反恐刑法的潜在风险则揭示了其在权力与自由、观念与现实、内容与技术方面的冲突。就国内研究而言,已有学者敏锐地觉察到了“预防性刑法观”存在压制或者削弱刑法谦抑精神的倾向,并指出即使在风险社会语境下“预防导向”具有非常重要的价值和意义,但也要注意预防的限度,不能借助风险预防将纯粹的思想犯或者言论犯纳入刑法处罚的范畴,最多也只能是处罚预备犯,毕竟刑法在规制风险方面的作用也是有限的。[1]

预防性刑事立法的功能思想在于以积极干预为导向,追求预防效果,并

---

〔1〕 参见刘仁文、焦旭鹏:《风险刑法的社会基础》,载《政法论坛》2014 年第 3 期。

强调灵活回应。虽然这种立法思想能够提升风险控制的效率,并表现出一种令公众感受得到的积极姿态,但其也潜藏着一些令人担忧甚至惧怕的后果:一是这种积极的预防性立法一旦膨胀,就会导致整个社会治理对刑事制裁的过度倾斜和依赖,因为刑事手段在整个社会治理手段中见效最快、强度最明显;二是这种积极的预防性立法在规制技术性风险的同时,其自身也会创造出新的制度性风险,而对社会公众而言,这种制度性风险同样是非常可怕的,尤其是在对公民权利的限制和克减方面;三是这种积极的预防性立法表现出的灵活性,在回应社会关切的同时也会对早已形成和固化的法治体系和约束力造成破坏,对这种破坏的修复也需要付出相当的成本。简言之,即使在风险社会语境下展开预防性反恐刑法的言说,也必须正视三个挑战性问题,即以传统结果为导向的刑法无法满足风险管控的要求、刑法无法确保风险管控的有效性以及旨在处理风险问题的措施自身也可能带来新的风险。

因此,在预防性反恐刑法立法必要性和预防的风险性并存的情况下,就需要深入对预防性反恐刑法的认知进行辨正。从具体的辨正路径看:一方面,需要从模式和手段方面回应预防性反恐刑法的妥当性与风险性,反思其张弛的限度;另一方面,需要从内容和目的方面回应其有效性与失效性,反思其效用的大小。最终回归到预防性反恐刑法逻辑的立场厘定,阐释清楚规制从事后向预先前移并不与刑法逻辑相背离、法益从固态向外部弥散并不与刑法法益相矛盾,以及反恐从惩罚向预防转变需警惕刑法的刑事政策化规制自反性的结论,从而为反恐刑法的当下趋势和转型奠定根基。

一、预防性反恐刑法的妥当性与风险性

(一)预防性反恐刑法的妥当性

反恐刑法作为反恐法律体系中的一部分,恐怖活动犯罪的演变升级自

然会导致反恐刑法规范的呼应，这种呼应的表现之一就是在反恐的刑事规制中各种层面的预防性转变。随着刑法反恐“预防性”的描述和探究越来越多，“预防性”的与时俱进、现实需求和理论根基也逐渐显现出来。诸如工具有效性维度、价值优位性维度和主体组合性维度的预防性反恐刑法规范理论模型的类型化观察视角，以及量刑加重因素等隶属于刑法转型模式内部的较为零碎的探讨视角，无不支撑了预防性反恐刑法的现实存在意义，证成了其生成路径和对其的规制模式必须要在新的历史条件下因时因事因人因地而变。反恐刑法规范的预防性转变具有深刻的现实要求、反恐刑法的预防性建构具有多元的模型视角、反恐刑法的预防性规范具有渐变的规制模式。这无疑是预防性反恐刑法在模式和手段上妥当性的体现。

（二）预防性反恐刑法的风险性

预防性反恐刑法主要强调的是对涉恐的相关行为表现出危险时就对其进行规制，而不是等到危险现实化为实害结果时再进行规制。这意味着刑罚处罚的触角开始向前延伸，越发接近公众日常活动的领域。虽然从源头预防恐怖活动犯罪的角度来看，这种立法模式具有积极意义，但与此同时产生的不可忽视的问题是，刑罚扩张后对公民权利造成的克减风险也会变得非常明显。因为从本质上来说，预防很可能导致一种结果性的逻辑，对于实现预防目的这样一个难以达到的目标，即通过防止每一个可能的行为来提供（绝对）安全性将是非常困难的，会引发有害后果。〔1〕因此，对预防性反恐刑法规制本身可能产生的制度性风险不应被低估。正如有学者提出：“争论中的风险概念是不明确的，这种模糊性可以用下面的方法来强调，在某些情况下，某些人肯定会遭受某种后果，但不确定的是，在一群人中，那个人会是谁，这被称为‘封闭式风险’。还有其他一些情况，也不确定有多少人会受到影响，每个人都有风险，但还不清楚是否会有人受到伤害，或者是很多人受

〔1〕 See Ali Emrah Bozbayindir, *The Advent of Preventive Criminal Law: An Erosion of the Traditional Criminal Law?*, Criminal Law Forum, Vol. 29, No. 1, p. 25.

到伤害,这被称为'开放式风险'。"[1] 由此可见,无论是封闭式风险还是开放式风险,除了违法犯罪本身带来的可感知的不安损害风险("技术性风险")外,还有规制违法犯罪所衍生的易被忽略、潜在的规制风险("制度性风险")。在预防性反恐刑法立法中,在积极应对恐怖活动犯罪风险的同时,更需要我们警惕的是规制本身带来的制度性风险。

(三)预防性反恐刑法的张弛度

法律的逻辑与其正当性密切相关,如何平衡好预防性反恐刑法规范在模式、手段上的妥当性与攻击性,是正确理解预防性反恐刑法的关键。一方面,传统刑法理论主张,刑法调整方法和手段上的特殊性,决定了其所调整的社会关系的特殊性,即动用最严厉的法律制裁调整具有特别重要性的社会关系。"刑法是其他部门法的保障法"是其法律性质,刑法是其他部门法组成的"第一道防线"之后的"第二道防线"。没有刑法做后盾和保证,其他部门法往往难以彻底贯彻实施。[2] 这强调了刑法的后置性与强制性收缩的一面。另一方面,新近刑法理论主张,"国家有能力侵入公民私人活动的领域……公权力机关把公民作为自主的道德主体的态度越不严肃,公权力机关就越容易将纯粹的私人活动作为犯罪"。[3] 事实上,这种思想是国家站在保护公民的立场积极、主动地对一些自认为危险的或者有害的行为进行规制,哪怕这种危险或者危害还只是一种尚未付诸实施的思想或者动机。显然,预防性反恐刑法或多或少就反映出这种立法思路,这也从更广层面反映了刑法迈向政治性、预防性扩张的一面。

实际上,很难说反恐刑法规范上产生的模式、手段上的妥当性与攻击

---

〔1〕 Victor Tadros, *Controlling Risk*, in Andrew Ashworth, Lucia Zedner and Patrick Tomlin, Prevention and the Limit of the Criminal Law, Oxford: Oxford University Press, 2013, p. 149.

〔2〕 参见赵秉志、袁彬:《刑法与其他部门法关系的调适》,载《法学》2013 年第 9 期。

〔3〕 Peter Ramsay, *Preparation Offences, Security Interests, Political Freedom*, in RA Duff, Lindsay Farmer, SE Marshall, Massimo Renzo and Victor Tadros, eds., *The Structures of the Criminal Law*, New York: Oxford University Press, 2011, p. 145.

性攻防格局的演变是绝对的好或者绝对的不好,因为所有的模式和手段在一定程度上均与犯罪的防控体系有关。预防性反恐刑法立法到底应该坚持何种模式、何种手段,并无一个绝对的参考标准,除不违反共识性的刑法立法原理外,在具体选取模式、手段时更应当注意规则的连贯性和适用的灵活性。对于预防性反恐刑法立法的妥当性与攻击性限度该如何把握,在未来的预防性反恐立法时可以参照以下方向性标准:一是有效性标准,即预防性反恐刑法立法在对某种涉恐行为进行犯罪化立法时,要尽量确保其是有效的犯罪化,而不是无效的犯罪化;二是类型性标准,即预防性反恐刑法立法在对拟进行规制的涉恐行为进行描述时,要注意描述的类型化和与相近犯罪行为的区分,在构成要件的安排上要尽量采用例示法,避免构成要件的过度抽象化;三是层级性标准,即预防性反恐刑法立法在规制相关涉恐行为、配置相应刑罚时,要注意轻重有度,即使是强调对涉恐行为的严厉打击和重刑规制,也要有所区分和差异,尽量避免配刑畸轻畸重的现象;四是国际性标准,即预防性反恐刑法立法不仅要立足国内反恐实际,也要关注国际反恐趋势,尤其是要借鉴国际上先进的反恐立法经验,及时对相关反恐国际条约或者反恐区域性文件中的内容有选择地进行转化。[1]

二、预防性反恐刑法的有效性与失效性

(一)预防性反恐刑法的有效性

规制结果和规制过程的有效性判定是规则正义与否的另一重标尺,成本—收益等经济分析更是随着犯罪防控形势的变化而在反恐怖主义领域显得更加重要。在这样一种显著而明晰的有效性判断模式下,反恐刑法的预防性趋向就显得尤为必要,预防性反恐刑法的规制有效性也得到了广泛的认可和接纳。作为恐怖主义防控治理结构体系中的一环,预防性反恐刑法

〔1〕 参见张明楷:《刑事立法的发展方向》,载《中国法学》2006 年第 4 期。

从以下三个方面体现了其有效性:其一,预防性反恐刑法补充了反恐法律体系的结构,体现了规制体系的完整性;其二,预防性反恐刑法从规制结构(性质、危害性)、规制内容(对象)、规制方式、规制技术(阶段)、规制后果等不同维度出发,建构了刑法领域的反恐罪刑体系,体现了规制范围的丰富性;其三,预防性反恐刑法从实体性制裁兼采程序性制裁、结果判断兼采过程控制、目的设置兼采工具运用方面,体现了规制方向的多元性。

因此,从整个反恐规制体系的完整性和反恐刑法体系规制范围的丰富性、规制方向的多元性可以看出,预防性反恐刑法规范在成本—收益的经济分析模式下,其有效性是非常显著的,可以实现恐怖活动犯罪的预先控制。

(二)预防性反恐刑法的失效性

仅仅从预防性反恐刑法建构的正面性来验证预防性反恐刑法规范的效用是不全面的,除此之外,还需要从其负面性来观察其效用的限度。总体而言,在刑法从传统制裁性、回复性刑法向预防性、预判性刑法转变的过程中,支撑预防性反恐刑法有效性判断的说理和评价模型显得比较单一、粗疏。

一方面,从其投入成本情况来看,整体呈现出刑法的应对防线愈加蔓延至反恐前线、刑法的应对网络愈加紧密、刑法的应对力度愈加强力、刑法的应对后果愈加严厉等趋向,导致反恐刑事制裁的运行资源成本呈几何式增长。以往主要由行政机关协助公安机关、检察机关、审判机关办理案件的模式被打破,案件前端和案件后端参与主体数量开始增多,案件前端主体囊括了国家安全保卫部门、情报机构等,案件后端参与主体囊括了相关社区、相关单位、相关公民等。

另一方面,从相应的处置程序设置来看,预防性并非仅仅是反恐刑法立法的趋势,更是包括行政规制在内的行政法立法的趋势,严格刑事制裁程序前大规模的行政规制程序因此启动。从应然层面上讲,这种大规模的行政规制程序很难被正式评价为一种常规的刑事分流举措,这就在实效上大大减损了规制手段的适法性和正当性,造成了权力与义务的不断膨胀和权利与自由的不断克减,进而削减了预防性反恐刑法的效用。因此,从预防性反恐刑法规范的负面性观察,其效用的失效性也在不断暴露。

(三)预防性反恐刑法的效用大小

法律的逻辑与其效用性也是密切相关的,如何把握好预防性反恐刑法规范内容、目的上的有效性与失效性是理解预防性反恐刑法逻辑的另一维度。一方面,应当承认包括刑法在内的法律规制手段在应对恐怖主义的时代、地域演变上的更新升级。由此,反恐刑法出现预防性的趋势可以说正是有效回应这种演变的举措,它能够带来刑法在应对层出不穷、时移世易的恐怖活动犯罪行为的手段上的增量和质变,能够有相对充足的手段确保刑法打击犯罪和保障人权功能的实现。另一方面,也应当认识到包括刑法在内的法律规制手段自身的局限性和运作的自反性等局限。从其自身的局限性来看,刑法手段并非万能的,预防性反恐刑法规范也只能在其划定的领域内发挥有限的作用,而且预防性反恐刑法规范尚存在发展建构的空间,对于概念和定性的判断还存在模糊不清和未能达成共识之处,辅助反恐刑法预防性趋势罪名体系和刑罚体系的一些程序性和实体性制度尚未建立完善,本是规制恐怖活动犯罪前端的违法犯罪行为的举措在落地过程之中和之后也在滋生新的问题,从而产生副作用。在预防性反恐刑法规范这样的有效性与失效性维度并存的场景下,怎样把握好其中的效用维度的评判,是正确认识预防性反恐刑法规范逻辑的重要前提,也是正确建构反恐刑事法治体系的关键环节。

在理顺一项法律制度和法律建构的效用维度的视角上,也存在多种看法:有的从侧重法律制度的“体”的视角进行分析,更加重视法律制度本身理念、理论正义性所自然而然产生的效用的正当性;有的则从侧重法律制度“用”的视角进行分析,更加偏向法律制度建构的路径、方法而带来的过程性和结果性的效果。可以说,一项法律制度和法律建构的内容、目的直接由其“体”“用”维度反映出来,并构成了不同层次、不同面向的维度,“体”“用”视角的不同在追求预防性反恐刑法更好的适用的角度上并没有本质的冲突，却需要处理好预防性反恐刑法规范在“体”“用”和不同“用”之间的关系。对此，有学者就提出了“刑法‘工具法制’与社会治理的比例供给观”，旨在处理好经济社会进化与犯罪交替的刑事政策协同，厘清刑法谦抑精神的内涵并转向“必要处罚”及积极预防思维。[1]

三、预防性反恐刑法逻辑的应有认知

从预防性反恐刑法规范的生成逻辑观察到潜在风险的揭示，再到根基上的认知辨正，归根结底是要厘清我们在建构预防性反恐刑法规范时所应秉持的逻辑立场，认清预防性反恐刑法的真实面向，并正确对待预防性反恐刑法规范的未来进路。具体而言，应该认识到，预防性反恐刑法规制从事后向事前前移并不与刑法逻辑相背离、法益从固态向外部弥散并不与刑法法益相矛盾、后果从惩罚向预防倾斜需警惕规制自反性风险。

（一）规制从事后向事前前移并不与刑法逻辑相背离

从刑法内容和形式从古至今的演变中可以发现，随着人们认识的不断提高和立法的不断进步，当下刑法罪刑法定原则、罪责刑相适应原则、刑法面前人人平等原则等互相影响、有机统一的指导原则逐渐形成，并在此基础上形成了通说认为的刑法是一种被动发动、位置后置、功能保障的定位和认知。在传统刑法所规制的犯罪领域中，如典型的人身伤害、财产损害等犯罪场域，通过与民事法律、行政法律的衔接配合，这种认知得到了验证和体现。因此，刑法的“事后法”的性质和“保障法”的定位基本成为理论界和实务界的共识。在这样一种认知和共识的共同推动下，对刑法原则理念的具体运用、对刑法制度罪名的具体建构都发展出一种“事后法”和“保障法”的逻辑，刑法被赋予了典型的克制、被动的色彩。但是，随着社会的

---

〔1〕 参见高铭暄、孙道萃：《预防性刑法观及其教义学思考》，载《中国法学》2018 年第 1 期。

变迁，尤其是信息技术的发展和网络的普及，犯罪的实施手段、实现场域和公众的认知体感、行为模式等都发生了巨大变化，与传统刑法生长土壤和环境相比呈现出了迥然不同的面向。这些变化对刑法造成的影响是显而易见的，刑法体系中罪名的具体建构越来越多地呈现出规制发动的活性化、规制指向的抽象化、规制标准的短缩化以及规制后果的预防化等“事前法”的特征。刑法不再仅仅是一种后位的“保障法”，更是一跃进入了与民事法律、行政法律相平行的前位法序列，刑法的积极行动、主动干涉成为一种崭新的面向。

对此，有学者更为直接地指出，刑法是“事前法”而不是“保障法”，其应当与其他部门法处于同一序列，以往将刑法定位为“保障法”，是对“保障法”在语义上误读的结果，刑法的“事前法”地位不仅是由罪刑法定原则实质侧面要求刑事立法的事先价值判断决定的，而且是由刑法的正义价值决定的。[1] 详言之，关于刑法的“保障法”地位应当用发展的眼光看待，而不能是呆板甚至停滞的死守，以往之所以强调刑法的“保障法”地位，主要是出于限制刑罚权扩张的考虑，但前提是法益得到了充分、有效的保护，如果因为一味地死守“保障法”地位而导致刑法无法对法益（尤其是新型犯罪领域的法益）实现充分、有效的保护时，就应当对刑法的“保障法”地位进行必要的反思和适当的调整。

事实上，“事前法”与“保障法”之间并不存在不可逾越的鸿沟，无论是“事前法”的定位还是“保障法”的定位，都应当服务于刑法保护法益目的的实现，如果脱离了法益保护的考量，单纯地对刑法“保障法”地位的死守是没有意义的，正所谓“皮之不存，毛将焉附”。不过，这并不是否定以往将刑法定位为事后“保障法”的全部意义，其基于刑罚手段的严厉性而要求刑罚权的启动要秉持审慎的态度，即使在作为“事前法”的预防性刑法立法中同样

〔1〕 参见孙道萃：《刑法“事先法”之理念导读》，载《福建警察学院学报》2013年第2期。

具有积极的约束意义。正如高铭暄教授所言,“(刑法)‘事后保障法’的实质,应当是强调刑事制裁的严厉性决定了刑罚权的慎重启动,但并不禁止刑法基于保障功能与保护功能而理性参与社会治理,更不意味着刑法只能在危险已发生、结果已出现时采取面向过去的‘事后应对’,刑法适时主动应对风险是非常必要的转变”。[1]

一言以蔽之,对刑法而言,特别是对一些迥异于传统刑法领域的新型工具型犯罪场域、高概率危害领域、严重后果领域等刑法新对象,积极不等于越位、克制不等于无涉。在这些场域中,在严谨体认刑法严厉惩罚性的同时,还应当发挥刑法的活性功能、协同机能,更新刑法的理念、原则等,以解决潜在的刑法运作风险,在国家权力与公民权利之间做好平衡,尤其是引导公权力正确、有效、规范、合理地行使。

(二)法益从固态向外部弥散并不与刑法法益相矛盾

在刑法的建构和运作过程中,刑法所保护的对象究竟为何物,一直以来都是充满争议的问题。按照边沁的理解,对刑法而言,立法者在创制刑法规范时要找寻到刑法所要保护的“公共利益”。从传统立法来看,刑法对公民财产、自由、健康、生命及一定条件下的生活秩序等进行了类型化,并给予不同程度的保护。诸如此类的公民的生命、健康、自由以及财产、一定条件下的秩序等,学者将之抽象后归纳概括为“法益”。在传统刑法领域中,刑法法益呈现出一种高度的感知性、可还原性,而且更多地表现出一种物质性、具体性及个别性,这种法益的特性保证了刑法建构和司法运用过程的稳定性和结果的可复制性。

但是,随着社会的变迁,刑法功能呈现出发展性、协同性的嬗变,刑法社会化、政治化的趋势加强。受此影响,刑法边界和刑法客体也随之变化,法益逐渐被抽象化、集体化。具体而言,普遍的法益观由物质性、具体性及个

---

〔1〕 高铭暄、孙道萃:《预防性刑法观及其教义学思考》,载《中国法学》2018 年第 1 期。

别性开始朝着抽象性、精神化、集体性的方向发展,[1]法益呈现出由原来的“接地气”而不断向上拔高、向外弥散的趋势。或许有学者会批判,近来刑法制度罪名中出现的法益向上拔高、向外弥散的趋势是违背法益对刑法建构的限制作用的,会造成刑法标签效应的主观化、运行逻辑的结果化、规制风险的反向化等刑法攻击性特征的加剧,产生刑事制裁投入成本呈几何式增长和规制手段的正当性减损等不良后果。因此,应当对这种法益向上拔高、向外弥散的趋势保持高度警惕。

本书认为,这种法益观的正确性和妥适性是值得怀疑的,还应该更深入地对法益观进行与时俱进的、有效的认知和建构,法益从固态向外部弥散并不与刑法法益设置的初衷和技术相矛盾。一方面,毋庸置疑,随着社会的发展,公民和国家的权益的表现形态本身就会发生与时俱进的演变,使之不仅有物质性的法益面向,更有精神性的法益面向;不仅有具体性的法益面向,更有抽象性的法益面向;不仅有个体性的法益面向,更有群体性的法益面向。因此,法益的范围和层次自然会不断丰富。另一方面,在刑法法益的自身体系中,法益之于刑法的作用既是一种限制,也是一种表现,其限制在于法益以其所具有的内容在一定程度上的抽象性、类型化对刑法的建构和适用划定了一定的范围和解释空间,使刑法不会在施法者的任性恣意或社会生活的千变万化中丧失应有的克制和谦抑。其表现在于法益以其所具有的内容上与时俱进地对生活样态的囊括力,以及生活主体的适应性对刑法的建构和适用提供源源不断的新素材和新场域,使刑法不会在千变万化的社会生活中失去活力和作用。因此,刑法法益既是一种限制,也是一种突破,预防性反恐刑法规范所体现的法益观并不必然与刑法法益设置的初衷和技术相矛盾。

---

[1] 参见舒洪水、张晶:《法益在现代刑法中的困境与发展——以德、日刑法的立法动态为视角》,载《政治与法律》2009 年第 7 期。

(三)后果从惩罚向预防倾斜需警惕规制自反性风险

从刑法与刑事政策等的关联和相互作用的视角来看,传统刑法在惩罚与预防二元格局下更加重视惩罚的一面,预防一般是作为惩罚的当然后果和附随效果出现的,预防的理念和姿态更多地体现在刑事政策中。而预防性反恐刑法规范所体现的规制后果从惩罚本位向预防优先的转变则在一定程度上改变了刑法与刑事政策二元分立的格局,刑法与刑事政策的交融愈加明显。具体而言,一方面,轻重罪的划分与刑法后果轻重的关联性有被侵蚀的风险,因为,通常来讲,重罪才有预防化的必要,而预防化却客观导致轻罪的扩展,这种轻重的关联性在预防性反恐刑法中有断裂的危险。另一方面,轻罪在辅助重罪中大量产生,更多地成为贯彻一个领域刑事政策的手段和策略,进而导致刑法在运作过程中避重就轻、避此就彼,量的反向悖论与刑法的刑事政策化同时出现。例如,以《刑法修正案(九)》为例,整体来看,其在目的上凸显了刑法在社会秩序维护方面的功能,在手段上凸显了刑法提前介入的预防性立法。就这种立法思路和尝试的自反性风险而言,其容易造成部分犯罪行为入罪时的过度犯罪化,进而对公民的自由权利造成侵蚀,同时,也给传统刑法教义学提出了挑战,并"在一定程度上导致刑法和刑法理论的二元化"。[1]

鉴于此,我们必须警惕刑法从注重后果惩罚转向危险预防的过程中出现自反性风险。社会治理的刑法空间与刑法保障功能的扩容存在正面的关系,前者往往决定后者的运作场域。同时,犯罪变迁与刑法变革之间虽有内生性的逻辑协同关系,但并非直接可以"接通",往往需要借助刑事政策的疏导与润滑。理由在于"犯罪学是刑事政策学的基础和'上游学科',刑事政策学是犯罪学发挥学科价值的基本途径"。[2] 刑事政策的过度刑法化

〔1〕 于改之、蒋太珂:《刑事立法:在目的和手段之间——以〈刑法修正案(九)〉为中心》,载《现代法学》2016年第2期。

〔2〕 张旭、单勇:《论刑事政策学与犯罪学的学科价值及其连接点》,载《法商研究》2007年第5期。

是刑法极端工具化的“病灶”,是刑法可能过度参与社会治理的“内因”,甚至纵容预防性刑法观的潜在风险,应当防止刑事政策强势“替代”刑法的本体地位。

尽管刑法体系积极容纳预防性因素是刑事政策(公共政策)刑法化的反映,但这绝非为了摧毁刑法自由价值的根基与使命,而是为了在新时期更好地保障个体自由与公众自由。当前,最迫切的是树立刑法局限性与刑法功能发展性的并重思维,确保由事实、价值到规范的转换经得起立法科学性、处罚正当性与制裁有效性的反复检验。与传统罪责论、社会罪责论和功能罪责论〔1〕相比,预防性反恐刑法的个性融合了更多的考量,因此,预防性反恐刑法是“建立在相对意志自由基础之上、加入预防目的的经验功能罪责论:刑罚是为积极一般预防服务的,刑法罪责应该被理解为虽然有相对自由还是实施不法行为”。〔2〕 事实上,与罗克辛(Roxin)和雅各布斯(Jakobs)的罪责理论相比,预防性反恐刑法反映出的是一种介于二者之间的罪责观念。

以规制必要性的判断标准评估反面性是一种假设。因此,在具体设置时,预防性判断的正面就可以从某种行为保护的利益是否重大、拟预防行为的最终危害发生可能性大小、拟预防行为的最终危害与被禁止的行为之间的关联性大小等方面,〔3〕进行是否“过度”或“不及”的判断。预防性判断的反面就可以从某种行为的禁止是否牺牲了公民个体的最根本利益、拟设置的规范是否促进了所保护的利益。正如美国学者胡萨克教授所说:“第一,不论制定的法律是为了达成何种目标,都必须是为了实现国家重大利益;第二,制定的法律必须能直接促进该利益的实现;第三,为了实现国家利益的

〔1〕 主张绝对意志自由的传统罪责论和主张一般他行为可能性的社会罪责论以及用预防代替罪责试图绕过意志自由讨论的功能罪责论。

〔2〕 从预防角度解读罪责的实质内涵是晚近德国学界发展出来的重要思潮,其中以雅科布斯教授提出的功能罪责论和以罗克辛教授提出的答责性理论为代表。参见张晶、舒洪水:《预防罪责理论介评——以德国刑法学说为主线的展开》,载《河北法学》2012 年第 11 期。

〔3〕 参见姜敏:《“危害原则”的法哲学意义及对中国刑法犯罪化趋势的警喻》,载《环球法律评论》2017 年第 1 期。

目的,制定的法律不能超过必要的限度。"[1]

综上所述,在当下的恐怖主义防控体系下,预防性反恐刑法带来的预防性犯罪化的认识和态度尤其需要矫正,既不能妄自菲薄、矫枉过正,也不能故步自封、机械僵硬,要尽量做到不偏不倚。受立法"定性+定量"的犯罪界定模式的影响,在国外被认为属于犯罪的一些行为在我国并未认定为犯罪。此外,与具有行政权属性的警察权相比,在我国现有法律制度体系下,司法权的权威和效能相对要弱一些,所以在进行预防性反恐刑法立法时要警惕警察权向司法权领域的扩张或者过度依赖,进而防止过度犯罪化。

从预防性反恐刑法认知辨正分析中所呈现的模式和手段方面的妥当性和攻击性、内容和目的方面的有效性与失效性这两对范畴来看,需要根据我国的国情,在理性、科学的思维指导下对预防性反恐刑法运行的逻辑如何张弛有度、如何实现效用进行反思和建构。在上述的分析和阐释、比较和论证下,我们认为,预防性反恐刑法规制从事后向预先前移并不与刑法逻辑相背离、法益从固态向外部弥散并不与刑法法益的设置初衷相矛盾。但是,反恐刑法规制后果从惩罚向预防的倾斜仍须值得警惕刑法重罪—轻罪在质、量和范围上的必要性的悖论以及刑法的刑事政策化规制的自反性风险,反恐刑法预防性的趋势和转型需要我们深刻认识到上述的可能福祉和潜在危机,在"黑洞"中把好前行的方向。

---

[1] [美]道格拉斯·胡萨克:《过罪化及刑法的限制》,姜敏译,中国法制出版社2015年版,第207页。

第五章　我国预防性反恐刑法立法的应有立场

反恐刑法立法的“预防性”转型，是恐怖主义在全球范围内持续蔓延的必然结果，也是选择法治模式对其进行规制并将其融入社会治理的必然要求。我国预防性反恐刑法立法的现实镜像：一方面，反映出国家对恐怖活动犯罪进行系统、主动规制的积极姿态；另一方面，也映射出我们在建构预防性反恐刑法规范体系时存在的问题，这些问题在根源上不仅与全球反恐的法治化进程有关，而且与不同地域的恐怖活动犯罪特点有关。我国的预防性反恐刑法立法在关注国际反恐立法动态的同时，还需重点关注本土化问题，尤其是要有自己的独特立场，并在此基础上形成自己的特色。从当前我国恐怖活动犯罪的显著特点、国家治理恐怖主义的长远战略和恐怖主义治理的公众期待等方面综合考虑，我国的预防性反恐刑法立法应该坚持的立场可以概括为三个方面：一是坚持总体国家安全观指导下的法治反恐立场；二是坚持多元利益冲突制约下的利益平衡立场；三是坚持刑法与时俱进需求下的原则修正立场。从这三个立场出发建构我国未来的预防性反恐刑法规范体系,既能有效地贯彻落实总体国家安全观和依法治国的精神,也能在预防性反恐刑法立法过程中协调各方利益关系,还能通过基本原则的修正实现刑法规范体系的与时俱进。

第一节　总体国家安全观指导下的法治反恐立场

近年来,在国际和地区恐怖主义持续蔓延的背景下,全球绝大多数国家对恐怖主义都进行了严厉打击,不仅通过加强国内反恐立法的方式织密了反恐法网,而且积极参与地区或者国际反恐合作事宜,力求形成国际或者地区反恐合力。虽然历经各国的努力和合作,全球恐怖主义蔓延的势头有所压制,但整体来看,恐怖主义仍然是世界和平发展的最大威胁,恐怖活动犯罪在世界各地仍时有发生,严重影响了当地的经济发展和民众生活。就目前而言,如何应对恐怖主义威胁仍然是世界各国面临的一大难题,也是全球公共事宜合作中的重要议题。面对这样的全球反恐形势,我国一方面全方位、大幅度提升了国家反恐的力度和强度,积极参与区际和国际反恐合作;另一方面则将反恐工作提升到了国家战略高度,逐渐探索出了总体国家安全观指导下的法治反恐路径,强调在总体国家安全观指导下建构完善的反恐法律制度体系,不断提升法治反恐能力。事实上,坚持法治反恐的立场,既是顺应国际反恐趋势的优化选择,也是治理我国恐怖活动犯罪的有效举措。历经多年实践,我国的法治反恐也形成了自己的特色,那就是在总体国家安全观的指导下,预防性反恐刑法在内容上更加丰富、多元,结构上更加多层次、立体化,运作上更加辩证、动态。在坚持法治反恐立场的基础上,我国的预防性反恐刑法规范一方面赋予了政策性的决策以法治化的轨道,另一方面为总体国家安全观的规范性表达注入了刑法的精神内核。

一、预防性反恐中坚持法治反恐的背景

（一）顺应法治反恐的国际共识

人类发展的历程表明，社会的向前发展离不开对社会规则的创制和改良。“穷则变，变则通。”在所有社会规则的创制、改良与完善的过程中，逐渐形成了人治与法治两种模式，二者以社会治理根本标准的差异为本源的分水岭，在不同历史时期、语境特色下的成效各异，及至近现代，则基本形成了摒弃人治、推崇法治的普遍共识。通常避免让一个国家出现高度争议的最佳途径，是寻求不同的人可能同意的解决方案，使运作良好的社会让人们有可能在需要达成协议时达成协议，并且在无法达成协议时不必达成协议。[1] 可以说，在某种程度上，法治正是这种在国家面临高度争议时，能够达成的不同人之间可能同意的解决方案。

反恐领域所涉及的各种问题，正是这种存在高度争议的国家问题之一，而在应对恐怖主义及其活动威胁的挑战时，包括我国在内的越来越多的国家选择了法治反恐的立场，并逐渐形成了一种国际共识。纵使不同地区恐怖主义及其活动有其特有的背景和土壤，尤其是具有不同的诉求、手段，但恐怖主义及其活动却不可避免地具有一些共性，即无论是出于政治的、历史的、宗教的、哲学的原因还是其他一些方面的原因，也无论是采取个人的形式还是组织团体的形式，其都是采用了激进、极端甚至是严重暴力的手段，不仅针对政府组织、社会组织，更是逐渐演化为不加区分地针对普通公众，由此给国家与社会、个人与群体造成了严重的危害。这种普遍的危害性决定了反制恐怖主义及其活动的必要性和紧迫性，也反映出反恐举措所涉及的法律范畴（如权利与自由、职责与义务、安全与发展等）的根本性。要妥善

〔1〕 See Cass R. Sunstein, *Laws of Fear: Beyond the Precautionary Principle*, Cambridge: Cambridge University Press, 2005, p. 2.

处理好这些具有根本性、极易引发高度争议的国家问题,坚持法治立场成为一种必然选择。

（二）解决中国问题的善治之举

预防性反恐强烈的内生需求,纷乱的规制现状引发法律当否介入,以及如何介入的困惑,需统一方向,限定条件。党的十九大报告明确了总体国家安全观统领反恐策略的核心地位,强调国家利益至上,以人民安全为宗旨,政治安全为根本,统筹应对恐怖主义威胁。立足总体国家安全观,预防性反恐契合人民安全需求,有助于总体国家安全目标的实现,具备法律规制的正当性。首先,预防性反恐是公众安全需求的规范写照,根源于公众事前规制恐怖主义行为的强烈愿望,是人民安全的合理诉求。其次,预防性反恐是政府保障人民安全的职责宣示、诺言承兑。最后,预防性反恐是实现总体国家安全目标的制度保证。预防性反恐凸显了政府打击恐怖主义的坚定决心,公众惩治恐怖主义的强烈愿望,重在宣示恐怖主义行为的违规错误,能有效抑制恐怖主义事件的发生,对摧毁恐怖主义重罪具有一定的积极作用,[1]是凝结公众安全意愿的制度设计。

社会规则是为社会问题的治理服务的,法治反恐立场下的治理规则也同样如此,其有着明确的目的指向。在不同的话语语境和本土条件下,通往反恐治理的有效路径或许不止一条,甚至有些路径在短期内能到达到摧枯拉朽的功效,但是,在平衡各方利益诉求、实现各种机能方面,不同土壤条件下的手段却有着不同的优势。随着我国法制体系的愈加健全和全面依法治国战略的持续深入推进,在反恐领域坚持法治立场,不断完善反恐法律制度体系,充分运用法治意识、法治思维、法治方法[2]进行反恐,既是满足当前反恐实践需要的必要手段,也是解决中国问题的善治之举。

---

〔1〕 参见郑延谱:《预备犯处罚界限论》,载《中国法学》2014 年第 4 期。

〔2〕 参见康均心:《全球反恐背景下国家安全法治体系构建》,载《山东大学学报(哲学社会科学版)》2017 年第 2 期。

在妥善解决反恐问题的众多路径当中,法治反恐的路径日益得到重视和实践,即通过法治为各项反恐工作和举措提供根本性、全局性、长期性的制度保障。基于法治反恐的立场,我国近年来出台了一系列关于打击恐怖主义、维护国家安全方面的法律法规,逐渐丰富和夯实了中国特色的反恐法治体系,为全面开展国内反恐实践提供了充足的法治资源,基本形成了我国的法治反恐格局。[1] 从反恐刑法领域来看,坚持法治反恐立场,就是在将相关的涉恐行为纳入刑法规制的犯罪圈以及认定恐怖活动犯罪行为时,既要坚持那些早已取得共识并被反复实践的刑法原则、原理、价值的指导,也要立足实践治理的需要和公众期待对相关规范及时进行调整和完善,提升反恐刑法规范的科学性、正当性和有效性,不能仅仅停留在“抽象法理的言说与推导”层面。[2]

二、反恐视角下总体国家安全观的解读

总体国家安全观作为新时代党中央提出的重要的安全工作指导思想,在反恐领域尤其是预防性反恐刑法领域发挥着重要的指导作用,因此,在反恐领域必须贯彻落实。然而,要在预防性反恐刑法领域贯彻落实总体国家安全观,首先需要对作为新事物的总体国家安全观的基本内涵进行全面了解,然后在此基础上把握总体国家安全观指导下的反恐要义和反恐功能。

(一)总体国家安全观的基本内涵

“总体国家安全观”是党的十九大提出的新时代坚持和发展中国特色社会主义的基本方略之一,是完善国家安全制度体系、加强国家安全能力建设的重要指导思想,对我们应对国内外安全挑战、维护国家安全和社会安定都具有十分重要的指导意义。无论是国家安全制度体系的完善,还是国家安

[1] 参见康均心:《习近平新时代反恐理论的形成与发展》,载《法商研究》2018年第5期。
[2] 参见赵军:《法治语境下极端主义犯罪治理定量研究》,载《中国法学》2016年第6期。

全能力的提高,均需要贯彻落实“总体国家安全观”;同时,无论是与国家安全相关的理论研究,还是立法、司法、执法等环节的实践活动,均应当将总体国家安全观作为其指导思想。当前,持续蔓延的恐怖主义是我国国家安全最直接、最严重的威胁,党的十九大也将反恐纳入了国家安全战略,强调“统筹应对传统和非传统安全威胁”,“反对一切形式的恐怖主义”。而刑法又是打击恐怖活动犯罪最直接、最有力的工具,因此,在刑法的立法、司法、执法活动以及理论研究中落实总体国家安全观,是当前必要、正确的选择。预防性反恐刑法是新近刑法立法专门针对恐怖活动犯罪兴起的立法模式,在预防性反恐刑法立法过程中贯彻总体国家安全观的精神,既是提升刑法应对恐怖活动犯罪能力的体现,也是确保刑法在规制恐怖活动犯罪时发挥持久效力的做法。

总体国家安全是指导预防性反恐刑法立法的新思想,要想让总体国家安全观在预防性反恐刑法立法及适用中真正发挥指导作用,就必须对总体国家安全观的基本内涵进行准确把握。与以往倡导的安全观不同,从内容上来看,总体国家安全观是一种综合性的安全观,不仅重视国土安全,而且重视人民安全,并强调以人民安全为宗旨;不仅重视传统安全,而且重视非传统安全。换言之,总体国家安全观构建的是集政治安全、国土安全、军事安全、经济安全、文化安全、社会安全等于一体的国家安全体系。从处理安全、发展与稳定的关系上来看,总体国家安全观既重视发展问题,又重视安全问题,发展是安全的基础,安全是发展的条件,富国才能强兵,强兵才能卫国;既重视自身安全,又重视共同安全,打造命运共同体,推动各方朝着互利互惠、共同安全的目标相向而行。[1]

由此可见,总体国家安全观是以习近平同志为核心的党中央对国家安全理论的重大创新,是新形势下走中国特色国家安全道路、维护和塑造中国

---

〔1〕 参见习近平:《坚持总体国家安全观 走中国特色国家安全道路》,载《人民日报海外版》2014年4月16日,第3版。

特色大国安全的强大思想武器和行动指南,是习近平新时代中国特色社会主义思想的重要组成部分。[1] 同时,总体国家安全观是一个中国特色的安全概念,浸透着中国传统文化的基因,富有"中国意蕴"。从反恐视角来看,总体国家安全观以应对非传统安全为基本出发点,建构了内容上更加丰富、多元,结构上更加多层次、立体化,运作上更加辩证、动态的国家安全观,实现了反恐重心从惩治向治理、运作基础从政策向法治、运行机制从应急性向常态化、依托主体从国家力量向国家与社会协同的转化升级。[2]

(二)总体国家安全观的反恐要义

总体国家安全观既是新时代应对我国面临的各种安全问题和安全挑战的重要指导思想,也是新时代推进国家治理体系和治理能力现代化进程中国家安全工作的行动纲领。恐怖主义是我国当前最突出的安全问题和挑战,总体国家安全观的提出也为我国的恐怖主义治理实践指明了方向。

一方面,总体国家安全观提炼出了反恐的核心指向。从总体国家安全观提出的现实背景和理论进路来看,其是在我国经济社会发生显著变化的新时期提出的,针对的是当下日益严重、复杂、多变的国内外安全威胁以及逐渐提升的公众安全需要。总体国家安全观具有更加丰富、多元的内容,更加多层次、立体化的结构和更加辩证、动态的运作方式,尤其是蕴含其中的国土安全与国民安全、传统安全与非传统安全、发展问题与安全问题、自身安全与共同安全的安全门类范畴,对集政治安全、国土安全、军事安全、经济安全、文化安全、社会安全等为一体的综合内容提出了全面而准确的分析,并成为指导国家安全相关立法和实践的重要思想。具体到恐怖主义及其活动的打击和防范,当下我国的反恐局势已经鲜明地指向了国土安全问题与

---

〔1〕参见高祖贵:《居安思危　知危图安——深入学习贯彻十九大报告坚持总体国家安全观的重要论述》,载人民网,http://theory.people.com.cn/n1/2018/0222/c40531-29828432.html?ivk_sa=1025922q,最后访问日期:2023年7月10日。

〔2〕参见冯卫国:《总体国家安全观与反恐对策思考》,载《理论探索》2017年第5期。

人民安全问题兼有、传统安全问题与非传统安全问题并发、发展问题与安全问题交织、自身安全问题与共同安全问题共存的样态,这是以总体国家安全观为指导而精准提炼出的反恐核心指向,也为包括预防性反恐刑法在内的反恐立法和实践指明了方向。

另一方面,总体国家安全观统筹了反恐不同范畴的平衡。对于涉及复杂多样的安全问题,尤其是反恐所涉及的安全问题,总体国家安全观并未简单地给出一个应对方案;相反,其提出的策略是辩证的、动态的、全面的、有层次的。具体而言,辩证地看待恐怖主义及其活动与反恐举措的关系,在内容丰富、门类多样的关系范畴之间寻求平衡;动态地看待恐怖主义及其活动与反恐举措的关系,清醒地认识到我国恐怖主义及其活动的历史背景、当下内外格局,进而试图指导未来反恐举措的科学决策;全面地看待恐怖主义及其活动与反恐举措的关系,对我国恐怖主义及其活动的形势演变、危害蔓延、制控指向等都有所绸缪;有层次地看待恐怖主义及其活动与反恐举措的关系,充分认识到种类、对象、地域等的不同而导致的安全指向的不同,对于丰富反恐举措的层次性提供了思路。

三、法治反恐中总体国家安全观的展开

如前所述,在中国化法治反恐语境下,总体国家安全观因其基本内涵与反恐需要相契合,可以为反恐工作提供更加明确的指向,并统筹反恐不同范畴的平衡。但是,从本质上来看,总体国家安全观是抽象的理念指引,在具体到法治反恐领域时,还需要进行规范化表达,即将其转化为符合立法要求和规律的规范性文字。落实到预防性反恐刑法领域,要将总体国家安全观在内容、结构和运行等方面的要义与预防性反恐刑法的预防性面向、刑法规范性、刑法设置等紧密结合。唯有如此,总体国家安全观的思想内涵才能真正融入预防性反恐刑法规范的构造和适用中,总体国家安全观对预防性反恐刑法的指导价值才能最大限度地发挥。

(一)为预防性反恐加强规范性的表达

总体国家安全观顺应现实的变化和理论的发展需求,逐渐在实践中丰富起来,从其提出的主体、建构的内容、服务的目的、产生的效果等方面来看,都有深刻的历史背景、现实根基、运作方式和目的指向。一方面,其能够在一定时期、领域和范畴内发挥高屋建瓴、立竿见影的效果;另一方面,在目的性充裕而制衡性不足的场域下,又容易产生矫枉过正的风险。因此,要使总体国家安全观发挥稳定、持久的效用,则需要将其转化为一种规范性的表达,配以规范性的制衡工具。

充分发挥总体国家安全观的指导作用具有强烈的目的性指向、丰富的内涵性建构以及显著的理论性契合等优势,如何从更具有可操作性和规范性的视角对其进行转化就成为一个重要的议题,这需要处理好政治、政策与立法的转化关系。从刑事政策与立法政策的关系方面来说,我国"宽严相济刑事政策在最初提出时具有明显的司法性特征,但随着实践中从司法理解向立法思路的拓展,该政策完成了向'基本刑事政策'的转变",但刑事政策与刑事立法政策在本质上讲不应是一个包含的关系,"宽严相济刑事政策应回归为司法政策"。[1] 从刑法去政治化的视角来看,刑事政策在一定程度上就是在刑法体系和刑法理论去政治化过程中产生、发展的,而如何重新建构刑事政策对刑法学的影响(刑法学的刑事政策化),则是一个需要深入研究的重大课题。[2]

具体到预防性反恐刑法领域,总体国家安全观转化及其规范性表达,则有赖于对"预防性"面向的塑造和规范条文的设计。就"预防性"面向的塑造来看,应当确立这样的认识,即预防性反恐刑法中的"预防性"是基于国家安全的考虑而对刑法规范进行调整,是预防原则在反恐刑法立法中的运用和体现,其要求政府应当采取严格的方式承担相应的责任,尤其是现代风险治

---

〔1〕 孙万怀:《宽严相济刑事政策应回归为司法政策》,载《法学研究》2014 年第 4 期。

〔2〕 欧阳本祺:《中国刑法学的去政治化》,载《法学研究》2013 年第 1 期。

理方面的责任,而这种严格的方式不仅包括法律方式,而且要求法律规定本身也积极贯彻“(强)预防原则”的基本要求。[1] 之所以如此,主要是因为恐怖主义作为非传统安全威胁的典型代表,表现出了不同于以往风险的新特征,而运用传统作为“保障法”的刑法对恐怖主义进行规制时出现了现实困境,不仅治理效果非常有限,而且难以满足社会公众日益高涨的“安全”诉求或者“安全”期待。换言之,面对严峻的恐怖活动犯罪形势,“即便是最有效、最严厉的事后制裁,对社会安全感的增量都是极为有限的”。[2]

(二)为预防性反恐注入政策精神内核

近年来,恐怖主义及犯罪活动持续蔓延的严峻形势极大地刺激了公众的安全神经,也引起了各国对安全问题的重视和积极回应。在恐怖主义全球治理和我国依法治国战略深入推进的背景下,充分运用法治思维和法治方法,在法治轨道内全面开展反恐工作,不断加强反恐国际、区际合作,推动国家反恐能力建设,不断完善以国家安全为核心的反恐法治体系,是维护国家安全和实现社会长治久安的必由之路。

毫无疑问,相关政策在提示恐怖活动风险、提供反恐应对思路等方面清晰明确,同时需要以刑法的精神内核进一步限制。坚持法治反恐,就必须在反恐工作中运用法治思维,严格依法反恐,在坚持“打早、打小、打苗头”的同时,贯彻宽严相济刑事政策,在法治的框架内最大限度地打击恐怖活动犯罪行为;对恐怖活动犯罪中的首要分子、罪行极其严重的人员进行严惩;对参与恐怖活动犯罪的一般人员则要区别对待,对那些因受蛊惑和蒙蔽而参加恐怖组织或者恐怖活动的,要尽量通过教育、帮扶等进行挽救。这种政策战略的法律化过程,使刑事司法的回应成为综合反恐体系的重要组成部分和保底条款,使随现实演变的有高有低的综合反恐政策与稳定而持续的刑事

---

〔1〕 参见陈景辉:《捍卫预防原则:科技风险的法律姿态》,载《华东政法大学学报》2018 年第 1 期。
〔2〕 倪春乐:《“预防性”正义及其风险——中国反恐刑事立法审视》,载《上海政法学院学报(法治论丛)》2018 年第 2 期。

司法体系一起运行，达到既有常规的应对恐怖主义及恐怖活动的预防系统（反恐领导小组），又有严密、严厉的防控恐怖活动犯罪的刑事司法系统，两种系统分工协作、各有侧重，真正能够结合我国实际解决中国本土的恐怖威胁及国家安全问题。

综上所述，预防性反恐刑法规范需要有中国自己的立场，首要就是要立足于自身的现实境况、历史文化和理论进路坚守总体国家安全观指导下的法治反恐立场，这不仅是由社会治理的国际法治发展共识所验证的，而且是从本国问题出发由我国的发展目标、方向和阶段决定的。总体国家安全观以其更加丰富、多元的内容，更加多层次、立体化的结构以及更加辩证、动态的运作模式，完成了与反恐理论、反恐实际的深度契合，更进一步地要求提升其表达的规范性和可操作性，充分将总体国家安全观在内容、结构和运行等方面的要义与预防性反恐刑法的预防性面向、刑法规范性、预防性刑罚紧密结合，为规范性表达注入刑法精神内核，进而形成预防性反恐刑法规范的中国立场。

第二节　多元利益冲突制约下的利益平衡立场

特定土壤下，某个问题的妥善解决需要战略上的把握、理念上的厘清和原则上的指导。战略把握是后续理念厘清和原则指导的重要前提，而理念厘清则是对战略把握的必要延续，同时，刑法原则指导的前提是刑法理念的厘清，因此，持有何种反恐刑法的观念对后续建构何种以及如何执行原则具有关键作用。从预防性反恐刑法规范来看，其理念的厘清具有更为重要的价值和意义，不仅是建构“预防性”说理的重要内容，也是回应反恐刑法预防性风险的重要途径。从预防性反恐刑法理念的具体内容和结构来看，存在诸多冲突，而这些冲突的背后实际上是不同利益的衡量。因此，要站在利益平衡的立场,处理好这些冲突关系,具体而言,至少需要处理好自由与安全诉求、国家与公民义务以及危害与危险认知这三对规制理念的关系。对于自由与安全诉求这对范畴来说,总体国家安全观为安全的理解提供了一个可取的思路,对于预防性反恐刑法,则需要特别注意主观安全与客观安全、公共安全与个人安全的平衡;对于国家与公民义务这对范畴来说,则需要平衡好国家义务与个人义务、积极义务与消极义务;对于危害与危险认知这对范畴来说,则需要进一步对危险与危害、报应与预防做出平衡。

一、安全观:自由与安全诉求平衡的理念

(一)主观安全与客观安全

"安全"一词,是指没有受到威胁,没有危险、危害、损失,对其的认识,人类经历了无知(不自觉)的、局部的、系统的和动态的过程。它可以是一个节点,也可以是一种状态;它可以是一种无害的现实场景,也可以是一种主体内心形成的安定观感。在当下恐怖主义持续蔓延的背景下,包括反恐刑法在内的反恐法律体系的应对重点,不仅是现实化的恐怖活动的重大损害,即客观安全问题,更是有逐渐转向恐怖活动重大损害所带来的超地域、超个人范畴的强烈的公众不安,即主观安全问题,客观安全问题与主观安全问题的交织,加剧了反恐刑法安全问题应对的复杂性。

在对客观安全问题进行认知和评价时,因其形成了清晰、固定的后果,故相对而言较好判断和定性;而主观安全问题因其更多地涉及个人乃至特定群体对某种事项内在的观念和感知,是内化于人的情绪,外显于人的语言或者特定行为的,相对之下则显得飘忽不定、难以捉摸。在这样的情势下,如何精准认知主观安全则成为平衡好预防性反恐刑法安全观的重要内容,不仅需要价值理性,更需要技术理性。

一方面,平衡好主观安全与客观安全需要价值理性,因为在特定时段内科学是不确定的,相关的技术手段也是不可靠的,最终还是公众的价值观

（包括认知性价值观和反思性价值观）会发挥重要作用。例如，公众可能对潜在的灾难性风险感到特别担忧，而且会表现在外在的言行等方面，最终又会影响公共决策的选择和效果的实现，这属于认知性价值观作用的体现。此外，公众的反思性价值观同样会对其行为产生重要影响，尤其是通过决策的利弊优劣分析，最终会选择一种最优路径。

另一方面，平衡好主观安全与客观安全也离不开技术理性，所有对于价值的把握、过程的展开、效果的判断等内容都离不开特定时空背景下运用一定的捕捉手段、判断手段、评价手段，在特定价值观的指引下形成对主观安全问题的处理，使立法活动必须对具体危险基于理性、现实的判断，避免舆论所构筑的“虚假安全”或者隐身于立法决断背后的个人或群体所形塑的公共安全意见裹挟反恐刑法体系。[1]

（二）公共安全与个人安全

在反恐刑法领域，除了主观安全与客观安全这对安全观范畴需要重点关注外，公共安全与个人安全也是一对重要的范畴，也需要特别关注。在安全观的理论中，从主体的呈现形态来看，往往存在游离的、原子式的个人安全和不特定的、群体式的公共安全的形态差异，前者在传统刑法中是常见的典型样态，通常表现为犯罪行为对个人的生命、健康、财产等权益造成了不应有的严重损害，从而导致对个人安全的侵蚀，具有明显的反道德性；后者则在传统刑法中处于一种辅助地位，更多地为行政法律所规制，但随着行政刑法的增多，刑法中出现了越来越多对公共安全造成损害或危险的罪名设置，对威胁不特定多数人的生命、健康、财产以及秩序等权益的行为进行规制。在预防性反恐刑法中，这种公共安全与个人安全所涉及的非简单多数

[1] 参见郑雨舟：《反恐刑法规制路径之评价与思考》，载《Science and Engineering Research Center. Proceedings of 2018 2nd International Conference on Advances in Management Science and Engineering（AMSE 2018）会议论文集》，Science and Engineering Research Center，2018 年，第 319 页。

与少数的安全构成也是重要的争议点。

在预防性反恐刑法中,公共安全与个人安全同时存在,而且公共安全通常也是服务于个人安全的维护。传统以个人安全为中心的刑法难以有效回应反恐新格局下的各种风险和挑战,于是公共安全呈现不断扩张的趋势。因此,公共安全与个人安全的平衡把握尤其重要,而其平衡把握则需要从公共安全与个人安全的相互作用机制和判定着手。应当认识到,一方面,个人安全是刑法规制的常态,公共安全是个人安全的进一步抽象化,正如有学者指出的那样,"法益的本源性价值在于保护个人自由,集体法益的核心则是维护秩序,集体法益在形式上与个人自由是此消彼长的关系,但二者并非完全对立"。[1] 另一方面,公共安全却并非个人安全问题的简单叠加,可以具体化的个人安全问题不是公共安全问题,应当正视公共安全的性质特殊性和工具扩张性。

公共安全问题具有显著的不特定性和群体性,故其主体结构方面具有数量多、驳杂性、传染性等特点;其行为模式虽然也以结果实现、行为完成等为判断标准,但是其规制节点的前移辅之以越来越多的特定义务日益成为其行为规制的新趋势,故其规制模式具有鲜明的预防性特点;其保护的要素不仅仅是现实化、固定化的生命、身体健康、财产等权益,而且是保护主体结构下愈演愈烈的安全观感和内心安宁,故其保护要素呈现显著的精神性特点;其可能产生的后果也并非算数相加,而是指数级增加,故其后果具有认知、控制和修复上的难点。因此,从其主体结构、行为模式、保护要素、产生后果等方面来看,公共安全需要从这些特点方面重点把握,以实现与传统刑法个人安全的有效区别和判定,既不忽视公共安全的抽象性、模糊性,也不能否定公共安全扩张的必要性和正当性,但必须正视公共安全扩张所带来的问题以消解其中可能存在的紧张关系。

---

[1] 孙国祥:《集体法益的刑法保护及其边界》,载《法学研究》2018年第6期。

二、义务观：国家与公民义务平衡的理念

（一）国家义务与个人义务

“作为国家任务的风险预防，已经非常不同于传统理解的国家通过危险消除来保障安全……传统安全模式的认知基础已经发生革命性断裂，风险预防并不是遥远将来进行的危险消除的调整，而是一个全新的安全概念，当然，它还需要法律上的具体化。”[1]刑法是国家以强制力对行为主体违反强制义务而给予的否定性谴责和评价。因此，这就涉及国家义务和个人义务的分配平衡问题。基于对国家义务与个人义务不同内容和程度的不同态度，在保护何种权益、如何保护等方面形成了国家主义刑法观和个人主义刑法观两种相互对立的刑法观。前者认为刑法不仅保护个人权益，更要保护被侵害的国家权益，因此，在手段行使上奉行的是更为积极主动的保护主义；后者认为刑法基于自由主义的前提更为重视保障个人权益，犯罪归根结底是对个人权益的侵害，为保护个人权益，除了对被侵害的个人权益进行保护救济恢复外，对要动用刑法手段惩处侵害个人权益的个人也要有严格的举措，因此，在手段行使上更为谨慎克制。两种不同的刑法观在国家义务（职责）与个人义务的设置和分配上提供了不同的思路和实践路径，但在反恐刑法领域，则尤其需要平衡好国家义务与个人义务的关系。

反恐领域，国家义务（职责）与个人义务有着与其他犯罪规制领域迥然不同的面貌，这在我国与外国存在着同样的格局。如美国“9·11”事件发生后，英国的一个关键反恐战略就转向了鲜明的预防举措，这种预防举措衍生了众多的国家权力（职权）以及相应的个人义务、多元的处置机构（不仅是不依赖于刑事犯罪委员会，而且也不依赖于一般的刑事司法保障），多样的打

---

〔1〕［德］乌尔里希·K.普罗伊斯：《风险预防作为国家任务——安全的认知前提》，刘刚译，载刘刚编译：《风险规制：德国的理论与实践》，法律出版社2012年版，第162～163页。

击手段(2005年起可以对某些恐怖分子嫌疑人实施控制命令,这些命令在2011年年底被恐怖主义预防和调查命令TPIMs取代,这两种类型的命令都可以在不进行刑事审判的情况下,创造一种控制或限制此类犯罪嫌疑人的自由的手段[1])对恐怖分子嫌疑人进行打击,限制他们的自由,以防止恐怖活动发生之前的相关涉恐活动,同样性质的举措在其他一些国家也以预防性羁押等形式出现。

此外,越来越广泛的公共场所的监控设施的配置、特定主体特定信息的有意收集分析、公民特别是特定领域从业人员的报告等义务的增加,更是"一边倒"地扩张了国家的职权、限缩了公民的个人权利、增加了公民的个人义务。义务结构的变化必然引起规制方式和规制效果的变化,固然可能带来规制效果的短期显著,但其中暗含的规制危机也逐渐显现。因此,义务结构的"一边倒"变化从来不是规律的必然,更需要形成两者之间的平衡和制约。

(二)积极义务与消极义务

从义务观的内容指向面向来看,存在不同主体义务是积极还是消极的区别,即存在国家积极义务与国家消极义务、个人积极义务与个人消极义务之分。不同主体的积极义务与消极义务的区分,表明了行为主体的行为所指及相应的限制,而其中个人的积极义务与消极义务无论在公法的国家权力限制方面,还是私法的公民权利保障方面,都显得格外重要,故应该尤其注意剖析个人主体方面的义务,使个人积极义务与个人消极义务在最小配置下也能实现相应的规制效果。

个人积极义务与个人消极义务应当在一定条件下进行最小配置,这意味着:一方面,公民个人的权利不应被不当限制。这在国际上同样有着明显

---

[1] See Helen Fenwick, *Preventive Anti-terrorist Strategies in the UK and ECHR: Control Orders, TPIMs and the Role of Technology*, International Review of Law, Computers & Technology, Vol. 25, No. 3, November 2011, p. 129 - 141.

的共识，即保护国家安全或公共秩序所必需的限制，正如有学者所言，“在国家安全、公共安全或公共秩序的利益下，法律的正常时期，某些权利可能受到限制，这些权利主要是持有观点的权利和言论自由、和平集会的权利和结社自由的权利；同时判例表明，国家适用这些限制有很高的举证责任，同样面对真正的恐怖主义威胁的地域为了防止恐怖活动，暂时限制某些权利（如某些团体的结社自由）也是合理的”。[1] 在保障权利日渐被强调的“权利时代”，“作为方法的权利和权利的方法”的研究逐渐被深化，这对我国刑法反恐的重要启示就是，“既要实现在横向关系上的权利界定及其救济，更要完成权利方法对权力机制的塑造，让权力实践除受制于自身逻辑外还受制于权利关系，即要将权利作为达成整个社会秩序的核心方法”。[2]

另一方面，国家的权力应当得到相应的限制。国家在反恐领域为了保护无辜和维护社会的稳定秩序，收集嫌疑人信息，预判、监视和控制嫌疑人，试图在宽泛的社会百态之中发现恐怖威胁的蛛丝马迹。嫌疑人可能是非常广泛的群体，他们可能是有风险的人，也可能是无辜的人，他们在面对上述前端的情报收集、违法犯罪的调查举措时一开始就注定被暴露在偏见的镜头下，在想法未外显于语言、在意图未外化为行为时，都是难以判断的，这就使得国家这些权力的行使依据和正当性大打折扣，也不得不让人质疑。将国家安全纳入反恐框架下的执法，重新划定并加强被保护社群和被执法的社群之间的理念边界。在反恐刑法领域，就是要改变以往反恐刑法立法中所固守的权力中心本位的做法，进而倡导强调权利保障的民权刑法观指导下的理性立法，并“通过立法技术与司法技艺的双重结合来实现对刑事立法扩张的有效制衡，以合乎刑法现代化演进的现实所需”。[3] 换言之，恐怖主

---

〔1〕 Nigel D. White, *Preventive Counter-terrorism and International Law*, Journal of Conflict & Security Law, Vol. 18 No. 2, 2013, p. 181 – 192.

〔2〕《法学研究》编辑部：《作为方法的权利和权利的方法》，载《法学研究》2014 年第 1 期。

〔3〕 陈伟：《刑事立法的政策导向与技术制衡》，载《中国法学》2013 年第 3 期。

义及恐怖活动威胁或危害的国家或公共安全虽然再怎么强调都不为过,这种宣传和态度是非常正确的政治思维,不存在政治风险,但是如果不仅采取高度的保密而且惊人的反措施以“证明”未来的犯罪行为,则可能会在更长的时间内破坏合法性和公众信任,造成法治体系和信誉的严重破坏。

三、规制观:内容与手段认知平衡的理念

(一)危险与危害

恐怖主义及其活动有其鲜明的危险与危害,而规制恐怖主义及其活动在一定程度上可以消解其部分的危险与危害,但也可能引发潜在的新危险与危害,这就值得我们重视。一方面,不能忽视恐怖主义及恐怖活动带来的危险与危害。恐怖主义及恐怖活动的风险与其造成的现实危害是客观存在的,但风险存在有别于危害的特殊之处,现实危害具有固定性、不可更改性和更高的量化性,而风险的程度高低和紧迫性的急缓在民意推动、政治研判和媒体报道的客观环境中并没有较为理智、科学的标准,但却需要得出一个风险的确切定论。另一方面,不能忽视恐怖主义及恐怖活动规制带来的危险与危害。反恐怖主义的立体化行动可能产生的风险,容易被遮蔽甚至忽略,对恐怖主义的“反制过度”或者“反制不及”同样缺乏相应的手段和标准。

因此,明智的态度应当是,从现有的体系中努力发展出合适的控制标准。[1] 同时,在国内刑事司法制度中:一方面,先发制人的因素由来已久,“危险”和“未来风险”是一种持久且政治上方便的标签,依附于个人和团体,以控制、监管和惩罚那些被认为对政治、社会和经济现状构成威胁的人;另一方面,随着服务于安全维护目的的象征性刑法立法的增多,刑法的谦抑性受到了贬损,相应的法益保护功能和人权保障功能也难以有效发挥。因此,

---

〔1〕 参见劳东燕:《风险社会与变动中的刑法理论》,载《中外法学》2014 年第 1 期。

在风险治理与刑事立法的紧张关系中，要在刑法法益保护功能和自由保障功能发挥中平衡好危险与危害的关系，就需要尽量恪守自由刑法的法治特质，刑法相较于其他法的关系应被定位为处于“被动式”地位，在站位问题上，属于最后序列。[1]

（二）现实与预测

在越来越多的规制前移的立法中，危险与危害的认知转换只是内容要素之一，从对手段方面的设置来看，还存在现实与预测手段下的报应与预防的认知转化。正如许多研究所表明的那样，预防性司法所带来的挑战不是在法律或政治理论的边缘，而是在国家的作用和公民的正确观念的核心。从这一点发生、发展的缘由来看，正如有学者指出的，我们越来越意识到“我们的命运不是完全由我们自己决定的，或者由我们的选择决定的”。[2] 从这个角度上讲，预防性政策可以从不同的角度看待：与其把预防性司法作为一种保护公众免受威胁的手段，不如把它看作在危险的环境下保护我们所有人。因此，对这一规制手段，尤其得处理好对现实与预测作用下的报应与预防的平衡。

在刑事立法责任观念建构的中观视角中，应当理清几组范畴的关系，报应与预防便是其中的一对重要范畴，也是预防性反恐刑法中的一对重要范畴。在对待责任设置方面，德国刑法的任务已经从罪责报应转变为预防，与此同时，规范责任论开始被功能责任论所取代。对这种现象，罗克辛（Roxin）教授主张在形式上完全保留责任，但要补充进预防性处罚必要性的因素，并将这一综合体称为答责性，这种折衷的选择赢得了多数学者的支持。面对责任理论的这种流变，我国也不可避免地要从自身的实际情况出

---

〔1〕 参见刘艳红：《象征性立法对刑法功能的损害——二十年来中国刑事立法总评》，载《政治与法律》2017 年第 3 期。

〔2〕 Matt Matravers, *On Preventive Justice*, in Andrew Ashworth, Lucia Zedner and Patrick Tomlin, eds., Prevention and the Limits of the Criminal Law, Oxford: Oxford University Press, 2013, p. 243 – 260.

发选择符合我国刑事法治的责任观念，从我国现行刑法规范来看，一直以来坚持的都是规范责任论，只有刑法分则有明确规定的情况下才在规范责任论之外采取其他责任论。不过，我国刑法规范“将预防的必要性纳入犯罪成立的前提，而在量刑规则上却全面体现了功能责任论的主张”。[1]

具体到反恐刑法，预防性反恐刑法正是对这种责任理论变化的不断修正，以解决一般预防（特别是积极的一般预防）产生的危机，最终实现应对姿态与现实境况、应对手段与现实必要、应对报应与应对预防的平衡。积极的一般预防理论的核心主张在于培养社会公众的法律忠诚意识和对规范有效性的维护，希望社会公众通过对刑法规范的学习了解哪些行为是禁止的和哪些行为是允许的，并由此安排自己的日常行为；同时，通过刑罚的适用从反面对触犯刑法规定的行为人进行处罚，由此强化规范的认同。不过，积极的一般预防理论意图通过刑罚的强制而让社会公众认同刑法规范的效力并由此安排自己行为的做法，容易陷入认同危机和刑罚正当性危机之中，因为真正的规范认同应该是一种发自内心的对规范接受的意愿，前提是规范的内容和边界契合了公众的期待，而通过刑罚惩罚或者威慑强迫公众对规范的认同就丧失了这一前提。此外，积极的一般预防理论无法实质改变其将人作为预防公众犯罪的工具性效用，因而还容易陷入工具正当性的困境之中。[2]

对于我国责任理论存在的上述不足以及与现实需求无法匹配的问题，尤其是与预防性刑法立法无法匹配的问题，亟待观念的更新，学界也开始对此进行呼吁。例如，周光权教授就指出，“处于社会转型期的中国刑法立法需要及时转变法益观念，增强新的调控手段，赋予刑法新的机能，积极参与

〔1〕王钰：《功能责任论中责任和预防的概念　兼与冯军教授商榷》，载《中外法学》2015年第4期。

〔2〕参见徐伟：《论积极一般预防的理论构造及其正当性质疑》，载《中国刑事法杂志》2017年第4期。

社会治理”,[1]应当树立“积极刑法立法观”。[2]

综上所述,作为建构“预防性”说理的重要内容和回应对反恐刑法预防性可能引发问题重要一环的预防性反恐刑法理念,需要妥善处理好自由与安全诉求方面的安全观、国家与公民义务方面的义务观以及内容与手段认知方面的规制观,真正实现这几对重要范畴的平衡。就意图达到的结果而言,正如有学者所指出的那样,反恐措施应纳入法制化、规范化的轨道;反恐立法可适当限制个人自由,但不能倒向极端的社会本位;反恐不能搞民族、宗教信仰歧视;应制定系统的反恐法律,实现全方位的预防;对恐怖主义要采取严格的刑事政策,同时,应注意设置出罪机制。[3]

第三节　刑法与时俱进需求下的原则修正立场

在传统犯罪原因论从人的内在因素和外部环境发觉犯罪原因进而防控犯罪的思路失利后,以聚焦诱发犯罪的环境和条件为控制变量的情境犯罪学逐渐兴起,其打破了刑法学与犯罪学之间的壁垒,为犯罪预防提供了切实可行的操作方法,也使刑事立法、刑事司法以及刑法学研究开始从“打击犯罪”向“预防犯罪”方向倾斜。[4] 情境犯罪学的兴起,为预防犯罪提供了新思路,也改变了传统的刑法学观念。预防性反恐刑法规范就是这样一种刑法学观念转变的典型,在评价和处罚恐怖活动犯罪行为时,越来越多地形成针对恐怖主义及恐怖活动的事实方面与价值方面的共识等问题。在可能的刑法规制范围内,预防性反恐如何与刑法原则相契合,成为诸多事实和价值方面最为重要的一点,也是在恐怖主义肆虐的背景下不得不达成的共识性

---

〔1〕 周光权:《转型时期刑法立法的思路与方法》,载《中国社会科学》2016 年第 3 期。

〔2〕 周光权:《积极刑法立法观在中国的确立》,载《法学研究》2016 年第 4 期。

〔3〕 参见齐文远、魏汉涛:《英美反恐立法的得失及其启示》,载《中国高校社会科学》2015 年第 6 期。

〔4〕 参见黎宏:《情境犯罪学与预防刑法观》,载《法学评论》2018 年第 6 期。

做法。

因此,在预防性反恐刑法原则契合度上,需要慎重考察罪刑法定原则、平等原则及比例原则的基本要义和预防性修正问题。具体而言,在罪刑法定原则再反思方面,需要在罪刑法定形式正义与实质正义的内在要求下,对原则与例外问题、明确性问题等预防性修正给予回应;在平等原则的再回溯方面,需要在平等原则适用中注入对日渐稀薄而广泛的预防性举措的反歧视精神;在罪责刑相适应原则的再诠释方面,需要在谨守最后手段与合比例方面的限缩内容基础上,予以一定程序性限制,进而夯实预防性反恐刑法规范的真正根基。

一、罪刑法定原则的再反思

(一)罪刑法定原则的内在要求

罪刑法定原则是我国现行刑法中明文规定的基本原则之一,不仅在我国拥有确定、鲜明的文本支撑,而且拥有深刻而丰富的历史渊源,更为现当代国家和国际社会所广泛认同,其基本含义是“法无明文规定不为罪,法无明文规定不处罚”。我国《刑法》第3条规定:“法律明文规定为犯罪行为的,依照法律定罪处刑;法律没有明文规定为犯罪行为的,不得定罪处刑。”该规定全面凸显了刑法的法益保护机能和人权保障机能:一方面,使法益保护机能和人权保障机能均得到限制,提示案件裁判中法官要对二者的冲突进行权衡、调和;另一方面,使司法权得以限制,即案件裁判中法官不能超越刑法的明文规定进行定罪处罚。

从罪刑法定原则的内容来看:一方面,罪刑法定原则“形式侧面”的内容要求坚持法律主义、禁止事后法、禁止类推解释、禁止不定(期)刑,反对不成文、非事前、不严格、不明确的刑法;另一方面,罪刑法定原则“实质侧面”的内容则进一步要求明确性和适当性,禁止绝对不定(期)刑,在犯罪构成和刑事司法中均要明确,禁止处罚不当罚的行为,禁止不均衡、残虐的刑罚。[1]罪刑法定原则形式侧面和实质侧面的内容,共同架构和划定了公众可为与不得为的范围。

（二）罪刑法定原则的预防性修正

罪刑法定原则在传统典型犯罪中基本形成了较为稳固而模式化的共识,对刑法规定的大多数典型犯罪具有极强的指导意义,而预防性反恐刑法的出现则在一定程度上打破了这种格局,逐渐形成了罪刑法定原则能否继续对预防性反恐刑法规范适用进行限制的质疑。

质疑之一,预防性反恐刑法的出现和增多,客观上反映了“法令滋彰,盗贼多有”的因果循环问题,这些暴露出来的问题恰好反映了威廉・斯顿茨（William Stuntz）教授所称的“刑法的病态政治学”,即时常驱使立法人员判定更多的行为有罪,值得道德谴责的行为越来越少,而法院却更可能适用限制条款或者开创免责事由;同时,精确性的需求也促成了过多的刑事定罪,因为立法机关规定了大量的具体犯罪,而非一些能更好反映相关危害和潜在道德规范的广义犯罪。由此导致保护法律规则陷入两难:一方面刑法在理论上具有立法性、前瞻性和具体性;而另一方面,刑法规范实际上却并非如此。[2]

质疑之二,预防性反恐刑法的出现和增多,也进一步凸显了罪刑法定原则中“法”的合法性问题,即这些预防性反恐罪名虽然被明确规定在刑法文本之中,刑法和刑罚也当然是强制性措施的依据,它们通常带有许多实质性的限制和程序保障。但是还有来自其他一些文件,这些特别的限制和保障措施往往不在刑法规制范围之外适用,但这些措施也可能造成重大损害,这就提出了这样一个问题,即预防性努力的合法性主要是程序问题、实质问题

[1] 参见张明楷:《刑法学》(第5版),法律出版社2016年版,第47～56页。

[2] 转引自[美]保罗・罗宾逊、[美]迈克・卡希尔:《失义的刑法》,谢杰等译,上海人民出版社2018年版,第87～88页。

还是民主授权问题。[1] 这些都给罪刑法定原则的整体适用提出了质疑。

针对上述质疑,罪刑法定原则必须做出有效回应。一方面,罪刑法定原则虽然更多的是在刑法适用方面提出的限制规则,但在法令滋彰的时代背景下,也必须更加重视其对立法的限制作用,特别是在包括恐怖活动犯罪在内的非传统安全威胁刑事立法规制方面的限制。事实上,恐怖例外原则消解自由主义的宪法,但事实是公民自由并非完全由情景决定,"恐怖例外"并非针对恐怖活动犯罪的一个例外,其在所有严重犯罪中都是一个普遍现象,主流观点和自由权利不应视为永恒的或绝对的。因此,这本质上并非一种刑法上的例外或者罪刑法定原则的例外,而是一种与时俱进、时移世易场景下罪刑法定原则之"法"的应然性和实然性的内在要求。另一方面,罪刑法定原则之"法"的合法性问题,它既关乎罪刑之应然与妥适的实体价值预设,更关乎罪刑之正当与平衡的程序路径构造,可以说,它是融合了实质问题与程序问题的综合性问题。因此,这就要求罪刑法定原则在积极姿态与消极姿态、程序路径与实体预设中变得更加灵活。

二、人人平等原则的再回溯

(一)人人平等原则的内在要求

人人平等原则是现代刑法的基本原则之一。人人平等原则的基本含义是,无论什么人犯罪,在适用法律上一律平等,不允许任何人有超越法律的特权;对于一切人的合法权益,法律都要平等地加以保护,不允许有任何歧视。我国《刑法》第4条专门对人人平等原则("适用刑法人人平等原则")进行了规定,即"对任何人犯罪,在适用法律上一律平等。不允许任何人有超越法律的特权"。

---

[1] See Matt Matravers, *On Preventive Justice*, in Andrew Ashworth, Lucia Zedner and Patrick Tomlin, eds., Prevention and the Limits of the Criminal Law, Oxford: Oxford University Press, 2013, p. 243 - 260.

具体而言,刑法上的人人平等原则可以从以下三个方面理解:一是主体间的平等,即刑法适用不能因为主体的不同而出现差别,宪法法律规定的政治权利、财产权利、人身权利等基本权利,应该由不同的主体平等享有;二是保护程度的平等,即受宪法法律保护的各项权利,刑法对其进行保护的程度应该是一致的,不能厚此薄彼、区别对待;三是惩罚的平等,即同样的犯罪行为应该受到相同的刑罚处罚,不能因为行为主体的不同在惩罚上有差异。

(二)人人平等原则的预防性修正

在反恐领域中,特别是预防性反恐刑法规范领域,作为基本原则之一的人人平等原则应当发挥更为重要、显著的作用。一方面,预防性的反恐举措纵然承认法治和人权的重要地位,但仍旧在实际操作中对特定群体直接造成了不成比例的负面干扰。有学者认为,应当对预防性的反恐措施进行更为细致、深入的反思,这种预防性反恐举措是否真的是预防性的是一个值得商榷的问题,因为它试图消除可能导致个人或团体转向政治暴力的因素。在达至这种消除效果的过程中,尽管欧盟、英国和荷兰等国在表面上致力于这样的政策,但在实际中却与此相悖,干扰或收集信息的举措使公众强烈怀疑他们参与了恐怖主义活动。因此,“预防”更加狭隘地集中在阻止潜在犯罪嫌疑人实施恐怖行动上,而不是试图移除这些人武装行动的动机。英国和荷兰等国在应对“本土”恐怖主义问题上,有相当的经验并已经制定了预防性的反恐措施。尽管这些法律、法规和政策中大多数都承认法治和人权的重要性,但在理论和实践中,具体措施是否对少数民族和宗教少数群体产生了不成比例的影响,从而违反了非歧视性标准,仍然是有疑问的。

另一方面,管控、情报前沿的过度前移,不仅引发了不正当的怀疑,更是将有可能反激进化、反极端主义、反恐怖主义的群体推向了敌方阵营。当国家情报和安全部门、执法官员和其他公务员以一种歧视的方式实施和执行反恐措施时,他们疏远了目标群体,从而减少了有效合作的机会。这尤其适用于预防反恐措施,包括自动边界控制、基于国家安全或公共秩序的驱逐出境、监视摄像机、停止和搜索行为，以及包括控制命令在内的行政措施。在反恐刑法领域，预防性倾向已经明显侵蚀了人人平等原则的内涵和路径，亟须在理论和实践中进行修正。

在应对诸如恐怖主义及恐怖活动这样的非传统安全威胁时，人人平等原则迫切地需要发挥其内涵和路径方面的更新作用。一方面，对在实际操作中对特定群体直接造成了不成比例的负面干扰的情况，需要对预防反恐措施在非歧视方面的效果进行系统评估，这个层面可以借鉴有更多、更强程序性操作指引的欧盟的反恐举措，欧盟的反恐战略包括预防、保护、追求和应对4个方面，并列出了欧盟反恐怖主义战略的各种细节，并希望简化成员国和欧盟机构相互访问对方数据库的能力，创建新的数据存储设施和方案，并促进成员国司法系统、警察部队和情报机构之间的合作与协调。欧盟理事会于2009年12月批准了“2010～2014年的斯德哥尔摩计划”这一为期五年的计划，旨在发展欧盟所谓的“地区自由、安全和公正”。另一方面，对管控、情报前沿的过度前移，存在将反激进化、反极端主义、反恐怖主义的潜在群体推向反面这一风险，则需要严格把握人人平等原则的适用，平等地保护合法权益，也平等地追究违法犯罪行为，达到既有效制裁和预防恐怖主义及恐怖活动的滋生蔓延，又妥善处理在恐怖主义大黑幕之下不同诉求、不同意图的违法犯罪个体。

三、罪责刑相适应原则的再诠释

（一）罪责刑相适应原则的内在要求

所谓罪责刑相适应原则，又称为罪责刑相统一原则、罪刑均衡原则，与刑罚个别化原则相对，是指在立法与司法实践中，行为人所犯的罪行与应当承担的刑事责任和接受的刑事处罚相一致、相统一，犯多大的罪，就应承担多大的刑事责任，法院也应判处其相应轻重的刑罚，做到重罪重罚，轻罪轻罚，罚当其罪，罪刑相称。同时，对罪行轻重和刑事责任大小的判断和把握，不仅要看犯罪行为在客观方面表现出的社会危害性或者法益侵害性,而且要看犯罪行为实施主体的主观恶性和人身危险性,通过这种对犯罪行为和犯罪主体多方面的综合考察,最后判断行为人刑事责任的大小,并在此基础上决定与之轻重相适的刑罚。罪责刑相适应原则是立法、司法现代化、文明化的直接体现,避免刑罚的擅断和滥用,最终划定了在刑事立法和司法过程中实施行为之行为人的评判标准,进而被刑法确认为一项基本原则。随着社会的变迁和不同地区、国家法治实践交流的加深和碰撞,罪责刑相适应原则固然强化了其刑法的地位和作用,但是其局限性也逐渐凸显。

对此,应该以更为全面、更加丰富的比例原则对之进行补充或者修正。所谓的比例原则,又称为“过度禁止原则”,是旨在调和公私法益之间的冲突,达到符合实质正义理念的一种理性思考法则。比例原则发源于德国法,最先适用于警察法学领域,此后又逐渐延伸到了行政法学领域,历经多年的演变和发展,最后上升到了宪法领域并成为一项宪法上的重要原则。由此,比例原则成为确保权力与权利、自由与平等之间适度平衡的一项明文或者实质的宪法原则,该原则在刑法领域中的适用亦具有必要性与可行性,比例原则包含适当性、必要性和均衡性三个子原则。〔1〕可以说,无论是罪责刑相适应原则还是补充之比例原则,都从实质正义和程序正义的面向对刑法的立法和适用提出了原则性的指导。

(二)罪责刑相适应原则的预防性修正

在预防性反恐刑法领域,传统刑法中的罪责刑相适应原则遭受了明显的冲击,特别是反恐刑法规范在规制方式、规制内容、规制标准、规制后果等方面呈现的预防性面向,更是加剧了对罪责刑相适应原则的冲击。例如,有学者就明确提出,允许危险的罪犯被监禁的法律,超出了最初的刑期,不能与正义和公平的基本要求相协调,因此应当废除。而比例惩罚的约束,意味

〔1〕参见于改之、吕小红:《比例原则的刑法适用及其展开》,载《现代法学》2018年第4期。

着惩罚必须与罪犯过去的罪行的过失和危害性成比例。[1] 对罪责刑相适应原则侵蚀严重的,是反恐刑法预防性面向对刑法最后手段性与合比例性理念的威胁,即对刑法介入恐怖主义及恐怖活动程度的过滤和限缩功能的弱化。

厘清现实刑法对恐怖主义及其活动规制是否符合罪责刑相适应原则的本质要求,要认清楚刑法对于犯罪规制防控的作用的变迁和机能的划定。正如有学者指出的那样,"我们当下的现实是:刑法成为决策机关和社会公众信赖的工具,注重刑法修正在社会治理过程中的实用性,从而导致社会治理过度刑法化。所以,对于部分违法行为,我们应当首先给予道德规范、社会规范和其他部门法规范和调整的机会和时间,这样才能让刑法理性地分析是否应当介入以及介入的程度"。[2] 因此,对刑法的问题思考不可避免地带来了实践理性的实用主义,而在体系思考下的理念制约是始终牵扯刑法走向过度化的重要绳索。现实应当被重新认识并基于新的认识做出选择,在当下非传统安全威胁持续蔓延的社会治理情势下,犯罪圈的扩大是不可避免的客观现实。但是,也应当清醒地认识到,犯罪圈的扩大并不必然等同于自由权利的减少,相反,还有可能是对自由权利更加周延的保护。保护法益和实现罪责刑相适应,也应该是与时俱进的辩证关系,正如张明楷教授所认为的,"比例原则并无超越法益保护原则的内容",相反,"比例原则对于贯彻法益保护原则具有方法论的意义",[3]"为防范刑法前置的过度化,应以均衡性原则、必要性原则及协调性原则为指导,对刑事立法修正做出合理规诫"。[4]

因此,在反恐刑法逐渐呈现出预防性趋势的背景下,应该注重罪责刑相

---

[1] See Dennis J. Baker, *Punishment Without A Crime: Is Preventive Detention Reconcilable with Justice?*, Australian Journal of Legal Philosophy, Vol. 34, 2009, p. 120.

[2] 王强军:《实用主义刑法修正的进化论观察》,载《政法论丛》2018 年第 1 期。

[3] 张明楷:《法益保护与比例原则》,载《中国社会科学》2017 年第 7 期。

[4] 陈伟、霍俊阁:《刑法过度前置化批判及其纠正》,载《山东警察学院学报》2018 年第 1 期。

适应原则与预防性观念的冲突和融合，以罪责刑相适应原则所内涵的补充性或最后手段性、片段性、宽容性等谦抑精神，来修正刑事制裁的实效性、不可欠缺性和狭义的相当性等客观需求造成的负面影响，真正实现刑法谦抑性对刑法介入社会生活的限制，即在国家与人民之间找到平衡点，使得国家与人民两受其利。[1] 从这一点上来看，罪责刑相适应原则所内含的刑法谦抑性，可以表现为刑法的紧缩性、补充性和经济性。[2]

综上所述，恐怖主义及恐怖活动的治理从来都不是一个单向度的过程，反恐刑法作为其中重要的一个层面，自然应该得到应有的重视。预防性反恐领域刑法提前介入的必要性和介入的限度问题，是当前各国预防性反恐刑法立法过程中面临的普遍问题，虽然国外的一些做法和经验值得借鉴，但立足我国反恐实践进行本土化的探索也非常重要。正如有学者所言，“中国的立法探索正是应对这些难题的有机组成部分”。[3] 因此，应当更加重视我国自身的立场剖析，遵循从总体国家安全观指导下法治反恐战略的坚守，到多元利益冲突制约下安全观、义务观、规制观的平衡，最后深入罪刑法定原则、人人平等原则、罪责刑相适应原则的内涵剖析和预防性修正，遵循一种由宏观到微观、由表层到深层的思考和研究过程。

---

[1] 参见刘媛媛：《刑法谦抑性及其边界》，载《理论探索》2011 年第 5 期。

[2] 参见陈兴良：《本体刑法学》（第 2 版），中国人民大学出版社 2011 年版，第 60 ~ 65 页。

[3] 张志钢：《改革开放 40 年来中国刑法立法检视》，载《学术探索》2018 年第 10 期。

第六章 我国预防性反恐刑法规范的完善对策

对预防性反恐刑法规范问题的研究，除全面阐述“预防性”面向、系统梳理立法演进、深度剖析规范不足、详细揭示运作风险、理性选择应有立场之外，还必须对预防性反恐刑法规范体系的完善对策进行探讨，以期在正确认识预防性反恐刑法立法的基础上，使我国的预防性反恐刑法规范体系更加完善，提升预防和打击恐怖活动犯罪的规范效能。目前来看，由于我国预防性反恐刑法立法尚还处在探索阶段，所以规范体系尚不完善，也存在一定结构性问题。解决这些结构性问题，需要秉持科学立法的理念，并从我国的反恐形势和实践需求方面展开；同时，“刑法理论尤其是法益保护主义与有关刑罚的正当化根据的学说，对刑事立法起着重要规制作用”，[1]在我国预防性反恐刑法规范体系的完善过程中，还要充分运用刑法理论对其进行指引，尤

[1] 张明楷：《刑法理论与刑事立法》，载《法学论坛》2017年第6期。

其是从理论上对新近刑法立法出现的“预防性”趋势进行阐述。具体而言，破解我国预防性反恐刑法规范建构过程中存在的困境，对预防性反恐刑法规范进行针对性、系统性完善，可以从预防性反恐刑法刑法规范的内涵提升、自洽达成、系统实现和具体设计4个层面展开。

第一节　预防性反恐刑法规范的内涵提升

在中国乃至世界，以恐怖主义为代表的非传统安全威胁越来越表现为“一种综合性的系统安全威胁”。恐怖主义问题原因的复杂性、反恐怖主义政策施用的两面性、社会环境的渐变性等诸多要素，越来越呈现出耦合性、嵌入性、关联性和转化性的特点，[1]这就决定了不同背景、不同话语体系下生成的反恐理论如何比较是个应该被重视的问题。[2] 作为反恐刑法规范的基本问题，内涵问题至关重要，在预防性的面向下需要不断提升反恐刑法规范的内涵。近年来，虽然随着反恐刑法的不断修正和《反恐怖主义法》的出台，我国预防性反恐刑法存在的内涵不足问题在一定程度上得到了弥补，但从反恐需求来看，当前我国的预防性反恐刑法规范的内涵不足问题尚未完全解决，仍有进一步提升的空间。就目前而言，研究该问题需要从恐怖主义的本质与形式制约、涉恐行为的内核与边缘区分、反恐认定的国内和国际因素方面切入。

一、明晰恐怖主义的本质和形式制约

(一)强化恐怖主义的本质刻画

恐怖主义的本质问题，是社会治理大背景下反恐必须要解决的根本问

〔1〕参见尚进:《系统反恐论——中国特色系统反恐道路研究》，西北政法大学2018年博士学位论文，第53页。

〔2〕参见周国文:《刑罚的界限——Joel Feinberg的“道德界限”与超越》，中国检察出版社2008年版，第21页。

题之一。在反恐刑法领域,其直接决定了涉恐罪名的应然设计与适用效果,尤其是在反恐刑法立法的预防性趋势不断加强的当下,该问题的重要性愈加凸显。恐怖主义及恐怖活动的判定至少涉及行为主体、行为范围、行为类型、行为后果等方面;同时,其又与国家安全问题、宗教问题、民族问题、主权问题、人权问题等交织在一起。因此,必须将恐怖主义及恐怖活动的本质抓取出来并在反恐刑法的设计中进一步强化。从本质的析取来看,应该更加注重对于其行为类型、行为后果的提取,并辅之以行为主体、行为范围等要素的判断。

(二)明晰恐怖主义的形式制约

恐怖主义及恐怖活动直接由其本质决定,但其形式的制约也尤其重要,是实务工作人员和社会公众认知、判断恐怖主义及其活动的法律外观;同时,也只有经过法律化的形式制约,方能将恐怖主义与意识形态、政治策略等相区分,进而增强其可识别性。对此,要注重恐怖主义及恐怖活动判断的法律兼容性。兼容性有两层含义:一是契合性;二是区分性。前者包括较强的针对性,区别对待恐怖活动犯罪分子与普通犯罪分子在法律上权利减损的紧迫性设定与判断法律自身的变通性、灵活性;后者要强调法律对相关判断活动在法律形式、法律后果、救济途径等方面的不同,以区别于政治或意识形态的判断。对预防性反恐刑法而言,除了要在本质上注重对恐怖主义的析取外,更要在法律兼容性要求的指导下对恐怖主义判定的契合性与区分性进行阐释。

就其契合性而言,恐怖主义法律判定应当始终符合特定时代、特定环境下对恐怖主义本质的揭示和归纳,以进一步契合反恐形势下社会治理法律手段的正当性、必要性和可行性;就其区分性而言,恐怖主义的刑法判定要不断完善建构其法律性质、法律表现、法律后果等实体规定及认定流程、救济途径等程序。因此,应当“坚持程序法定、以事实为依据以法律为准绳的两大认定原则,以法律术语严谨性、法益侵害性、刑法谦抑性、罪责刑相适应原则为指导,提出我国对恐怖活动组织、恐怖活动重点人员、恐怖活动异常迹象人员和宗教极端人员之认定标准的立法建议”。[1]

另外,应当厘清恐怖主义与相关概念的区别。例如,恐怖主义与极端主义的差异。通过《刑法修正案(九)》的修改,我国反恐刑法规范中已经明确出现了“恐怖主义”“极端主义”的表述,但目前还没有从刑法层面对此做出解释,这会对相关涉恐刑法条文的理解和罪名的适用造成影响。显然,我国刑法没有将“极端主义”纳入“恐怖主义”的概念范畴,而是将其作为与“恐怖主义”相并列的概念,那么“恐怖主义”与“极端主义”就是有区别的,不能将二者混同使用。这也进一步说明在刑法层面厘清“恐怖主义”“极端主义”概念内涵的重要性和紧迫性。

二、厘清涉恐行为的内核与边缘区分

(一)抽取涉恐行为分类的标准

从前文的预防性反恐刑法的类型划分可知,各国反恐刑法在规制恐怖活动犯罪时,在规制结构(性质、危害性)、规制内容(对象)、规制方式、规制技术(阶段)、规制后果等方面都有不同的标准。从涉恐行为具体类型的划分来看,可以将预防性反恐刑法的罪名区分为预备犯型、危险犯型、持有犯型、义务犯型。同时,在我国的反恐刑法语境下,也存在规制客体由核心化向周边化转变、规制样态由行为不法向主观不法转变的趋势。进一步考察这些变化可以发现,预防性反恐刑法特别是我国已然显现的预防性反恐刑法规范中涉恐行为的分类标准也逐渐清晰,在此情形下,我国反恐刑法的完善进路就要更加注意不同行为的类型性、系统性等问题,以尽可能减少已经显现或将来可能出现的法条或者罪名之间的龃龉,以促进对恐怖分子、涉恐

[1] 贾宇、李恒:《恐怖活动组织与人员认定标准研究——从恐怖主义再界定谈起》,载《西北大学学报(哲学社会科学版)》2017年第3期。

人员行为的刑法评价、刑罚适用甚至综合治理的实现。

因此,在反恐刑法领域,可以综合依据上述较为成型的类型划分依据做出细分:首先,在涉恐行为中,宜将传统罪行与预防性罪行做出区分,二者相对于刑法而言是一种由核心向边缘延展的格局,两者在分别处罚、竞合处理方面都有特殊的规则。其次,在预防性涉恐行为中,宜将不同的预防性涉恐行为做出进一步细化,如根据规制方式的不同,可以区分为预备犯型、危险犯型、持有犯型、义务犯型;据规制内容的不同,可以区分为准实施类、组织类、资产类、信息类、技能类、载体类及其他类等。

(二)释明涉恐行为分类的状况

从上述涉恐行为的不同分类标准来看,基本可以将我国反恐刑法所规制的涉恐行为划分为一级涉恐行为和二级涉恐行为,对不同级别和层次的涉恐行为,相应的刑法设置和刑罚配置、竞合处理等情况也可以据此变得更加清晰。

首先,对于不同的一级涉恐行为,应当分别按照相应的传统犯罪定罪处罚,存在多个一级涉恐行为时,应当根据刑法总则的相关规定进行完整或者竞合评价。

其次,对于不同的二级涉恐行为,应当在更加妥善的设置二级涉恐行为相应的刑法规制的前提下(意味着现有的二级涉恐行为的刑法配置存在一定的体系或者逻辑问题),按照相应的预防性反恐罪名进行处罚,遇存在多个二级涉恐行为时,应当根据刑法总则的相关规定进行完整或者竞合评价。

最后,对于不同的一级涉恐行为和二级涉恐行为同时存在的情况,应当认为反恐刑法对传统刑法通常认为存在牵连或者自然承继的行为作出了特别的规制规定,因此,在定性和量刑上应当视为多个不同的犯罪行为予以处罚。关于涉恐行为的分类,可以参考表 6 - 1 的划分方法。

表6-1 涉恐行为分类表

门类(罪名)	具体罪名
二级涉恐行为(核心型预防性反恐罪名)	1. 准实施类：帮助恐怖活动罪(第120条之一第2款)，宣扬恐怖主义、极端主义、煽动实施恐怖活动罪，利用极端主义破坏法律实施罪； 2. 组织类(社团类)：组织、领导、参加恐怖组织罪； 3. 资产类：洗钱罪，帮助恐怖活动罪(第120条之一第1款)； 4. 信息类：编造、故意传播虚假恐怖信息罪； 5. 技能类(能力类)：准备实施恐怖活动罪，偷越国边境罪； 6. 载体类：强制穿戴宣扬恐怖主义、极端主义服饰标志罪，非法持有宣扬恐怖主义、极端主义物品罪； 7. 其他：拒绝提供间谍犯罪、恐怖活动犯罪、极端主义犯罪证据罪等
一级涉恐行为(边缘型预防性反恐罪名)	1. 故意以危险方法实施恐怖活动的犯罪，包括放火罪，决水罪，爆炸罪，投放危险物质罪，以及以危险方法危害公共安全罪等； 2. 以破坏公共设备、设施的方式实施恐怖活动的犯罪，包括破坏交通工具罪，破坏交通设施罪，破坏易燃易爆设备罪，破坏电力设备罪等； 3. 以劫持交通工具罪、危及飞行和运输安全的方式实施恐怖活动的犯罪，包括劫持航空器罪，劫持船只汽车罪，暴力危及飞行安全罪等； 4. 以危害他人的人身安全和制造公众心理恐慌为目的实施恐怖活动的犯罪，包括故意杀人罪，故意伤害罪，绑架罪，投放危险物质罪等； 5. 在计算机网络领域实施的恐怖活动犯罪，包括非法侵入计算机信息系统罪和破坏计算机系统罪等； 6. 准备和帮助恐怖活动的其他犯罪，包括传授犯罪方法罪，非法制造、买卖、运输、邮寄、储存枪支弹药爆炸物罪，非法制造、买卖、运输、储存危险物质罪，盗窃、抢夺枪支、弹药、爆炸物、危险物质罪，抢劫枪支弹药、爆炸物、危险物质罪等

三、重视反恐认定的国内和国际因素

对于恐怖主义及恐怖活动认定和处置而言，除了对其本质的明晰、涉恐行为的厘清之外，还存在一个对其认知非常重要的因素，即不同国家或地区的恐怖主义及恐怖活动情势存在明显的国内因素和国际因素的差异性影

响,对于反恐的规制究竟是国家主权还是"世界主义",[1]是对国际犯罪的打击还是一种国内社会治理的工具,仍存在较大的争议。因此,应当妥善处理反恐认定时的这两种意见,在我国的反恐语境下,应当主要立足反恐认定的国内因素,同时慎重对待反恐认定的国际因素。事实上,随着全球化进程的不断推进,尤其是恐怖主义在全球范围内的蔓延,反恐认定的国内因素和国际因素的融合趋势变得愈加明显。

(一)主要立足反恐认定的国内因素

从我国恐怖主义滋生、发展、演变的格局来看,我国恐怖主义及恐怖活动存在纵向和横向上的双重影响。我国的恐怖主义及恐怖活动应当认为是一种受极端势力、分裂势力等交互影响而形成的内生性社会现象,这些势力在我国历史演进的不同阶段出现了此消彼长、强弱不等的态势。因此,我国的恐怖主义及恐怖活动的认定和规制应当立足于此,以国内影响因素的准确认知、把握、消解来实现恐怖主义的精准认定和规制。从反恐国内因素的结构来看,"社会运动理论"能够为恐怖主义的治理提供理论指引和启示,即将恐怖主义看作我国社会发展过程中出现的一种社会运动,要想压制或者消除这一运动,就应当努力从其赖以存活、发展的机会结构、动员资源、架构叙事层面进行整合性治理。具体而言:一是要努力改变恐怖主义赖以滋生和扩散的结构性条件;二是要对恐怖组织意图得到的人力资源、物质资源、象征资源、组织资源等基础进行针对控制和打击;三是通过国际、区际反恐合作建构能够削弱或者消除恐怖主义的架构叙事正义性与可信性的反叙事。[2]

因此,应当对我国宗教极端势力、分裂势力等主要因素进行准确甄别,

---

[1] See Stella Margariti, *Defining International Terrorism: Between State Sovereignty and Cosmopolitanism*, T. M. C. ASSER PRESS, 2017.

[2] 参见曾向红:《恐怖主义的整合性治理——基于社会运动理论的视角》,载《世界经济与政治》2017年第1期。

通过法律、政策等手段的综合运用,使恐怖主义的认定更加精准;以法律规定的实体和程序,使恐怖主义及恐怖活动的认定和规制得到保障和监督。宗教极端势力、分裂势力通常并不会公然宣称其内在的险恶主张,而其采用的手段则普遍超出法治国家最低的容忍限度,客观上沦为一种严重危害社会、严重损害公民的极端、恐怖行径,但与无差别杀人犯罪、变态人格杀人犯罪、仇恨杀人犯罪等均有不同。[1] 因此,国内因素特定化的把握在不同国家存在不同的客观现实,在我国要尤其注意我国宗教极端势力、分裂势力等的交互影响。

(二)慎重对待反恐认定的国际因素

随着全球化进程的不断推进和互联网信息技术的高速发展,我国恐怖主义及恐怖活动所面临的国际因素的横向影响也在不断加深,因此,要在立足本国语境的基础上,慎重对待反恐认定的国际因素。我国恐怖主义越来越呈现出恐怖主义威胁分散化和多样化共生、全球化与本土化交融、组织化与个体化交织、恐怖活动犯罪与一般犯罪牵连的"弥散性"格局,这也决定了国际因素来源的多样性、影响的复杂性、机制的多元性。因此,要对反恐认定中的国际因素的来源、影响、机制等进行剖析。

我国所面临的反恐认定的国际因素来源多样,既包括恐怖主义策源地与我国本土的恐怖主义合流而产生的情形,也包括别有用心的国家或地区借口与恐怖主义相关的事件意欲对我国的政治、经济、文化等造成侵蚀的情形。这两种不同的情形,其影响后果和作用机理是不同的,由此造成的反恐认定方面的对策也应有所差异,反恐刑法也应该对此作出妥适的回应。正如美国学者布赖恩·Z.塔玛纳哈教授所指出的那样,"立法也难以避免盲目性,法律规则是由立法者提前用概括性的语言加以制定的,对未来可能发生

---

〔1〕 参见张小虎:《论无差别杀人犯罪与恐怖主义犯罪的界分》,载《犯罪研究》2017年第2期。

的境况一无所知”,[1]但是,这种立法上的概括性和抽象性并不妨碍预防性反恐刑法在应对反恐认定的国际因素时基于能动性而产生的具体化和灵活性。

综上所述,预防性反恐刑法规范的内涵性所涉及的问题是规范得以建构和展开的基础,在预防性立法趋势不断加强的背景下,对恐怖主义本质刻画和形式制约的明晰、对涉恐行为的由内核向边缘区分的剖析,以及对反恐认定的国内和国际因素的把握等,是问题意识指导下的核心内容。这些内容的清晰化有助于预防性反恐内涵的提升,对于确立罪与非罪、此罪与彼罪,以及与恐怖主义相牵连的上下游犯罪行为的联系与区分,最终确定涉恐行为的妥当刑罚甚至刑罚的执行等,都具有非常重要的意义。

第二节　预防性反恐刑法规范的自洽达成

作为非传统安全威胁的典型表现,恐怖主义在行为方式、行为内容、行为目的等方面与作为传统安全威胁的普通刑事犯罪存在很大的不同,其不仅指向公民的生命财产安全、社会秩序稳定和公共安全,更指向特定的政治诉求,而且为之选择采取违背普遍情感和共识的非人道手段。恐怖主义及其活动成因、表现和影响的复杂性,决定了我们必须对其进行合刑法逻辑的普遍性建构和合反恐逻辑的特殊化重塑。从我国预防性反恐刑法自身来看,其自洽性的达成要妥善解决保护法益虚化、罪责要素弱化、刑罚方式分化的弊病。因此,提升预防性刑法的规制自洽性,在自成一体的部分建构内部生态体系则成为主要方面。具体而言,应当从保护法益的关联性限制、行为违法的实质性判断和刑法种类的多样化配置实现预防性反恐刑法规范的自洽达成。

---

〔1〕［美］布赖恩·Z. 塔玛纳哈:《法律工具主义:对法治的危害》,陈虎、杨洁译,北京大学出版社2016年版,第62页。

一、保护法益的关联性限制

（一）反恐罪名法益变化的正视

从上文对预防性反恐刑法整体考察所呈现出的规制指向中法益特征弥散化的变化，以及我国语境下反恐刑法规制内容形成的预防性具象可以看出，反恐罪名法益呈现出不同于传统刑法法益的新变化，要在当下的中国语境中妥善处理好这种新旧变化问题，就必须正视这些变化及其对刑法的挑战。具体而言，一方面，以预防性反恐罪名新设为代表，其体现了法益由权利损害为直接对象转向对一种秩序损害为主要对象的趋势，这直接导致了预防性反恐刑法保护的法益从传统刑法的个体式权利法益为主的模式转向一种以集体法益或超个人法益为主的模式，由传统刑法的物质性法益转向精神性法益，进而带来了保护侧重点、说理机制、证明形式等方面的变化。另一方面，以预防性反恐罪名新设为代表，其也体现了法益为切入点的建构机制由传统刑法聚焦的事实伦理为主转向目的实践为主的形态，这直接导致公众对于反恐罪名的内心认同的形成机制发生了变化。立法者、司法者和执法者等相关适法主体对反恐刑法适用的思路则应有异于以前，特别是出于某种强烈的社会治理目的的实践理性，对反恐罪名的设置和适用在不同群体之间可能产生的不同认知、反应，应该进行更周密、细致的考虑。

（二）反恐罪名法益关联的明晰

在正视反恐罪名法益现实变化的基础上，在规范层面需要更加明晰反恐罪名与法益之间的关联性，以修正或调和上述转变在刑法体系中可能造成的嫌隙或者冲突。提升反恐罪名的法益关联性，首先，要将反恐罪名法益与预防性恐怖活动犯罪行为之间的限制有效建立起来，使“使预防型犯罪与其对应的实害结果犯罪具有规范性联系”。[1] 这种限制可以通过激活行为

---

〔1〕 姜敏：《恰当选择规范位置优化刑法预防性立法》，载《检察日报》2019年10月24日，第3版。

论的相关理论得以部分解决。正如有学者所言:“行为论中应当完成的主要任务是将值得纳入刑法评价范围的行为从案件事实中选取出来,以作为犯罪论的判断对象,即发挥作为界限要素的功能。当被选取的行为数量为复数时,还必须进而考察应当将其作分断处理还是统合处理。”[1]对预防性反恐刑法罪名可能涉及的犯罪行为更是如此,通过划定一段时间,对行为的横断面进行有效的刑法提取,形成特定行为甚至一体的行为认知、判断和论证,对预防性反恐刑法规范选定特定的恐怖活动行为(作为独立的、类型化的刑法行为),实现行为的特定化,进而探讨相应行为在犯罪构成要件方面的意义,最终发挥行为作为界限要素的功能和在体系性思考与问题性思考之间切换的功能。

其次,要通过对法益转变的慎重处理实现目的与理性、现实与理念、问题与体系的平衡。毫无疑问,秩序同权利、自由一样具有重要的价值,对于目前的刑法立法,尤其是预防性反恐刑法立法所反映出来的重在维护秩序的价值取向,自然有其合理性,甚至有学者认为将“秩序价值置于更重要地位的刑法立法,既是刑法的本质要求,也是国家立法机关对社会现实情况充分考虑而做出的慎重、必要选择”,[2]但秩序结构的上升直接导致法益的稀薄化,带来了越来越多的危险犯,尤其是抽象危险犯。虽然“从风险社会中安全刑法观的角度来看,这种做法有其合理性”,[3]但必须对此进行妥当的限制,化解这种抽象危险犯扩张导致法益精神化的危机。换言之,“应依据宪法保障的个人权利实现的基本条件划定‘侧防法益’的范围,限制抽象危险犯过度扩张;抽象危险的认定应借鉴行为无价值理论,根据风险升高理论对其进行限制解释,在司法实践中通过被告人反证危险不存在和构成要件

---

〔1〕 李世阳:《刑法中行为论的新展开》,载《中国法学》2018年第2期。

〔2〕 黄晓亮:《论我国刑法修正的秩序价值优先性——以〈刑法修正案(九)〉为视角》,载《法学杂志》2016年第3期。

〔3〕 黎宏:《〈刑法修正案(九)〉中有关恐怖主义、极端主义犯罪的刑事立法——从如何限缩抽象危险犯的成立范围的立场出发》,载《苏州大学学报(哲学社会科学版)》2015年第6期。

实质解释而出罪”。[1]

最后,要通过对预防性反恐刑法法益对结果导向的可变思维探索行为规制新路径。针对社会变迁与犯罪形态的变化,有学者倡导对“法益可恢复性犯罪”的重视,以破解“特殊中止说”“个人解除刑罚事由”等理论对“停止于既遂形态的犯罪行为”评价的漏洞。具体而言,该观点认为,通过类型化的思维分析可以发现,在概念抽象、条件判断、从宽评价层面,“法益可恢复性犯罪”概念的提出不仅在报应主义的惩罚理论场域内能够获得自洽,而且在功利主义的惩罚场域内也能够获得自洽;同时,在法益保护路径和刑罚从宽处罚层面,“法益可恢复性犯罪”概念的提出也能够获得正当性并发挥补充作用。基于此,“法益可恢复性犯罪”应作为“法益恢复”现象轻刑化或出罪化评价的理论基础。[2] “法益可恢复性犯罪”概念的提出确实能够在法益恢复层面为部分行为的出罪提供新的理论依据,预防性反恐刑法作为一种积极的犯罪化立法模式,在司法实践中对其进行出罪化的制衡和矫正是极为必要的,但由于传统出罪理论具有相当的局限性,尤其是与预防性犯罪化的立法思路是对立的,所以“法益可恢复性犯罪”可以为预防性反恐刑法规范适用中出罪问题的解决提供新思路。

(三)我国反恐罪名的刑法定位

在正视预防性反恐刑法保护法益日渐集体化、超个人化、精神化的背景下,对预防性反恐刑法保护法益关联性的审视,最终要落脚到反恐罪名特别是越来越多的预防性反恐罪名的刑法定位上。目前,预防性反恐罪名主要集中规定于危害公共安全罪项下,少数散见于妨害社会管理秩序罪项下,这已然充分显示出预防性反恐罪名的法益性质与法益表现同传统反恐罪名的差异。因此,在具体完善考量预防性反恐罪名法益变化所引起的其在刑法定位中的变化时,应该兼顾其法益性质与法益表现,对预防性反恐刑法罪名

---

〔1〕 李婕:《抽象危险犯研究》,法律出版社2017年版,第102~104页。
〔2〕 参见庄绪龙:《“法益可恢复性犯罪”概念之提倡》,载《中外法学》2017年第4期。

的刑法定位作出与时俱进的修正。

反恐刑法罪名的刑法位置设计有两种方案:第一种方案是保持当下集中规定兼采分散规定的模式,将危害公共安全类、破坏社会主义市场经济秩序类、侵犯公民人身权利、民主权利类、侵犯财产类、妨害社会管理秩序类等不同的反恐刑法罪名分别置于各自的项下,形成对法益要素、行为类型乃至轻重罪梯度的有效回应。这是一种修法成本较小的方案,也能较大限度地保留现有的体系框架,仅对增加、补正的罪名、相应的规则设计等打"补丁"。第二种方案则是将预防性反恐刑法与传统反恐刑法进行整合,统一设置独立的"恐怖活动犯罪"章节,具体又有在分则中增设"恐怖活动犯罪"一章、[1]在危害国家安全罪中设专节对其进行系统的规定、[2]在危害公共安全罪下专设"恐怖活动犯罪"一节[3]几种不同的观点,以便系统规定罪名群、竞合规则、共同犯罪规则、未完成形态规则、刑罚修正规则、国际法转化规则、执行规则等内容,这是一种对刑法体系改动较大且修法成本较高的方案。

相比之下,第二种方案中单设"恐怖活动犯罪"一章的做法在当下具有可行性,契合当下的反恐实践需要,我国可以考虑将其作为长远的修法计划。之所以说第二种方案在当下具有可行性,其主要原因在于:第一,恐怖活动犯罪虽然与传统犯罪一样均被称为犯罪,但其又在构成要素、刑罚需求、规制现实性和执行举措等方面具有自身的独特之处。因此,与其将之零散地规定在传统刑法体系中,不如正视恐怖活动犯罪以及对其进行规制的特殊性,进而对其进行集中规定,这也能够与时俱进地推进刑法理论研究和规范水平的提升。第二,社会治理所需的法律文本本身有周期性变革的规

---

[1] 参见黄明儒、向夏厅:《论从严刑事政策在防止恐怖活动犯罪中的运用》,载赵秉志、张军等主编:《现代刑法学的使命》(上卷),中国人民公安大学出版社 2014 年版,第 459 页。

[2] 参见王利宾:《反恐怖犯罪刑事法完善研究——兼论反恐怖系统化立法》,载《政治与法律》2014 年第 10 期;卢有学、吴永辉:《我国刑法"涉恐"条款的系统化分析——兼评〈刑法修正案(九)〉的相关条款》,载《海峡法学》2016 年第 1 期。

[3] 参见梅传强:《我国反恐刑事立法的检讨与完善——兼评〈刑法修正案(九)〉相关涉恐条款》,载《现代法学》2016 年第 1 期。

律,在不同历史时期,国家对刑法的要求和程度是有所差异的,随着经济社会的不断变化,刑法的相应变革也应该同步推进。因此,就当前而言,整体性、系统性的修法也是必要和可行的。

二、行为违法的实质性判断

(一)客观行为的类型性界分

客观行为中的“行为”是对纷繁社会中各种涉嫌违法犯罪的行为中的一种形式性设定。这种“形式”要求意味着行为的“社会危害性”和行为人的“人身危险性”等要素的范围和质量,在犯罪的立法设置和司法回溯中具有一定的普遍性和一般性。这也是罪刑法定原则和罪责刑相适应原则的要求。当然,这种一般性和普遍性并非绝对的,需要运用刑法的系统性和发展性思维对客观行为的类型化立法保持规范与事实之间的不断补充与更新、限制与解释。从客观行为类型化的视角来看,可以有不同的角度,如社会危害性所指向的后果、行为举动所指向的样态、主体所指向的差异等,这些类型化的有效界分可以在第一个层面对判断具有实质违法性的行为进行划定。

首先,社会危害性所指向的后果是类型性界分的第一个视角,是对预防性恐怖活动犯罪进行刑法规制的本质的依据。其次,行为举动所指向的样态、主体所指向的差异是类型性界分的第二个视角,是对预防性恐怖活动犯罪进行刑法规制的模式选择的依据。不仅行为的社会危害性决定了行为的类型化界分,而且行为的主体样态也决定了行为的类型化界分。就行为主体而言,传统刑法从自然人与单位、单一主体与复杂主体等面向进行了逻辑化、体系性的建构。在反恐领域,不仅同样存在这种共通的形态差异,而且主体样态的个性还产生了有别于传统犯罪罪名的设置,形成了典型的社团行为(组织、参与行为)、帮助行为(人助、财助、物助)、伪中立行为等,对其规制的立法设置和司法处置的正当性必须经过主体样态层面的谨慎考量。

一般而言，内部和外部因素的共同作用才促成了恐怖主义及其组织结构的形成和发展，而从结构形式上来看，长期以来恐怖组织的组织结构可以分成两类：一是等级型的组织结构；二是网络型的组织结构。这两种组织结构的实质性差异，主要表现在"它们的指挥—控制程度、交流结构、分工与专业化程度三个方面"。[1] 行为样态与主体样态的不同结合，会形成不同的预防性反恐罪名，并产生不同的刑罚配置。

（二）行为判定的主客观补强

相较于传统刑法所规定的自然犯罪，恐怖活动犯罪有其特殊性，对预防性反恐刑法所囊括的恐怖活动犯罪而言，更是存在规定的人为选择性和强烈的主观色彩。因此，对该类规制行为的实质违法性的判断也离不开这两点。一方面，预防性反恐刑法规制的行为是典型意义上的行政犯。刑法的明文规定就不仅体现在罪刑法定意义上的价值，更体现在预防性反恐罪名的发动适用时，需要重点考虑行政制裁与刑法制裁质量互变规律的限制。这意味着，对于预防性涉恐行为，要首先考虑行政规制的可能性和落入刑法领域的预防性涉恐行为有无行政规制的可能性。另一方面，预防性反恐刑法规制的行为是具有强烈的主观色彩的行为，因此，需要妥善处理好其所涉及的恐怖主义的主观指向，以及恐怖主义与极端主义等的区别与联系。

极端主义与恐怖主义的共同点，体现在两个方面：一是都具有强烈的目的性；二是都具有手段的极端性、偏执性。恐怖手段也是极端手段之一，宗教极端主义发展到最后，往往是以组织或个体形式制造恐怖事件。从世界各国的反恐实践来看，宗教极端主义往往是恐怖主义的根源和前期表现，恐怖主义则往往是宗教极端主义的高级表现形式和最终归宿。在某些情况

---

[1] 陈亚州：《恐怖主义的组织结构：类型辨析及其影响》，兰州大学2017年硕士学位论文，第5～8页。

下,极端主义是根源,恐怖主义是手段,分裂国家是目的。[1] 因此,要处理好极端主义与恐怖主义的关系,进而在刑法规制相关行为时,对行为的类型性、程度化性做出相应的区分。在反恐刑法规范进行理性扩张的同时,要以"目的"为中心进行反恐刑法规范的有效限缩,较好把握立法解读和司法适用的边界和尺度。例如,将《刑法》第120条之一中的"运送"作偏正理解,将第120条之四中的"利用恐怖主义"与"利用极端主义"作同一理解,以及对"国家法律"进行广义理解。[2]

在对涉恐行为进行预防性刑法规制时,客观上的补强应坚持"危害原则",即拟采用预防性刑法手段进行规制的涉恐行为应该是侵害他人利益的行为,如果拟规制的行为根本没有侵害他人的利益,就不能对其进行预防性刑法规制。之所以坚持"危害原则",主要是考虑到预防性反恐刑法立法本身是一种扩张的立法模式,存在国家刑罚权扩张的冲动,坚持"危害原则"就可以对这种扩张形成一种制约,进而使预防性反恐刑法立法更加理性。事实上,"危害原则"是英美法系刑法确保其刑罚正当性的重要原则,也是英美法系刑法所坚持的"最低道德底线"。[3]

不过,涉恐行为是否对他人利益造成了危害,具体判断起来并不容易,因为除一些外显的行为危害之外,还有一些内隐的行为危害,而内隐行为的危害往往具有不确定性和变化性,这就要求我们在具体判断涉恐行为的危害时,要通过行为表现、主体状态以及生活经验进行综合判断,以此补强预防性反恐刑法规制的涉恐行为的危害性。就涉恐行为进行预防性刑法规制时的主观补强来说,不能简单地从客观危害推导主观不法,在将客观危害作

---

〔1〕 参见师维、孙振雷、孙卫华、张桂霞:《中国反恐怖主义法研究》,中国人民公安大学出版社2016年版,第128页。

〔2〕 参见罗钢:《〈刑法修正案(九)〉中反恐立法的教义维度与实践展开》,载《山东警察学院学报》2017年第6期。

〔3〕 参见姜敏:《"危害原则"的法哲学意义及对中国刑法犯罪化趋势的警喻》,载《环球法律评论》2017年第1期。

为判断主观不法的事实基础和经验素材之外，还要重点考察涉恐行为主体对恐怖主义和恐怖活动的认识和意志，不能将那些对恐怖主义和恐怖活动毫无认知而仅仅是被煽动或者诱骗参加了相关涉恐活动行为人，纳入预防性反恐刑法规制对象的范畴。换言之，在对涉恐行为进行预防性刑法规制时，要坚持最低限度的主观不法，不能抛开主观不法对涉恐行为进行客观归责。之所以作此要求，主要是在犯罪最低限度的要求上持主观主义立场不但符合公众的正义直觉，而且有利于法益保护目的的实现。[1]

（三）实质违法性的等级描绘

从上文预防性反恐刑法所规制的客观行为的类型性界分和行为判定的主客观补强基础上再进一步推演，可以对预防性反恐罪名的实质违法性的等级进行细分。不同的行为主体、行为后果与行为样态的结合，导致了不同的规定模式，在规定模式的实质违法性的不同等级中，应该再次注意刑法的参与必要性与刑法罪名独立存在的运用尺度，综合运用“行为模式＋法益归类”的方法，结合行为内容的典型性、恐怖等级等参考要素对其实质违法性进行判断。预防性反恐罪名实质违法性等级分布见表6－2。

表6－2 预防性反恐罪名实质违法性等级分布

类型	等级分布
行为主体	恐怖组织
	恐怖人员
	其他社会活动参加者
行为后果	恐惧感
	秩序危害
	财产损失
	人身伤亡

〔1〕参见马乐：《为刑法主观主义辩》，载《环球法律评论》2014年第2期。

续表

类型	等级分布
行为样态	社团行为(组织、参与)
	帮助行为(人助、财助、物助)
	预备行为
	伪中立行为
规定模式	独立
	附属

首先,对于刑法的参与必要性而言,目前存在的预防性反恐刑法罪名中有部分并没有刑法参与的必要性,应该考虑从预防性反恐刑法的体系中进行立法过滤。例如,经《刑法修正案(九)》的修正后的《刑法》第120条之五[1]规定的强制他人穿戴涉恐服饰、标志的行为,可以不用纳入刑法规制的范畴,而应当由相关的行政性制裁措施进行处罚。因为从该行为的社会危害性或者法益侵害性上来讲,其尚未达到动用刑罚进行处罚的程度。在目前该行为已经被纳入刑法规制范畴的情况下,在司法实践中具体适用"强制穿戴宣扬恐怖主义、极端主义服饰、标志罪"时就需要严格考量其刑罚可罚性。例如,要对主观方面是否要求具备特殊目的,强制方式的类型、程度和判断标准,公共场所是否包括信息网络空间,宣扬恐怖主义、极端主义服饰、标志的范围等方面进行认定,以有效阻断恐怖主义、极端主义的传播渠道,维护公共安全和人民群众的生命财产安全。[2]

其次,对于刑法罪名独立存在的运用尺度而言,可以对社团行为犯罪、帮助行为犯罪、预备行为犯罪、伪中立行为犯罪等进行分别考虑。其一,社团行为犯罪类。在英美法系,恐怖组织和结社犯罪本质上是"地位犯罪",目

[1] 《刑法》第120条之五规定:"以暴力、胁迫等方式强制他人在公共场所穿着、佩戴宣扬恐怖主义、极端主服饰、标志的,处三年以下有期徒刑、拘役或者管制,并处罚金。"

[2] 参见杜邈:《强制穿戴宣扬恐怖主义、极端主义服饰、标志罪的司法认定》,载《西部法学评论》2016年第6期。

标人群是他们认识和交往的对象,而不是他们所做的事。长期以来,刑法一直将犯罪行为如联盟、目标关联和身份与行为相结合,虽然从历史上看地位犯罪只是简易性犯罪,但在反恐法律框架内的地位犯罪越来被重视,逐渐被认为是严重的刑事犯罪。在德国和日本,针对社团行为犯罪规制中出现的组织行为实行行为化的刑法立法,提出了"无形共同正犯"或者"共谋共同正犯"的概念,〔1〕以便阐释和解决这些立法适用的困境。事实上,组织入罪是预防性反恐刑法规范较为早期的演变形态,其意在将预备性的"组织行为"在刑法意义上实行行为化,将人与人之间的交互的"群体化"直接作为评价焦点,建构一种"以'人群结合'为基础的特殊责任形态,即'行为人群'责任",〔2〕明确其危害的倾向和可能。不过,"'组织入罪'本质上是对个体集合的一种先验的危险性判断",〔3〕刑法对组织行为的犯罪化本就有超越社会生活中性组织行为的风险,对该组织行为内容的评价,也受多种因素的影响而在司法实践中受到诟病。在组织行为实行行为化的立法限度及其司法适用的妥适性分析方面,学界也尚未形成共识。从我国现有的研究成果来看,虽然这方面的相关研究还没有系统展开,但一般都承认组织行为的可罚性,因为组织行为在共同犯罪中起到了非常重要的作用,即使其没有进入实行阶段,但也可以认定为实行行为。〔4〕 由此可见,社团行为犯罪是预防性反恐刑法罪名中的重要组成部分,是对"人合"的制裁。

其二,帮助行为犯罪类。我国目前在反恐刑法中的帮助行为犯罪被多数学者归纳为一种"帮助行为正犯化"的模式。所谓"帮助行为正犯化",是指刑法在立法的过程中将已经规定为犯罪行为的帮助行为独立规定为一个

〔1〕 参见赵微、王昭振:《有组织犯罪界定及其组织行为实行行为化——基于犯罪学与刑法学的视角转换》,载《法学家》2008年第3期。

〔2〕 储槐植:《犯罪发展与刑法演变》,载《江西公安专科学校学报》2002年第5期。

〔3〕 倪春乐:《"预防性"正义及其风险——中国反恐刑事立法审视》,载《上海政法学院学报(法治论丛)》2018年第2期。

〔4〕 参见赵微、王昭振:《有组织犯罪界定及其组织行为实行行为化——基于犯罪学与刑法学的视角转换》,载《法学家》2008年第3期。

罪名,使其不再依附于原有的罪名进行规制,而是根据新增的罪名进行规制。《刑法修正案(九)》规定的“帮助恐怖活动罪”就是典型范例。事实上,在坚持单一制的犯罪参与体系中,不存在共犯与正犯的区分,也就不存在“帮助行为正犯化”的说法,只有在采用区分制的犯罪参与体系中,才存在正犯与共犯的区分。比较来看,德日刑法采用的是区分制的犯罪参与体系,而我国采用的是单一制的犯罪参与体系,所以,在我国刑法语境中以“帮助行为正犯化”的术语探讨相关问题,存在理论上的误区。对此,有学者认为,我国应该借鉴德国和日本做法,在共犯教义学中引入“正犯”概念,并建立双层的区分制参与体系,“以正犯共犯解决参与人的定性问题,以主犯从犯解决参与人的量刑问题”,在此基础上来看,“帮助行为应当回归到共犯教义学的框架中得到评价和惩罚,帮助行为正犯化的立法并无必要”。[1] 我们认为,引入“正犯”概念抑或采用“区分制犯罪参与体系”只能是理论上的一种构想,并不能解决我国刑法中帮助行为犯罪类罪名适用的真正问题,最重要的问题还是如何对帮助行为犯罪类罪名的违法性进行判断,即“某种身体动静如何通过对行为规范的违反造成法益损害”。[2] 从积极一般预防的立场来看,帮助行为犯罪类罪名有其存在的价值和意义。

其三,预备行为犯罪类。犯罪后的刑法框架包括企图和合谋犯罪,即在一项实质性罪行之前的行动和计划。预防性反恐刑法立法中出现的预备行为既遂化的现象,是将原本属于既遂行为的预备行为直接规定为独立的犯罪,由此在立法上成为新的既遂行为。事实上,这种立法是将以往由《刑法》总则规定的预备犯,直接由《刑法》分则进行独立规定。对于这种预备犯的立法模式,有学者认为,“预备犯应当采取个别化的立法模式,相应地,在立法上应当删除刑法总则对预备犯及处罚原则的一般规定,理论上摒弃预备

---

〔1〕 孙运梁:《帮助行为正犯化的教义学反思》,载《比较法研究》2018 年第 6 期。

〔2〕 周光权:《新行为无价值论的中国展开》,载《中国法学》2012 年第 1 期。

行为与实行行为的划分”。[1] 不过,应当注意的是,在我国反恐刑法语境下,对于涉恐型的预备犯立法应当“基于目的论解释的立场,在法教义学上应通过行为类型、犯罪形态及法益侵害类型等路径对预备行为实行化的相关犯罪作限缩解释”,[2]以防止现实中越加远离实质性反恐罪行的企图和合谋犯罪的行动和计划被人为以主观方面因素过度使用。

其四,伪中立行为犯罪类。刑法规制的是具有社会危害性或者法益侵害性的行为,对于单纯的中立行为刑法是不能对其进行规制的。不过,实践中在具体判断违法犯罪行为与中立行为时,在有些情形中是非常难区分的,尤其是有些行为会打着中立行为的幌子行法益侵害之实,行为人也会借此脱罪。就预防性反恐领域而言,同样存在对伪中立行为的判断问题。例如,原本属于中立行为的专业化行为、网络媒介行为、宗教活动行为等,容易掺杂进恐怖主义的因素而变成伪中立行为,进而成为刑法规制的对象。以网络媒介支撑下的微恐怖活动为例,近年来,随着网络信息技术的迅猛发展,恐怖主义也开始向互联网信息领域渗透,一些恐怖组织不仅利用信息网络进行内部管理、成员联络、筹资金集、对外宣传,而且利用信息网络攻击主权国家的重要数据库和信息系统,由此催生了微恐怖主义或者网络恐怖主义的新形态,并在全球范围内快速蔓延。对微恐怖主义的治理,有学者建议,“在协调反恐行政法与反恐刑法的基础上,对微恐怖活动的网络生存空间进行立法严控,从立法上防范重点人员并巩固反恐斗争的社会基础,织密防控的法网”。[3] 而对微恐怖主义行为进行刑法规制时,就存在对伪中立行为的甄别问题,因为其中的网络服务等技术提供商往往会以其提供的是无差别的服务或者对涉恐事宜不知情来论证自己行为的中立性,进而为脱责寻找

[1] 李梁:《预备犯立法模式之研究》,载《法学》2016 年第 3 期。

[2] 阎二鹏:《预备行为实行化的法教义学审视与重构——基于〈中华人民共和国刑法修正案(九)〉的思考》,载《法商研究》2016 年第 5 期。

[3] 皮勇、杨淼鑫:《网络时代微恐怖主义及其立法治理》,载《武汉大学学报(哲学社会科学版)》2017 年第 2 期。

理由。在此情形下,就应当在准确识别网络媒介中专业人员负有的特定义务基础上评价义务违反行为的刑法意义,在其行为从主观阶段已经转化为客观阶段时,就应当对其进行犯罪化评价。[1]

三、刑罚种类的多样性配置

(一)主体刑罚的不断完善

我国预防性反恐刑法的刑罚配置普遍呈现出畸重的问题,结合恐怖主义的治理原理和我国的治理实践,应当对此种问题予以慎重审视,在完善配刑的同时要注意体现区别。

首先,在配刑理念方面,虽然多数国家的反恐刑法预防性面向都体现出刑法扩张带来的刑罚趋重的格局,如以《法国刑法典》为代表的刑法,采取对涉恐怖主义的犯罪的刑罚提升配刑的标准,但是这终非解决恐怖活动特别是预防性恐怖活动犯罪的治本之策,重刑主义不能有效遏制恐怖主义,甚至刑法手段亦非治本之有效对策。基于此种认识,在反恐刑法配刑方面,要在顾及现实需要的基础上,进一步增加配刑以体现区别。众所周知,我国刑法立法采取的是"定性+定量"的犯罪界定模式,这表明重视刑法介入社会生活的克制立场,同时意味着,越是接近传统刑法所要求的实质实行行为甚至危害结果的恐怖活动犯罪,其配刑应该更加趋于严格、固实;越是远离传统刑法所要求的实质实行行为甚至危害结果的恐怖活动犯罪,其配刑应该更加趋于轻缓、灵活。

其次,在配刑依据方面,具有社会危险性是对涉恐罪犯科处安置教育的唯一依据,应以司法裁判为中心构建社会危险性的评估体系,以分类管理为框架搭建评估结果转化机制,以复归为目标导向建立社会危险性评估效果反馈。安置教育制度要符合科学理性、程序正当、严格节制的要求,在安全

---

[1] 参见李正新:《犯罪化与非犯罪化的根据思考》,载《政法论坛》2017年第1期。

价值和自由价值之间求得充分的平衡。[1]

在我国的预防性反恐规范体系中,常规化的刑罚方式与新的刑罚方式并存,具体的刑罚执行方式在不断创制,并散乱地规定在不同的部门法中,由此也导致分化之下的刑罚畸重问题。这就要求在具体完善时要不断细化不同部门法之间在制裁方面的衔接,正如有学者所言,"我国应当立足于刑法制裁体系的轻缓化和预防功能,进一步调整和增设刑法制裁措施,合理完善刑法制裁体系的功能和结构,不断推进刑法制裁措施的实质多元化和结构平衡"。[2] 事实上,在应对现代工业化引发的安全等公共风险的现实背景下,风险控制逐渐呈现出私法自治和公法回应的格局,"不断发展中的民法、刑法和行政法均将公共风险纳入其调整范围",这无助于风险控制工具之间的协调与合作。因此,应"将各部门法上的风险控制工具体系化整合为'三位一体'的结构","打造开放的部门法体系","借助行业单行立法搭建部门法之间的合作桥梁",实现风险立法的"部门法'分'与'合'的双重变奏"。[3]

对于预防性反恐刑法中的刑罚应当更加契合预防性的优势而克服其弊病,妥当配置自由刑(甚至可以包括终身监禁)、财产刑、资格刑,并在刑罚执行中进行细化;对行政领域中的涉恐制裁,必要时应配备相应的司法化救济手段和途径,使行政制裁与刑事制裁形成一条衔接有序的链条。具体而言,完善刑罚设置可以从三个方面展开:其一,完善恐怖活动犯罪假释、减刑、自首、立功、累犯、追诉时效等制度;其二,详细规定从重、从轻、减轻处罚或者免除刑事责任等方面的具体情形和适用条件;其三,细化基于恐怖主义目的实施的犯罪的从重或者加重情节。

(二)刑罚标签的妥善处理

恐怖活动犯罪相对于传统犯罪的一个突出的刑罚后果,就是其标签效

---

[1] 参见徐持:《我国安置教育制度的规范检视与价值提倡》,载《净月学刊》2018 年第 1 期。
[2] 袁彬:《刑法制裁措施多元化的功能审视与结构完善》,载《法学评论》2018 年第 4 期。
[3] 宋亚辉:《风险控制的部门法思路及其超越》,载《中国社会科学》2017 年第 10 期。

应会更加严重。这不仅在行政认定和司法认定相应的恐怖主义、恐怖活动、恐怖活动组织、恐怖活动人员、恐怖事件等已经体现，而且体现在对恐怖活动犯罪在预防性趋势下的标签扩大化上。标签效应自提出时起就主要揭示了制裁性定性给行为主体带来的各种负面影响。因此，在预防性反恐刑法领域下，应该结合配刑的改善对标签效应的后果进行必要的控制。一方面，要严格发挥标签化带来的对将来潜在违法犯罪活动的预判、分析作用，这可以为过去、当下和将来的经验总结、决定作出和政策修正等提供论证支撑，不至于使反恐领域的经验、决定、政策等过多地受到干扰；另一方面，要警惕标签化对预防性反恐领域违法犯罪者课以过多、过重、过久的附随后果，使其难以改过自新，甚至诱发新的违法犯罪。

（三）行为形态的后果影响

就预防性反恐刑法规范规定的犯罪行为而言，其本身就是一种相对传统犯罪行为更加超前的行为形态，在对其行为的典型完成形态进行规制都较为慎重的情况下，对其行为的未完成形态的规制就应当更加慎重。因此，对预防性反恐刑法罪名所涉及的未完成形态和共同犯罪形态进行规制时需要进行特别考量。对于未遂形态的判定而言，在其罪名属于抽象危险犯的基础上，应当更加注重判断其是否具有刑罚可罚性，从而与相关的行政处罚和反恐怖主义法的规定有所区别，形成合理分流。

以持有型犯罪为例，我国《刑法》中就规定了非常多的持有型犯罪，[1]从体系性考察来看，对该类犯罪的未完成形态的判定应当考虑获得来源、后续走向、控制能力、物品多少等因素。实践中，已经出现了涉嫌非法持有毒品未遂的案例。例如，某行为人为了自己吸食毒品，联系好卖家后便向其付了款，但在其未拿到购买的毒品时就被公安机关抓获了。[2] 预防性反恐刑

---

〔1〕 例如，非法持有枪支、弹药罪，持有假币罪，持有伪造的发票罪，非法持有国家绝密、机密文件、资料、物品罪，非法持有毒品罪，非法持有毒品原植物种子、幼苗罪等。

〔2〕 参见王路真：《非法持有毒品存在未遂状态》，载《人民司法》2018 年第 17 期。

法规范所涉及的罪名亦是如此。对于共同犯罪形态,因涉及不同行为人作用力的互相影响,对后续的行为定性和量刑都有显著的补强影响,因此,在考量其共同犯罪形态时,要着重考虑行为人的不同分工及其作用、持续时间长短、行为动机等因素。

第三节 预防性反恐刑法规范的系统实现

恐怖活动犯罪的治理需要一个过程,尤其是要真正实现标本兼治,则需要社会治理的各个子系统的密切配合。在这个过程中,恐怖主义威胁的紧急状况仍然会出现,对恐怖主义进行预防的需求不仅会继续存在,甚至有时还会提高。因此,必须在短期、压制和控制性对策与长期、建设性对策之间寻求平衡,并建立协同机制。在这样的供需现实下,应调整反恐刑法规范,使作为整个反恐刑法规范体系一部分的预防性反恐刑法更加系统、完备。具体而言,一方面,预防性反恐刑法规范的规定模式需要更加明确,妥善处理好反恐刑法的体系关系和明确反恐罪名的规定方式,以使当下较为散乱的格局造成的困惑得到解决;另一方面,预防性反恐刑法规范与其他法律法规的规制衔接,需要进一步理顺,并努力消除刑法与反恐法、其他安全法之间衔接不畅甚至龃龉的部分,确保其能够在具体的操作性规则下有效运作。

一、规定模式的明确

(一)确定反恐刑法的体系关系

系统性取决于规制的现实需求、理论辩证和正义体系。具体到技术路径层面,首先,需要处理好刑事政策与刑法规范的关系。就反恐领域而言,“反恐政策体系有着内在的作用机理,是新形势下反恐工作的现实选择,也是总体国家安全观的必然要求。我国反恐政策体系从反恐战略和反恐战术两个层面进行构建”。[1] 其次,需要在刑法规范中处理好预防性反恐刑法与刑法体系的关系。以宪法为核心,由基础性与配套性法律文件构成的全方位反恐体系,是国家权力机关反恐行动的法律依据,也会促使全体公民形成反恐法律意识。因此,可以进一步考虑恐怖活动犯罪的重罪与轻罪建构在刑法内部的协调性,即预防性反恐刑法规范在整个刑法内部轻重罪中的协调性。

犯罪化与非犯罪化在刑法内部都是一种正常的现象,从已有犯罪化与非犯罪化的实践来看,正是二者呈现出的这种伸缩和消长关系,实现了特定历史背景下犯罪圈的动态调整,从而在整体水平上使犯罪的滋生与防控保持平衡。更加慎重的犯罪化和时刻反思的非犯罪化,自近现代以来就成为一种警惕国家“利维坦”的工具,这不仅是启蒙运动时期的法学家按照理想中的“法治国”模式和严格规范的罪刑法定原则来构建的避免国家权力恣意、专横的举措,更有助于以现当代民主法治思维建构“轻罪”、“违警罪”与重罪等罪行的分层,竭力将一些由行政机关处理的轻微违法行为纳入刑法调整的范围,进而实现“司法管辖化”。

当下,我国刑事犯罪与行政违法处于二元分立的格局,轻重罪的现实区分与行政违法的司法管辖化都在同步推进。这一方面赋予了原本由行政机关裁决的实质减损公民基本权利的行政违法得以司法化的保障,另一方面也造成了大量轻微违法行为入刑。刑法体系在短时间内的急剧变化会危及已然平衡的刑法运行逻辑,国家的司法资源和国家司法机关的精力可能会被耗费在处理大量的轻微犯罪上,最终难以达到令人满意结果。预防性反恐刑法增设的罪名大多也规制的是轻微罪行,随着预防性反恐刑法罪名的不断增多,前述的资源困境和效果质疑同样会出现。鉴于此,在进行预防性反恐刑法立法时,应当处理好重罪与轻罪的比例和体系关系。

---

〔1〕 韩大彤:《新时期我国反恐政策体系的构建初探》,载《武汉公安干部学院学报》2017 年第 4 期。

(二)明确反恐罪名的规定方式

在处理好上述反恐刑法的体系关系的基础上,还需对预防性反恐刑法规范在概念内涵性、保护法益、罪责要素、刑罚后果等方面予以厘清,特别是预防性反恐罪名所涉及的规定方式也应进一步清晰化:一方面,反恐罪名不能被稀释或者转移。正如有学者所言,为了防止进一步的过度刑事定罪,应该坚决使用专门的恐怖主义罪行处理“真正的”恐怖主义案件,不允许它们流入普通罪行的非恐怖领域。[1] 另一方面,反恐罪名的预防性设置需要注重其一般性与特殊性,一般性决定了必须受制于刑法的运行逻辑,特殊性则体现了需要对某些规则予以变通或者明文规定,如此才能处理好核心行为与边缘行为、危害行为与危险行为、客观行为与主观指向等方面的矛盾与困境。

因此,在规定方式上,首先,要提升立法技术,在体系定位、粗细把握、定量与定性设置等方面进行完善。在体系定位上,可以在刑法分则专设一章予以规定,并确立一个条文以厘清与其他犯罪关系,如有组织犯罪、自然犯罪与法定犯罪的普通罪行,核心罪行与相关罪行,组织罪行与个人罪行,已实施的行为与准备实施的行为等。其次,要保持立法与司法、执法的层次性和协同性。立法上的整体罪行程度配置是后续司法、执法的基础,但是在司法适用和执法过程中,不同主体应该体现自身的能动性和裁量权,对于存在的一般情节、加重情节、减轻情节,豁免或赦免情形,引渡及司法协助等,均应有所涉及。这些具体的情形具有较强的变动性,宜以司法解释或司法文件(国家立法与区域组织条约协作)等形式予以规定。

(三)预防性反恐刑法的规定模式

从条文的表达来看,刑法与反恐基本法在立法定位、专业术语、管辖等

---

[1] See Lucia Zedner, *Terrorizing Criminal Law*, Criminal Law and Philosophy, 2014, Vol. 8, No. 1, p. 121.

方面都需要进一步的阐释。从立法定位来看，刑法是作为“保障法”对严重危害社会的恐怖活动行为进行规制，而反恐怖主义法是作为反恐基本法律综合、系统治理恐怖主义的滋生、恐怖活动的产生，并努力消除恐怖主义赖以生存和发展的思想基础、物质基础等。从这个方面来看，反恐刑法与反恐基本法是一种横向的交叉关系和纵向的递进关系。同时，预防性反恐刑法在范围和内容上比传统反恐刑法更进一步，这就决定了在预防性反恐刑法规定模式方面，必须妥善处理好与反恐基本法律在相关内容上“质”与“量”的关系。

从专业术语来看，反恐刑法与反恐基本法在基本界定方面保持大概一致的前提下，还是应当有所区分，因为这直接决定了预防性反恐刑法在具体适用中的认定问题。例如，反恐怖主义法更多的是偏重恐怖主义的界定，进而确定恐怖活动、恐怖人员、恐怖事件等，而反恐刑法在罪状描述和刑罚配置时，更多地偏重恐怖活动行为的认定，“恐怖主义”与“恐怖活动行为”在内涵上是存在差异的。因此，需要在规定模式中进一步确定这些专业术语在适用中的关系。

二、规范之间的衔接

（一）刑法与反恐法的衔接

从条文的表达来看，刑法与反恐基本法在立法定位、专业术语、管辖等方面的规定都需要进一步的衔接。首先，在立法定位方面，我国《刑法》的立法定位表达为“为了惩罚犯罪，保护人民”，并主要将预防性反恐罪名规定在危害公共安全一章，少数散见于其他章节，而《反恐怖主义法》第 1 条明文确定该法是为了维护“国家安全、公共安全和人民生命财产安全”，这使反恐基本法在立法定位上是一种复合、综合的定位。由此可见，《刑法》与《反恐怖主义法》在立法定位上是有交叉的，因此应当进一步理顺反恐刑法与反恐基本法的立法定位。对此，有学者从《反恐怖主义法》立法的目的在于“维护公共安全”出发,建议“删除《反恐怖主义法》第1条中的‘国家安全’,或者在刑法中增加‘危害行为既构成恐怖活动犯罪,又构成其他犯罪的,依照刑法关于惩治恐怖活动犯罪的规定定罪处罚’的规定”。[1] 我们认为,采取第二种方案更为适宜,即在保持《反恐怖主义法》规定不变的情况下,通过刑法内部的修订实现其与《反恐怖主义法》在立法定位上的衔接,这也符合刑法立法中处理“特殊与一般”关系的惯例。

其次,在专业术语方面,《反恐怖主义法》第3条规定了恐怖主义、恐怖活动、恐怖活动组织、恐怖活动人员、恐怖事件等专业术语,《刑法》当中也存在恐怖活动、恐怖活动组织、实施恐怖活动的个人、恐怖主义、极端主义、恐怖活动犯罪等表述,并在相关司法解释或者司法性文件中有说明。但是,从这些专业术语的具体界定来看,《反恐怖主义法》与《刑法》对部分术语的界定并不一致,由此容易导致两部法律在适用上出现冲突。因此,在未来的反恐立法中,要秉持法秩序统一的原理,尽量做到各位阶的法律在对核心概念进行界定时尽量保持一致,尤其是在概念的内涵和外延方面。

最后,在管辖划分方面,《反恐怖主义法》中试图详细规定涉恐的相关违法犯罪行为,但是其中的违法行为却与刑法中的恐怖活动犯罪界限模糊,这就需要通过情节规定加以区分。我们认为,反恐怖主义与刑法同属于基本法,只是两者的定位各有侧重,因此,不应认为前者对后者的规定进行了实质性的修改,而应当认为在不断变化的社会治理情势下,《反恐怖主义法》作为反恐领域的综合性基本法,对《刑法》在反恐领域做出了补充和完善,而《刑法》作为专门规制犯罪的基本法,对《反恐怖主义法》在刑法领域内补强了其威慑力。

此外,还应当处理好行政制裁与刑法制裁在质与量、实体与程序上的衔接,宜建构起前置行政措施整体化、司法化的格局。例如,《反恐怖主义法》

---

[1] 赵秉志、牛忠志:《〈反恐怖主义法〉与反恐刑法衔接不足之探讨》,载《法学杂志》2017年第2期。

第39条规定了针对恐怖活动人员和恐怖活动嫌疑人员的出入境管制，授权出入境证件签发机关、出入境边防检查机关等行政机关对恐怖活动人员和恐怖活动嫌疑人员进行限制，有权决定不准其出境入境、不予签发出境入境证件或者宣布其出境入境证件作废，这是一种带有权利限制处分性质的行政制裁措施。立法机关可以参考英国前移的行政性举措，如英国《2015年反恐怖主义法》第2条针对恐怖分子跨国流动新增的重要预防措施“临时禁入令”（分为普通临时禁入令与紧急临时禁入令），在相关实施细则中增加程序性规定与司法救济措施。[1]

（二）刑法与其他法的衔接

基于上述理由，刑法与其他安全法、相关行政法的关系也可以得出同样的处置原则，通过对相关法律法规的立法定位、专业术语、管辖等问题的梳理和解决，就可以打破不同法律之间的壁垒，使相关的反恐法律法规衔接得更加紧密。以《刑法》与《治安管理处罚法》的衔接为例，《治安管理处罚法》在《治安管理处罚条例》的基础上，于2013年进一步修订后实施，其立法定位是“为维护社会治安秩序，保障公共安全”，而《刑法》则是对社会秩序、公共安全的进一步保护，因此，其性质的衔接存在质与量上的差异。在专业术语方面，由于《治安管理处罚法》出台较早，具体规制恐怖活动相关违法行为的规定较少，所以其中并没有特别多与恐怖主义相关的术语。不过，《治安管理处罚法》中不乏通用性规定，其也可以对相关涉恐的违法行为进行规制，这些规定散见于对扰乱公共秩序、妨害公共安全、侵犯人身权利、财产权利以及妨害社会管理行为的处罚规范中。因此，借由立法定位、专业术语、管辖等问题的理顺，可以实现反恐刑法与其他反恐法律法规之间的有机衔接。

此外，在实现刑法与其他安全法衔接的过程中，应该更加注意情景预防

---

〔1〕 参见周振杰：《英国〈2015年反恐怖主义法〉中的“临时禁入令”制度研究》，载《湖南大学学报（社会科学版）》2018年第1期。

在防范恐怖主义犯罪中的具体运用，即要加强刑法与情景预防中相关法律和措施的衔接。反恐的重要目标就是希望能够事先预防恐怖主义犯罪的发生。[1] 情景预防相对于司法预防和社会预防来说，就是将防范恐怖主义犯罪的时间提前，通过对犯罪发生的情景条件的控制甚至消除，达到预防犯罪发生的目的。我国恐怖活动犯罪的发生具有空间、时间、对象、工具、人员方面的特定性，所以在反恐实践中应当充分运用情景预防理论和技术，对恐怖主义犯罪发生的特定时空条件进行管控，即采取迅速和直接的手段进行防范，起到立竿见影的效果。

其一，加强特定场所的安保力量。针对恐怖分子容易实施恐怖袭击的场所，通过传统手段和现代手段相结合的方式加强保护，提升安保等级。一方面，通过人工巡逻、加固设施、设置出入障碍和安全检查等传统手段，对特定场所进行物理上的加固，以减少犯罪机会，增加恐怖分子在这些场所实施犯罪的成本和难度；另一方面，充分利用现代科技手段，优化安保技术，完善安保措施。例如，增设摄像监控并确保24小时无间断无死角看守，利用防暴检查器材加强对周围的布控，通过红外线照射加强对附近的观察，运用手机定位和大数据监测监控涉恐人员的轨迹。在边疆等恐怖主义多发地区，应当多安装报警设备，并大力推广联防联控，形成反恐合力。同时，对巡逻人员和摄像监控的工作人员进行专业培训，提升识别、查证、应对恐怖分子的能力。在重要的场所形成“天上有眼、地上有人、网上有库”的立体化全方位监控，做到“人在动、屏在看、云在算”，增加实施恐怖主义犯罪的难度和风险。

其二，提高特定时间节点的警惕心理。特定时间节点：一是常规的时间节点，如国庆、春节、端午、元旦等；二是重大活动的时间节点，如召开全国性的重要会议、举办重要国际赛事等重大活动期间；三是对恐怖分子具有“纪

[1] 参见姜涛：《恐怖主义犯罪：理论界定与应对策略》，载《中国人民公安大学学报（社会科学版）》2013年第1期。

念”意义的日子,如每年的9月11日等。在这些特定、特殊的时间节点,应加强对特定空间的安保力度和对特定对象的保护措施,通过对手机、车辆等设备的定位,实现对可疑人员运行轨迹的研判分析,加大对互联网的监控,加强对进入敏感地点人员的全方位安全检查。在这些敏感的时间节点,公安民警、边防武警、安保人员等都要提高警惕,及时对行为举止诡异的人员进行盘查和防范。特别是机场、车站、码头等特定的场所的安保人员,更要提高警惕,加强戒备。

其三,完善对特定目标对象的保护措施。这里的特定目标对象是恐怖分子容易攻击的目标对象。完善对这些目标对象的保护措施,需要分情况进行。一是对建筑物等应构建空地一体的防护措施,对重大的具有象征意义的建筑物应安装雷达设备,对空域进行防控。同时,全方位装备摄像监控、烟雾探测器等,禁止无关人员近距离靠近,设置栅栏、围墙等防护装置,强化对地面的保护。对进入的人员及其携带的物品进行严格的安全检查,禁止携带易燃易爆有毒有害物品,以及管制刀具等具有杀伤力的工具。二是加强对特定人员的保护力度,如政府机关工作人员、老弱病残孕特殊人群。在人员密集的车站、机场等公共场所加强巡逻,安装全天候无死角的监控录像设备,武警和公安民警等24小时值班待命,对行为举止异常的人员及时进行身份审查和安全检查等。

其四,严密特定工具物品的控制排查。一是加强对枪支弹药、爆炸物品等爆炸类违禁品及相关原材料的管控力度,严厉禁止个人非法持有枪支弹药和爆炸物,完善申领制造爆炸物原料的审查审批制度,对持有违禁品的单位、人员进行严格管控。二是加强对管制刀具、钢棍等械具的管理,禁止携带管制刀具等器械进入公共场所,特别是人员密集的车站、商场、学校等。三是加强对QQ、微信和电子邮件等通信软件和工具的监管,利用高科技侦查技术对可疑车辆、手机和电子邮件进行追踪监控。严格落实网络管理者的主体责任和网络监督者的监督责任,杜绝恐怖分子利用网络进行资金筹集、思想传播、物资购置以及犯罪动员和联络,净化网络环境。对手机卡、上网账号和无线网卡、网络接口、网吧等公共场所上网、GPS 申领等实施严格的实名登记制,强化对手机和网络用户的监管力度,不断完善监管制度。四是严格限制武器持有、交易和出售,加大对相关行为的管控和处罚力度,断绝恐怖分子的武器获取来源,限制有关武器使用信息的传播。

其五,强化特定人员的教育监管。要加强对重点人群的教育引导,特别是在重点地区要加强在心理健康、优秀传统文化、科学技术知识、国家认同和社会认同感、法治观念等方面的教育,使其充分认识恐怖主义的危害。要增加教育资源的投入,将义务教育落到实处。进行文化育人,增强文化认同,推动文化反恐。[1] 普及法治教育,增强法治观念、法治意识和法治信仰,弘扬法治精神。加强重点人群反恐知识、反恐策略、反恐技能的教育培训。同时,提升民众防范恐怖分子袭击的意识和能力,强化民众与恐怖分子做斗争的勇气、胆略和技能,加大对积极与恐怖分子做斗争的人民群众的奖励力度和保障措施,对消极应对、置之不理的人员给予法律和道义上谴责,对帮助恐怖分子实施恐怖活动的人员依法实施严厉打击,在全社会形成一种崇尚反恐、抵制恐怖活动的氛围。此外,采取现代科技手段扩大公民生物特征个人信息的采集范围,将公众的照片、签名以及指纹、掌纹、虹膜等生物特征编成电子密码储存进身份证件和护照中,以便有效地查验识别。提高对外国人员和组织的管理水平,扩大对相关单位和个人信息的收集范围。[2] 对于从恐怖活动多发国家或者地区回国的人员,要严格进行安保检查并予以持续的关注。

(三)对反恐国际法的转化

从整个反恐法律制度体系来看,除了刑法、反恐怖主义法以及其他安全法等反恐法律法规之外,反恐国际法也逐渐成为反恐法制体系的重要组成

---

〔1〕 参见冯卫国:《论文化反恐与去极端化》,载《法治研究》2016 年第 1 期。

〔2〕 参见赵磊:《安全与自由之间:对德国反恐立法之评析》,载《河北法学》2017 年第 4 期。

部分,尤其是在国际反恐合作方面,反恐国际法发挥着至关重要的作用。因此,在不断完善国内反恐法律法规的同时,也要及时关注国际反恐法律规范,并对相关的反恐国际法规范进行国内法转化,进而使我国的反恐法律制度体系变得更加健全。当前,我国对国际条约、区域性条约、双边协议等一般采取的是合法缔结、依法通过(包括申明保留条款)、具体转化等流程,最终要在国内具体适用都会经历一个具体规则转化的过程。如前所述,我国已经签订的反恐公约有《制止恐怖主义爆炸的国际公约》(2001)、《制止核恐怖主义行为国际公约》(2005、2010)、《制止向恐怖主义提供资助的国际公约》(1999、2002)、《中华人民共和国和俄罗斯联邦关于打击恐怖主义、分裂主义和极端主义的合作协定》(2010、2011)、《上海合作组织反恐怖主义公约》(2009、2014)、《上海合作组织反极端主义公约》(2018)等,如何通过特定程序对这些反恐文件中的相关规定进行国内法转化,是反恐立法中的一项重要任务。在此过程中,就会涉及不同国家或者地区采用的罪名体系、管辖原则、诉讼程序、惩罚手段、执法协作等方面的差异,如何结合我国的具体情况正确对待和处理这些差异,就需要在立法技术上下功夫,通过巧妙的立法技术对相关规范进行转化。

第四节　预防性反恐刑法规范的具体设计

一、反恐刑法规范的科学表达

(一)反恐刑法规范的具体位置

通过上文对预防性反恐刑法规范内涵性、自洽性和系统性的反思,我们认为,为了突出对恐怖活动犯罪的严厉打击和系统应对,在未来的刑法修订中,可以考虑在刑法分则中单设"恐怖活动罪"一章对涉恐罪名进行集中规定,并将其置于反"危害国家安全罪"和"危害公共安全罪"之后,即顺序为:

第二编　分则

第一章　危害国家安全罪

第二章　危害公共安全罪

第三章　恐怖活动罪

……

(二)反恐刑法罪名的具体设置

结合上文对当下我国预防性反恐规范的检视和预防性反恐刑法规范体系的完善思路,我们尝试对“恐怖活动罪”一章的罪名进行草拟,以供学界讨论和未来反恐刑法立法参考。在此需要说明的是,我们草拟的反恐罪名与已有反恐罪名重合的,按照我们的立法构想,应在具体修法时删除其他章节中与此重复的相关罪名。此外,“恐怖活动罪”一章的条文序号,应当以修法时的条文序号编排规范为准,下文的条文编号仅为了研讨方便,并不代表最终的排序和编号。

第一条　【组织、领导、参加恐怖组织罪】组织、领导、引诱参加、胁迫参加恐怖活动组织的,处十年以上有期徒刑或者无期徒刑,并处没收财产;积极参加的,处三年以上十年以下有期徒刑,并处罚金;其他参加的,处三年以下有期徒刑、拘役、管制或者剥夺政治权利,可以并处罚金。

【包庇、纵容恐怖组织罪】国家机关工作人员包庇恐怖组织,或者纵容恐怖组织进行违法犯罪活动的,处五年以下有期徒刑;情节严重的,处五年以上有期徒刑。

第二条　【实施恐怖活动罪】受恐怖主义、极端主义思想影响,实施杀人、爆炸、绑架等犯罪的行为,以实施恐怖活动罪定罪,并分别依照故意杀人罪、爆炸罪、绑架罪等的刑罚进行处罚。

第三条　【准备实施恐怖活动罪】有下列情形之一的,处五年以下有期徒刑、拘役、管制或者剥夺政治权利,并处罚金;情节严重的,处五年以上有期徒刑，并处罚金或者没收财产：

（一）为实施恐怖活动准备凶器、危险物品或者其他工具的；

（二）组织恐怖活动培训或者积极参加恐怖活动培训的；

（三）为实施恐怖活动与境外恐怖活动组织或者人员联络的；

（四）为实施恐怖活动进行组织、策划、共谋或者其他准备的。

有前款行为，同时构成其他犯罪的，依照处罚较重的规定定罪处罚。

第四条　【帮助恐怖活动罪】为恐怖活动组织、实施恐怖活动的个人或者恐怖活动培训提供信息、资金、物资、劳务、技术、场所等支持、协助、便利的，处五年以下有期徒刑、拘役、管制或者剥夺政治权利，并处罚金；情节严重的，处五年以上有期徒刑，并处罚金或者没收财产。

单位犯前款罪的，对单位判处罚金，并对其直接负责的主管人员和其他直接责任人员，依照第一款的规定处罚。

第五条　【宣扬恐怖主义、极端主义、煽动实施恐怖活动罪】以制作、散发宣扬恐怖主义、极端主义的图书、音频视频资料或者其他物品，或者通过讲授、发布信息等方式宣扬恐怖主义、极端主义的，或者煽动实施恐怖活动的，处五年以下有期徒刑、拘役、管制或者剥夺政治权利，并处罚金；情节严重的，处五年以上有期徒刑，并处罚金或者没收财产。

第六条　【利用极端主义破坏法律实施罪】利用极端主义煽动、胁迫群众破坏国家法律确立的婚姻、司法、教育、社会管理等制度实施的，处三年以下有期徒刑、拘役或者管制，并处罚金；情节严重的，处三年以上七年以下有期徒刑，并处罚金；情节特别严重的，处七年以上有期徒刑，并处罚金或者没收财产。

第七条　【强制他人显示宣扬恐怖主义、极端主义服饰、标志罪】以暴力、胁迫等方式强制他人在公共场所显示宣扬恐怖主义、极端主义服饰、标志的，处三年以下有期徒刑、拘役或者管制，并处罚金。

第八条　【非法持有宣扬恐怖主义、极端主义物品罪】明知是宣扬恐怖主义、极端主义的图书、音频视频资料或者其他物品而非法持有，情节严重的，处三年以下有期徒刑、拘役或者管制，并处或者单处罚金。

第九条　【拒不履行反恐安全管理义务罪】负有相关行业反恐安全管理义务而不履行法律、行政法规规定的反恐安全管理义务，经监管部门责令采取改正措施而拒不改正，情节严重的，处三年以下有期徒刑、拘役或者管制，并处或者单处罚金。

【拒绝提供恐怖活动犯罪、极端主义犯罪证据罪】明知他人有恐怖主义、极端主义犯罪行为，在司法机关向其调查有关情况、收集有关证据时，拒绝提供，情节严重的，处三年以下有期徒刑、拘役或者管制。

单位犯前两款罪的，对单位判处罚金，并对其直接负责的主管人员和其他直接责任人员，依照前两款的规定处罚。

有前两款行为，同时构成其他犯罪的，依照处罚较重的规定定罪处罚。

第十条　【组织极端主义活动罪】组织极端主义活动的，处五年以下有期徒刑、拘役、管制或者剥夺政治权利，并处罚金；情节严重的，处五年以上有期徒刑，并处罚金或者没收财产。

单位犯前款罪的，对单位判处罚金，并对其直接负责的主管人员和其他直接责任人员，依照前款的规定处罚。

第十一条　【危及海上航行安全罪】对正在航行中的船只实施破坏和干扰，危及海上航行安全，造成严重后果的，处五年以上有期徒刑；尚未造成严重后果的，处五年以下有期徒刑。

第十二条　【危及大陆架固定平台安全罪】有下列行为之一，危及大陆架固定平台安全的，处十年以下有期徒刑；造成严重后果的，处十年以上有期徒刑、无期徒刑或者死刑：

（一）对大陆架固定平台上的人员实施暴力的；

（二）损害大陆架固定平台或者造成可能危及平台安全的损害的；

（三）用武力或用武力威胁、暴力毁坏固定平台或对固定平台造成可能危及其安全的；

（四）以其他手段将可能毁坏固定平台或危及其安全的装置或者物品放置在固定平台上的。

第十三条　【海盗罪】私有船舶或私有航空器的航员或乘客，为了实现非法目的，对公海上航行的船舶或者船舶上的人员、财物实施不法强暴行为、扣留行为或任何掠夺行为，造成人员伤亡、重大财产损失等严重后果的，处十年以上有期徒刑、无期徒刑或者死刑；尚未造成严重后果的，处十年以下有期徒刑。

第十四条　【与境外恐怖组织、机构、人员勾结罪】与境外恐怖组织、机构、个人相勾结，意图实施打、砸、抢、烧等暴力恐怖袭击或者煽动他人对抗国家政策、法律实施的，处五年以下有期徒刑、拘役、管制或者剥夺政治权利；情节严重的，处五年以上有期徒刑或者无期徒刑。

第十五条　【入境发展恐怖组织罪】境外的恐怖组织的人员到中华人民共和国境内发展组织成员的，处五年以上十年以下有期徒刑；情节严重的，处十年以上有期徒刑或者无期徒刑。

第十六条　【非法获取和使用核材料罪】为实施恐怖袭击而非法获取和使用核材料的，处十年以上有期徒刑或者无期徒刑；情节严重的，应当处死刑。

第十七条　【非法使用邮件罪】非法使用邮件发送和接收含有宣扬恐怖主义、极端主义内容的电子图书、音频视频资料的，处五年以下有期徒刑、拘役、管制或者剥夺政治权利；情节严重的，处五年以上有期徒刑，并处罚金或者没收财产。

二、反恐刑法规范的具体解读

本书研究草拟的上述预防性反恐罪名，是我们完善我国预防性反恐刑法规范体系的初步构想。在此需要说明，上述预防性反恐罪名并不能代表预防性反恐刑法规范体系中的全部罪名,在未来的预防性反恐刑法立法中,还要根据恐怖活动犯罪的发展态势、我国反恐工作的实际需要及国际反恐的先进经验,对前述罪名进行不断的修正和补充。此外,为了进一步阐明上述立法构想,完善预防性反恐刑法规范体系,提升预防性反恐刑法规定的可操作性,我们拟对草拟的上述条文作以下说明,以方便理解和为将来最高司法机关出台相关司法解释时作参考。

一、恐怖活动罪相关术语。恐怖主义,是指通过暴力、破坏、恐吓等手段,制造社会恐慌、危害公共安全、侵犯人身财产,或者胁迫国家机关、国际组织,以实现其政治、意识形态等目的的主张和行为。

恐怖活动,是指由恐怖活动人员在恐怖主义思想影响下而实施的具有恐怖主义性质的下列行为:

(一)直接造成人员伤亡、重大财产损失、公共设施损坏、社会秩序混乱等严重社会危害的活动的,或者对上述活动进行组织、策划、共谋、准备的;

(二)组织、领导、引诱参加、胁迫参加、参加恐怖活动组织的;

(三)为恐怖活动组织、实施恐怖活动的人员、实施恐怖活动或者恐怖活动培训提供信息、资金、物资、劳务、技术、场所等支持、协助、便利的;

(四)宣扬恐怖主义,煽动实施恐怖活动,或者非法持有宣扬恐怖主义的物品,强制他人在公共场所显示宣扬恐怖主义的服饰、标志的;

(五)负有相关行业义务的主体明知是恐怖活动组织、实施恐怖活动的人员涉嫌相关恐怖活动而不积极履行报告或阻断义务的;

(六)其他恐怖活动。

恐怖活动组织,是指三人以上为实施恐怖活动而组成的犯罪组织。

恐怖活动人员,是指实施恐怖活动的人和恐怖活动组织的成员。它的形式既包括恐怖分子,也包括恐怖分子以外的人员;既包括自然人,也包括单位。

恐怖事件,是指正在发生或者已经发生的造成或者可能造成重大社会危害的恐怖活动。

二、恐怖活动罪的分类。刑法规定的恐怖活动罪包含纯正恐怖活动罪和不纯正恐怖活动罪。纯正恐怖活动罪是指只能由恐怖活动人员实施的相应恐怖活动罪；不纯正恐怖活动罪既可由恐怖活动人员实施，也可由恐怖活动人员以外的人员实施。

三、恐怖活动罪的管辖。对在中华人民共和国领域外对中华人民共和国国家、公民或者机构实施的恐怖活动犯罪，或者实施了中华人民共和国缔结、参加的国际条约、双边协定中所规定的恐怖活动犯罪，中华人民共和国有权行使刑事管辖权，依法追究刑事责任。

四、草拟稿第一条第一款规定的组织、领导、引诱参加、胁迫参加、参加的行为既包括在境内直接实施，也包括入(出)境实施。对其量刑应当充分考虑恐怖组织的规模、层级、存续时间、联系紧密程度、是否与境外勾连、是否实施及恐怖活动违法犯罪实施情况、经学习教育后的态度等因素。

五、草拟稿第二条规定的实施恐怖活动罪是传统恐怖活动犯罪的标签特定化的体现。对其适用应当充分考量共同犯罪形态和未完成形态的影响。

六、草拟稿第三条规定的准备实施恐怖活动罪从规制内容上看包括器物型准备、技能型准备、人员型准备、精神型准备；从规制形态上看包括获取、组织、策划、共谋或者其他准备。情节是否严重的判断要充分考量手段的情状、进行的程度、态度的情况等因素，该罪极有可能发展成为实施恐怖活动罪，或者在实施过程中同时触犯其他犯罪，对于前者应当按照吸收犯的原理以处罚较重的规定定罪处罚，对于后者应当按照竞合犯的原理以处罚较重的规定定罪处罚。

七、草拟稿第五条规定的宣扬恐怖主义、极端主义、煽动实施恐怖活动罪中的宣扬、煽动行为的判定，应当着重把握其多样性、公开性、危险性、故意性，对应规范层面宣扬恐怖主义罪认定中的行为方式、受众范围、行为结果、主观故意等重点构成要件要素。关于多样性，单纯制作宣扬恐怖主义物品的行为不是本罪的宣扬行为，间接宣扬行为一般不应作为犯罪处理。对公开性，应进行扩大解释，本罪受众范围不限于公共场合。关于危险性，本罪是抽象危险犯，抽象危险必须具有实质的法益侵害性。对故意性，应重点把握规范性概念中的明知与放任要素。在罪数问题上，恐怖主义网络宣扬行为与持有行为的关系存在多种情形，需要分类讨论。[1]

八、草拟稿第九条规定的应当认为是一种积极的不作为的情形，因此，应当充分考量其义务的来源、主观的明知等因素。

九、草拟稿第十条规定中的"情节严重"，可以从行为人组织极端主义活动的次数、规模、影响力以及是否有未成年人参加等方面把握。

十、草拟稿第十五条规定中的"情节严重"，可以从境外恐怖组织在境内发展的组织成员人数、组织结构程度及是否引诱未成人参加等方面把握。

十一、草拟稿第十六条规定中的"情节严重"，可以从非法获取和使用的核材料的数量、性质等方面把握。

十二、草拟稿第十七条规定中的"情节严重"，可以从行为人非法使用邮件发送和接收含有宣扬恐怖主义、极端主义内容的电子图书、音频视频资料的数量、发送、接收对象的数量以及是否发送给未成年人等方面把握。

十三、对恐怖活动犯罪的量刑，应当详细规定从重、从轻、减轻处罚或者免除刑事责任等方面的具体情形和适用条件，细化基于恐怖主义目的实施犯罪的从重或者加重情节。

十四、对恐怖活动犯罪的刑罚执行措施，应当完善恐怖活动犯罪减刑、假释、自首、立功、累犯、追诉时效等制度。

---

〔1〕 参见欧阳本祺、张林：《刑法视野下的恐怖主义网络宣扬行为》，载《河南财经政法大学学报》2018 年第 6 期。

参考文献

一、中文类参考文献

(一)著作类

1.[德]乌尔里希·齐白:《全球风险社会与信息社会中的刑法:二十一世纪刑法模式的转换》,周遵友、江溯等译,中国法制出版社2012年版。

2.[美]布赖恩·Z.塔玛纳哈:《法律工具主义:对法治的危害》,陈虎、杨洁译,北京大学出版社2016年版。

3.[美]道格拉斯·胡萨克:《过罪化及刑法的限制》,姜敏译,中国法制出版社2015年版。

4.[美]哈伯特·L.帕克:《刑事制裁的界限》,梁根林等译,梁根林校,法律出版社2008年版。

5.[美]凯斯·R.桑斯坦:《恐惧的规则——超越预防原则》,王爱民译,北京大学出版社2011年版。

6.付立庆:《积极主义刑法观及其展开》,中国人民大学出版社2020年版。

7. 郭永良:《全民反恐的战略构建——以反恐参与权为中心》,中国法制出版社2016年版。

8. 李婕:《抽象危险犯研究》,法律出版社2017年版。

9. 汪明亮:《道德恐慌与过剩犯罪化》,复旦大学出版社2014年版。

10. 张明楷:《责任刑与预防刑》,北京大学出版社2015年版。

11. 张永强:《预防性犯罪化及其限度研究》,中国社会科学出版社2020年版。

12. 赵秉志、杜邈:《中国反恐法治问题研究》,中国人民公安大学出版社2010年版。

13. 周国文:《刑罚的界限——Joel Feinberg的"道德界限"与超越》,中国检察出版社2008年版。

14. 王燕飞:《恐怖主义犯罪立法比较研究》,中国人民公安大学出版社2007年版。

15. 张家栋:《全球化时代的恐怖主义及其治理》,上海三联书店2007年版。

(二)论文类

1. [德]汉斯·约格·阿尔布莱希特:《安全、犯罪预防与刑法》,赵书鸿译,载《人民检察》2014年第16期。

2. [德]克劳斯·罗克辛:《刑法的目的难道不是保护法益吗?》,樊文译,载陈兴良主编:《刑事法评论》(第19卷),北京大学出版社2007年版。

3. [德]乌尔里希·齐白:《刑法的边界——马普外国与国际刑法研究所最新刑法研究项目的基础和挑战》,周遵友译,载《刑法论丛》2008年第4期。

4. [德]乌尔斯·金德霍伊泽尔:《安全刑法:风险社会的刑法危险》,刘国良编译,载《马克思主义与现实》2005年第3期。

5. 曾向红:《恐怖主义的全球治理:机制及其评估》,载《中国社会科学》2017年第12期。

6. 陈洪兵:《准抽象危险犯概念之提倡》,载《法学研究》2015 年第 5 期。

7. 陈景辉:《捍卫预防原则:科技风险的法律姿态》,载《华东政法大学学报》2018 年第 1 期。

8. 杜磊:《法益侵害视角下持有型犯罪的重释——兼析非法持有宣扬恐怖主义、极端主义物品罪的合理性》,载《政治与法律》2017 年第 1 期。

9. 戴艳梅:《俄罗斯反恐法律体系探析》,载《俄罗斯东欧中亚研究》2016 年第 6 期。

10. 冯卫国:《总体国家安全观与反恐对策思考》,载《理论探索》2017 年第 5 期。

11. 高铭暄、孙道萃:《预防性刑法观及其教义学思考》,载《中国法学》2018 年第 1 期。

12. 郭永良:《论我国反恐模式的转型——从精英模式到参与模式》,载《法学家》2016 年第 2 期。

13. 郭旨龙:《预防性犯罪化的中国境域——以恐怖主义与网络犯罪的对照为视角》,载《法律科学(西北政法大学学报)》2017 年第 2 期。

14. 何荣功:《预防刑法的扩张及其限度》,载《法学研究》2017 年第 4 期。

15. 冀莹:《"英国预防性刑事司法"评介与启示——现代刑法安全保障诉求的高涨与规制》,载《政治与法律》2014 年第 9 期。

16. 贾宇、李恒:《恐怖活动组织与人员认定标准研究——从恐怖主义再界定谈起》,载《西北大学学报(哲学社会科学版)》2017 年第 3 期。

17. 贾健:《象征性刑法"污名化"现象检讨——兼论象征性刑法的相对合理性》,载《法商研究》2019 年第 1 期。

18. 姜涛:《在契约与功能之间:刑法体系的合宪性控制》,载《比较法研究》2018 年第 2 期。

19. 康均心:《习近平新时代反恐理论的形成与发展》,载《法商研究》

2018 年第 5 期。

20. 劳东燕:《风险社会与变动中的刑法理论》,载《中外法学》2014 年第 1 期。

21. 黎宏:《情境犯罪学与预防刑法观》,载《法学评论》2018 年第 6 期。

22. 刘艳红:《象征性立法对刑法功能的损害——二十年来中国刑事立法总评》,载《政治与法律》2017 年第 3 期。

23. 卢建平、刘传稿:《法治语境下犯罪化的未来趋势》,载《政治与法律》2017 年第 4 期。

24. 兰迪:《恐怖主义个体罪因》,载《国家检察官学院学报》2016 年第 5 期。

25. 莫洪宪、王明星:《我国对恐怖主义犯罪的刑法控制及立法完善》,载《法商研究》2003 年第 6 期。

26. 倪春乐:《"预防性"正义及其风险——中国反恐刑事立法审视》,载《上海政法学院学报(法治论丛)》2018 年第 2 期。

27. 齐文远:《修订刑法应避免过度犯罪化倾向》,载《法商研究》2016 年第 3 期。

28. 舒洪水:《我国反恐应坚持"重重轻轻"的刑事政策》,载《理论探索》2018 年第 2 期。

29. 苏永生:《刑法谦抑主义的西方图景与中国表达》,载《法学杂志》2016 年第 6 期。

30. 孙国祥:《集体法益的刑法保护及其边界》,载《法学研究》2018 年第 6 期。

31. 孙万怀:《宽严相济刑事政策应回归为司法政策》,载《法学研究》2014 年第 4 期。

32. 王利宾:《反恐怖活动犯罪刑事法完善研究——兼论反恐怖系统化立法》,载《政治与法律》2014 年第 10 期。

33. 张明楷:《法益保护与比例原则》,载《中国社会科学》2017 年第 7 期。

34. 张明楷:《刑法理论与刑事立法》,载《法学论坛》2017 年第 6 期。

35. 周光权:《转型时期刑法立法的思路与方法》,载《中国社会科学》2016 年第 3 期。

36. 张志钢:《改革开放 40 年来中国刑法立法检视》,载《学术探索》2018 年第 10 期。

37. 赵秉志、杜邈:《我国惩治恐怖活动犯罪制度细化的合理性分析》,载《法学》2012 年第 12 期。

38. 梅传强:《我国反恐刑事立法的检讨与完善——兼评〈刑法修正案(九)〉相关涉恐条款》,载《现代法学》2016 年第 1 期。

39. 王良顺:《预防刑法的合理性及限度》,载《法商研究》2019 年第 6 期。

二、外文类参考文献

(一)著作类

1. Andrew Ashworth and Lucia Zedner, *Preventive Justice*, Oxford: Oxford University Press, 2014.

2. Cass R. Sunstein, *Laws of Fear: Beyond the Precautionary Principle*, Cambridge: Cambridge University Press, 2005.

3. Wim Wensink, eds., *The European Union's Policies on Counter-terrorism: Relevance, Coherence and Effectiveness*, European Parliament's Committee on Civil Liberties, Justice and Home Affairs, 2017.

(二)论文类

1. Andrew Cornford, *Preventive Criminalization*, New Criminal Law Review, Vol. 18, No. 1, 2015.

2. Florence Gaub and Julia Lisiecka, *The Crime-terrorism Nexus*, European Union Institute for Security Studies, No. 4, 2017.

3. Frederick B. Fedynyshyn, *Regulating Terrorism before the Act of Terror: A Comparative Study*, Strathmore L. J. No. 2, 2016.

4. Jude McCulloch and Sharon Pickering, *Pre-crime and Counter-terrorism: Imagining Future Crime in the "War on Terror*, BRIT. J. CRIMINOL, Vol. 49, 2009.

5. Nigel D. White, *Preventive Counter-terrorism and International Law*, Journal of Conflict & Security Law, Vol. 18, No. 2, 2013.

6. Simon Bronitt, *Balancing Security and Liberty: Critical Perspectives on Terrorism Law Reform*, in Miriam Gani and Penelope Mathew, eds., Fresh Perspectives on the "War on Terror", Canberra: ANU E Press, 2008.

7. Richard Jackson, Harmonie Toros, Lee Jarvis and Charlotte Heath-Kelly, *Introduction*: 10 *Years of Critical Studies on Terrorism*, *Critical Studies on Terrorism*, Critical Studies on Terrorism, Vol. 10, No. 2, 2017.

后　记

本书是本人主持的2017年度国家社会科学基金重点项目"预防性反恐刑法问题研究"(批准号:17AFX017)的部分研究成果,主要由我和课题组核心成员李洁博士共同完成,我主要负责章节体例的安排、研究思路的指引、研究观点的斟酌和具体内容的修改完善,李洁博士主要负责研究资料的收集、具体内容的撰写和格式规范的调整等。本项目自2017年6月30日被批准立项以来,在本人的统筹安排下,课题组紧紧围绕"预防性反恐刑法问题"展开了系统、深入的研究,召开了多次小型研讨会,赴新疆、上海、云南、四川等地进行了实地调研、参观访谈,积极撰写调研报告、智库报告和学术论文,在《法学》《现代法学》《当代法学》等核心期刊发表了系列相关学术论文,并于2021年3月顺利结项。本项目在研究过程中,课题组推出的相关学术成果较多,鉴于部分成果已通过学术期刊等平台公开发表,本书就不再收录。

本书主要研究的是我国预防性反恐刑法问题。众所周知,人类社会的发展当前已进入风险社会,正在面临着汹涌而至和前所未有的现代风险,这些风险带来的不确定性正在源源不断地制造越来越多的群体恐慌,人们的价值观念、思维模式和行为方式正在被全面、系统、深刻地重构,传统社会的治理结构、运行逻辑和规则体系也因此而正在发生着颠覆性的变革。在此背景下,基于传统社会生成的风险观和风险治理体系已经难以适应社会的发展和现代风险治理的需要,无论是个体还是群体,比任何时候都迫切地希望国家能够扩大对风险的干预范围,以维持个体的安全和社会的稳定。这也充分说明,在风险社会语境下,迫切地需要一套基于现代风险特征和规律的全新的风险规制理念和规制体系,在实现对现代风险有效治理的同时,不断地矫正和形塑被风险冲击的社会秩序。

恐怖主义作为典型的非传统安全威胁,近年来在全球范围内呈现出了扩张、蔓延的态势,严重威胁世界和平与安宁,不仅已经成为人类社会的公敌和各国最严峻、急迫的安全挑战,而且是风险社会中表现最为强烈、破坏最为严重、影响最为广泛的“风险”。从治理的角度来看,恐怖主义已经远远超越了以往风险规制体系的作用力范围,同样迫切需要一套全新的规制理念和规制体系。预防性反恐刑法就是在此背景下应运而生的,其核心理念就是在恐怖主义危险现实化之前就对其进行预防性规制,而预防性反恐刑法立法就是要为这种预防性的规制提供规范依据和法律支撑。同时,预防性反恐刑法能够较好地契合国家风险治理的需要和公众的安全期待,是刑法现代化转型的必然结果。从全球反恐实践来看,预防性反恐理念逐渐为大多数国家所接受,并开始在刑法等层面进行预防性反恐立法,这些立法在反恐实践中也开始真正发挥作用。

我国的反恐形势也非常严峻,尤其是在民族分裂势力、宗教极端势力、暴力恐怖势力的叠加影响下,近年来暴力恐怖袭击事件频繁发生,给我国的国家安全维护、经济社会发展和人民生活安定造成了严重威胁。在此背景下,如何尽快健全国家治理恐怖主义的体系、增强国家治理恐怖主义的能力、提升国家治理恐怖主义的效能,成为我国当前和未来一段时间反恐工作需要重点攻克的现实难题。而在恐怖活动犯罪治理方面,刑法历来都扮演着非常重要的角色,同时发挥着不可替代的作用,其既是国家治理恐怖活动犯罪的重要手段,也是恐怖主义国家治理体系的重要组成部分。因此,反恐刑法立法是否完备、科学,直接影响恐怖活动犯罪的治理效果。从我国刑法立法来看,立法者也在积极地织密反恐刑事法网,尤其是为了积极应对恐怖主义的蔓延和恐怖活动犯罪表现出的新趋势,预防性反恐理念开始为立法者所接受,反恐刑法开始从传统的事后规制模式转向事前的积极预防模式,一种预防性的反恐刑法规范体系开始不断生成。其中,《刑法修正案(九)》就属于典型例证,《刑法修正案(九)》修改的"帮助恐怖活动罪"和新增的"准备实施恐怖活动罪""强制穿戴宣扬恐怖主义、极端主义服饰、标志罪""非法持有宣扬恐怖主义、极端主义物品罪"等,这些罪名使刑法规制恐怖活动行为的时点被大大提前,"预防性"的特征和趋势非常明显。事实上,"坚持把预防性反恐放在第一位",是我国在借鉴吸收国际社会反恐经验的基础上,积极响应联合国大会关于《联合国全球反恐战略》(60/288)的决议,致力于"消除恐怖主义蔓延条件,预防和打击恐怖主义"的重要经验和有益尝试。预防性反恐刑法立法的出现和增强,就是反恐刑法立法领域"坚持把预防性反恐放在第一位"的具体表现。

从预防性反恐刑法立法的出发点来看,面对恐怖主义持续蔓延的趋势和社会公众日益强烈的安全需要,其具有一定的正当性和必要性,其在实现对恐怖主义进行预防性规制的同时,可以满足社会公众的安全需要和国家的治理需要。不过,需要特别注意的是,预防性反恐刑法立法坚持的是事后制裁转向事前介入的思路,其目的是让国家能够尽可能在恐怖活动犯罪行为的实害之前或实害更加严重之前就介入,进而对相应的行为人进行刑事制裁。这也充分说明,预防性反恐刑法立法代表的是一种扩张的立法模式,表现为犯罪圈的扩大和刑罚的增加,本质上是国家刑罚权的反恐领域的延伸和拓展,具有不当压缩公民权利和自由空间的潜在风险,与传统刑法所秉持的谦抑性原则存在紧张关系,容易受到理论上的质疑和人权保障方面的诘问,其只有保持在一定的限度之内才能够获得持久的正当性,否则就容易成为不具有正当性的"恶法"。相反,从我国预防性反恐刑法立法实践来看,目前还属于探索阶段,现有预防性反恐刑法规范体系的"应景性"特征比较明显,不仅在分布上显得比较零散,相关概念得界分也不清楚,而且部分预防性反恐罪名的构成要件设置和刑罚配置也不够合理,在一定程度上制约了预防性反恐刑法规范在预防和打击恐怖活动犯罪方面的效能。

面对恐怖主义继续在全球范围内蔓延的态势和预防性反恐刑法立法面临的上述两难困境,本人分析后初步认为,尽管预防性反恐刑法立法作为应对恐怖主义的新模式目前尚处在探索阶段,学界的看法也不一致,但其在全球范围内具有共识性的认知基础和理论基础,我国所面临的已经不再是是否需要进行预防性立法的问题,而是如何建构一套科学、有效的预防性反恐刑法规范体系的问题。基于此,本人萌生了研究预防性反恐刑法的想法,遂于 2017 年组建团队以"预防性反恐刑法问题研究"为题申报了当年的国家社科基金项目,并有幸获得了立项资助。项目立项后,本人带领项目组紧紧围绕"预防性反恐刑法问题"积极开展实证调研和理论研究,其目的就是想通过对预防性反恐刑法内在逻辑的深入剖析和规范不足的全面检视,找出我们在预防性反恐刑法方面存在的认知偏差和规范漏洞,然后在此基础上秉持科学立法的原则,通过借鉴域外先进做法和挖掘本土有益经验的方法,提出完善我国预防性反恐刑法规范体系的价值立场和具体对策,以期我国的预防性反恐刑法规范体系更加系统、完备、科学、有效,进而为恐怖活动犯罪的治理提供充分的规范支撑和有力的刑法保障。这也是本书力图向大家展示的内容。

本书稿历经多次讨论、修改并最终得以定稿付梓,对于作为课题负责人的我而言,内心是非常高兴的,也是满怀感激的。在此付梓之际,特致谢意:感谢全国哲学社会科学工作办公室提供的立项资助,感谢项目申报、结项中各位评审专家的认可和指导，感谢课题研究过程中校内外专家给予的指导和相关部门给予的支持，感谢课题组全体成员的积极参与和精诚协作，特别是感谢课题组核心成员李洁博士在文稿撰写和张永强副教授在文稿校对中的辛勤付出，感谢法律出版社屈瑶编辑、刘梦瑀编辑在出版过程中的精心编校和辛勤付出。

最后，本人想说的是，经历了本课题的研究，我深切地感受到，要在充分调研、体系思考和科学论证的基础上真正建构一套系统、完备、科学、有效的中国特色预防性反恐刑法规范体系，既非易事，也非一朝一夕之事。尽管本书竭力想呈现构建中国特色预防性反恐刑法规范体系的具体方案，但囿于我们的认识、能力和水平，也有些许心有余而力不足的无奈，本书内容肯定还存在诸多不足之处，在见笑于方家的同时，尚祈诸君海涵，并提出宝贵意见，这也是对我们后续研究的最大支持和鼓励。

梅传强

2022 年 2 月 11 日于重庆